大人のための下着の教科書

Beauty Body Protocol

Greeting

透明感のある女性とは、どんな人を言うのでしょうか。

自分の本心（こころ）を大切にできる人、無垢な人、日常の小さなことにもときめくことのできるピュアな感性。弱い部分も、欲張りな本音も内側に押し込めることなく素直に認めて、育むことのできる人。本心（こころ）に寛容で、開放的になれる人。

そんな「透明感のある女性」のシンボルとして、本書のカバーと巻頭ページに内山理名さんをお迎えしました。キャリアを積み、輝き続ける芯の強さと、しなやかな親しみやすさも醸し出す内山理名さん。清澄な自然光のような輝きは「本心に素直（クリア）に生きよう」という私が本書に込めたテーマを、存在自体で伝えてくださるのではと思い、ご出演を希いました。


下着は、自身とのコミュニケーションアイテムです。

健康、美容に加え、スタイルが良くなることは、自分の未来像を明るく照らし出してくれます。今より良い自分になりたい、綺麗になりたい、ポジティブに生きたい、自分の体を思いやり、社会をも思いやる。下着美容を通してそんな女性達の味方になれる本が作れたなら……。

本書のタイトルは、そんな想いから『Beauty Body Protocol』としました。

Protocol（プロトコール）は協約や手順といった意味で理解している人もいると思いますが、国際儀礼のプロトコールマナーしかり「思いやる礼儀作法」というのが本来の意味です。思いやる……丁寧な振る舞いですよね。同時に、ピュアでシンプル。だって、誰もが思いやりのある人になりたいって望んでいるはずですもの。それは清々しく、美しい生き方ですよね。

美しさ……そう、Beautyという言葉には、濁りなき、きらびやかな貴女の笑顔、そんなイメージをふくらませ、託しました。物事に偏見を抱かず、「輝きたい」という本音に真摯に向かい合う、女性たちのクリアな姿勢。この本を読んで、心のままに、のびのびと広がっていってほしいと願います。

そして、本書は「受け継ぐ」がもう一つのテーマで、私がこれまで出会った女性達から学んだ、下着美容の「こんなにいいことあるよ」を語り継ぎたい、という思いも注いでいます。つないでいけたら、嬉しいです。

透明度、それは自分の本心（こころ）を尊重することから始まる。この瞬間も、10年後もその先も、自分の本心に真摯に向かい合える素直（クリア）な姿勢を大切にしながら……。

さあ、貴女の綺麗に出会ってください。

著者　湯浅美和子

Uchiyama Story

“Beauty awakens the soul to act.”

——— Dante Alighieri

美は、魂を目覚めさせます。行動せよ、と。

——ダンテ・アリギエーリ（イタリアの詩人）

Rina

「理想」には多くの呼び名があって、「美しい」はその一つです。

——サマセット・モーム（イギリスの作家）

"The ideal has many names and beauty is but one of them."

——Somerset Maugham

"Beauty begins the moment you decide to be yourself."

——— Coco Chanel

美は、あなたが
あなた自身になることを決めた瞬間から
始まります。

——ココ・シャネル（フランスのデザイナー）

なりたい自分になれることができなくなる年齢があるなんて思わない。

――マドンナ（アメリカのシンガーソングライター、女優）

"I don't think there is an age at which you can no longer be who you want to be."

―――― Madonna

肉体は隠すためではなく、見られるためにあるの。

――マリリン・モンロー（アメリカの女優）

“The body is not to be hidden, but to be seen.”

—— Marilyn Monroe

“I've never felt that the fact of being a woman put me at a disadvantage.”

——Katherine Anne Porter

女性であることを不利だと感じたことはありません。

——キャサリン・アン・ポーター（アメリカの作家）

なりたかった自分になるのに、遅すぎるということはない。

——ジョージ・エリオット（イギリスの作家）

“It is never too late to be what you might have been.”

——George Eliot

“Luck is a matter
of preparation meeting
opportunity.”

—— Oprah Winfrey

準備万端の人にチャンスが訪れることを、幸運と呼びます。

——オプラ・ウィンフリー（アメリカの司会者、女優）

劣等感を感じるかどうかは、自分自身の問題。

――アナ・エレノア・ルーズベルト（アメリカの婦人運動家、作家）

"Whether you feel inferior or not is your own problem."

—— Anna Eleanor Roosevelt

"If you rest, you rust."

——— Helen Hayes

サボれば、錆びる。

——ヘレン・ヘイズ（アメリカの女優）

“My age is what I earned.
Don't take it with you.”

——— May Sarton

私の年齢は、私が獲得したもの。
持ち去らないで。

——メイ・サートン（ベルギー出身の作家、詩人）

自分をしっかりと見つめて、
生きていることを実感しながら、生きていけたらいい。

——内山理名（日本の女優）

"I hope we can look at ourselves and live with the feeling that we are alive."

——Rina Uchiyama

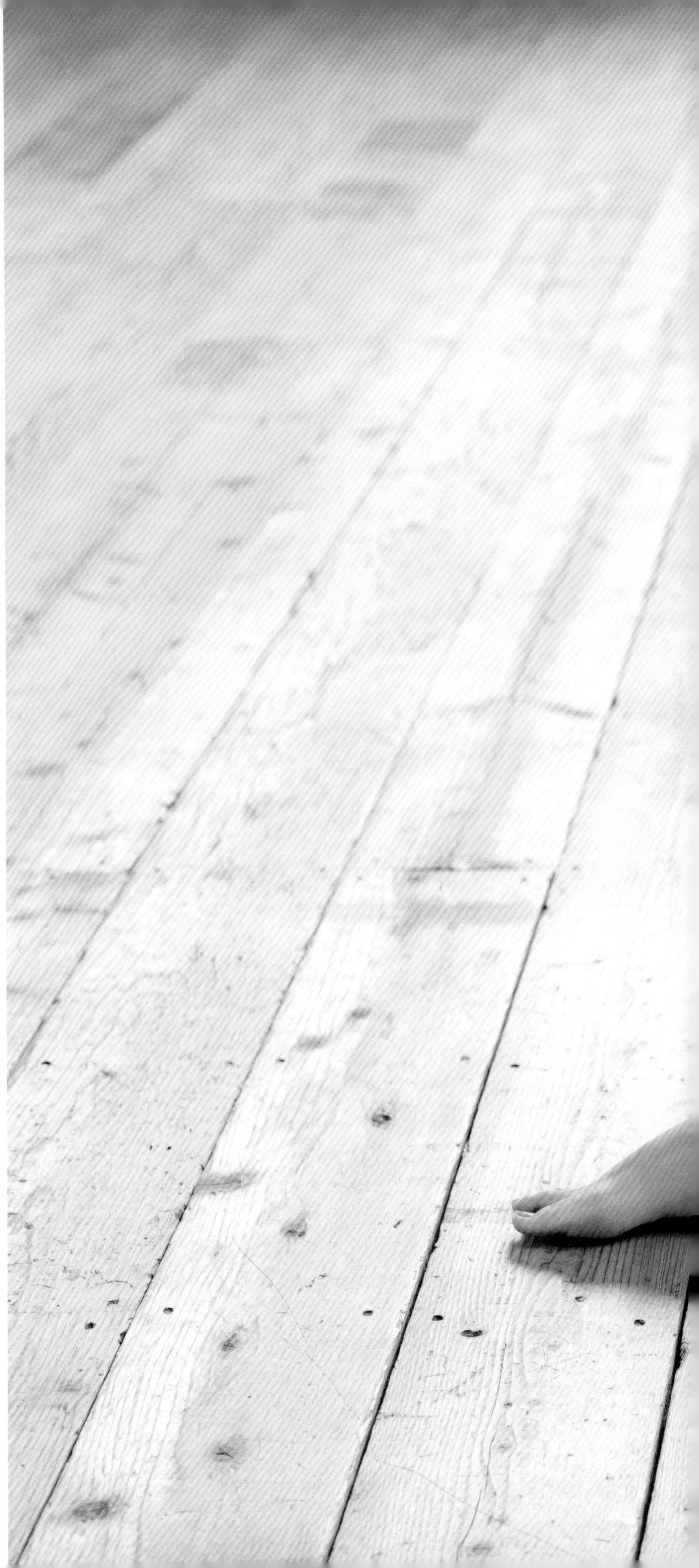

Message

大人の美しさとは、決して誰かと比べることではありません。
誰かに見せるためではなく、
自分自身がときめくことができるものや、
内側から幸せに満たされるものを、選び、楽しんでいくこと。

それが大人の美しさを作っていくのだと思います。

毎日身につける下着も、そう。
自分の体や心と対話しながら、丁寧に選び、着けることを楽しんで。
外見だけでなく、内面まで整っている自分に、
ときめくことができるはずです。

内山理名

内山理名
Rina Uchiyama

俳優、ヨガインストラクター（全米アライアンスRYT500取得）。
1981年11月7日、神奈川県出身。1998年にテレビドラマでデビュー、その後テレビ、映画、舞台などを中心に俳優として活動。代表主演作品に連続ドラマ『大奥〜華の乱〜』（CX系）、『嫌われ松子の一生』（TBS系）など。2022年放送のドラマ『最果てから、徒歩5分』（TX系）での演技も注目を集めた。
演技の仕事だけでなく、インストラクターの資格も有するヨガをはじめ、アーユルヴェーダ、料理、保存食作り、フラワーアレンジメント、テーブルコーディネート、カメラなど幅広い趣味を持つ。また、最近は環境問題への取り組みも積極的に行う。ヘルシーでサスティナブルなライフスタイルを志向する発信が多くの女性たちの支持を集めている。

〈オフィシャルインスタグラム〉
@rinauchiyama_official
〈オフィシャルHP〉
https://rinauchiyama.com/

contents

第3章

ファンデーションガーメント

何よりも頼りにすべき下着美容アイテム ―― 89

§ Special thanks

一般社団法人日本ボディファッション協会
株式会社ワコール
トリンプ・インターナショナル・ジャパン株式会社
株式会社ルシアン
株式会社カドリールインターナショナル
ラペルラ ジャパン株式会社
ブルームリュクス
株式会社RT
吉田産業株式会社

今、こうして下着美容の情報を多くの人と共有できるのも、育てて下さいました下着業界の皆様はじめ、私が今まで出会った多くの方々のおかげです。

感謝を込めて、光栄なる御縁に恥じないよう、真摯な想いでこの本を書かせて頂きます。

§ SHOP DIRECTORY

RT S.S. COSME / アカチャンホンポ / 芦屋美整体 / ATSUGI / amoena / AMOSTYLE BY Triumph / AMPHI / ANNEBRA / Intimissimi / Wing / Wing Teen / une nana cool / ecostore /S by sloggi / CALVIN KLEIN / KID BLUE / CLOSSHI / GUNZE / GOCOCi / SABRINA / SUBROSA / Salute / The D / CW-X / GU / STUDIO FIVE / Chut! INTIMATES / sloggi / jolierre / tutuanna / TUNIC / TOPVALU / Triumph / Triumph PREMIUM / NAO LINGERIE / NuBra / HANRO / BS-FINE / 美光 / PEACH JOHN / fran de lingerie / BRADELIS New York / bridal bloom / FLORALE BY Triumph / BODY WIRD / mamalabo（ママラボ）/ Yue / UTAX / UNIQLO / LA PERLA / LaLa Glange / L'ANGELIQUE / LECIEN / Wacoal / Wacoal gra・p / WACOAL SIZE ORDER / Wacoal JUNIOR / Wacoal PARFAGE / Wacoal BRIDAL / Wacoal LASEE / WACOAL Remamma

※掲載商品は著者の私物（リサーチ用購入品）も含み、下着選びのヒントになることを目的に参考商品として掲載しております。読者の皆様がお読みになる際にEOS(取り扱い終了）の物も在ることをご了承ください。

prologue

一生、旬～下着美容が女性にときめきと輝きをくれる～

私ね、一生、旬な女性でいられるかも！

図々しくてすみません。でも、下着美容と出会ったことで心はいつも前向きになりました。誰もが平等に迎える「年をとる」という事実。でも、私は下着を利用して歳を重ねることを楽しめている、いや、制覇している。そんなふうにエイジングさえもポジティブに捉えています。

30歳になった頃、自分が一気におばさん年齢になったようで焦っていました。明らかに20代前半とはちがうプニョプニョになった腰回りのお肉は、正に「お前はもうおばさんだ」と突きつけられたようで、悲しかった。けれど、そんな私に希望をくれたのが下着美容でした。選び方、着け方を見直しただけでみるみるとスタイルが整っていったのです。

私の日課は下着姿の自分のボディを鏡で見ることです。ブラジャーやガードルでベストポジションに整ったフォルムを見ると、自分のボディにときめきます。

馬鹿みたい？　でも、自分を愛でるって素直に楽しい！

下着美容の良いところは「下着をつけるだけ」というシンプルな点です。美は忍耐？　ハードでストイックな方が効くと思いがちですが、下着美容は全く逆の発想で、よりイージーで楽ちんなのが正解です。但し、それを叶えてくれる下着選びが肝となります。20代の頃の私はここを間違えていたのです。

スタイルが理想に近づくと、それだけで素直に嬉しいです。嬉しいという感情は脳をご機嫌にしてくれるのか、ハッピーな時間が増えます。ハッピーな時間が増えると、自然と様々なことが好転していきました。毎日が楽しい！

下着美容で「一生、旬な自分」を手に入れませんか？

記憶

”私に下着美容を授けてくれた3人の女神“

幼い頃、母のスリップに憧れていました。つるんとした生地に花柄のレースがついていて、子どもの私の瞳には、お姫様のドレスのように映りました。

新年にはいつも、母が新しいグンゼのシャツとパンツを見立ててくれました。それは心地よく、新調できることはちょっとしたイベントのようでときめいたものです。でも、喜びと同時に、真っ白な綿の下着はお子さまランチの如く、どこか「お子さまパンツ」に思えて、私は母のスリップに憧れていました。

母がスリップを丁寧にたたんでいる姿、その所作を今でも鮮明に憶えています。レースの装飾を施したそれは大人の女性の特権のように感じました。大人になったら、私も母のように、ひらひらしたエレガントなランジェリーを愛用する女性になりたい。幼心にそんな憧憬を抱いたものです。身内の話で恐縮ですが、私の下着への価値観を潜在的にリードしてくれた女神の一人が、母です。

大人になって、仕事の御縁で開眼した下着への好奇心。インナー業界ではない私の深堀りにご尽力くださったのは、大手下着メーカーでボディコンサルの教育係をしていた女性。そして、日本のレース業界を牽引した下着メーカーで商品開発を担っていた女性。二人の女神が、下着の機能のみならず、素材の知識や体との関連性を徹底的に教えてくださいました。

この3人に出会えなかったら、下着美容研究家にはなっていなかったと思います。

下着美容は女性のたしなみ。知らなくとも生きていけますが、知ることでスタイルは整い、健康意識も高まります。良いことを知ると誰かに伝えたくなる。そんなことを続けていたら、今、ここに。

下着の素晴らしさ、私が知り得た下着からの恩恵を独り占めするのではなく、多くの女性と共有できたらとこの本に、その願いを込めて……。

Special Thanks / miki matsuda / yoko Obata / my mother

第1章

意識改革

change of thinking

下着美容はマインドアップから

~いくつになっても人生の主役は貴女自身~

綺麗になるポテンシャル、それは自分を慈しむたびに増幅します。
下着は着ける都度、ボディを触ります。
触れるたび、貴女自身へ愛を込めて、貴女の尊さを確認するように
貴女をつくるすべてのパーツとコミュニケーションをとるのです。
自分のすべてをかまってあげましょう。
キレイは自分で磨ける！
触れながら、「輝け、私」と言ってしまって良いのです。

魔法の言葉

自分のボディに語りかける習慣が貴女の輝きにつながる

「今日より綺麗になる」

下着はこの言葉が大好きです。そしてここで大切なのは、「どういうふうに綺麗になるのか」という具体的な貴女の意向です。

早速、なりたいボディを思い浮かべてみてください。

憧れの女優さん、大好きなモデルさん、いいなと思うプロポーション、人物ではなく、パーツごとの理想像でも良いのです。具体的なイメージが湧いたら、半分成功したのも同然です。

私の場合、海外の下着メーカーに登場するモデルさんの体形に憧れました。心の中で思い浮かべるのは自由です。自分には無理とあきらめないで、願ってしまって良いのです。詳細なイメージを抱くことで、より細かく、自分のボディの隅々まで意識し始めるからです。

後は、なりたいボディのロールモデルや憧れるスタイルに近づける下着アイテムを選ぶだけ！

ボディを整える策は、運動や食事制限等いろいろとありますが、嬉しいことに、下着美容はその中でもかなり簡単です。肝となるのは、下着の選び方と着用方法。貴女がなりたいボディに近づけてくれる下着を選び、正しく着用すれば良いのです。

そして、魔法の言葉を忘れずに。「今日より綺麗になる」と下着を着けるたびに鏡の中の自分に言ってあげてください。その願いは、想いのほか早く叶うはずです。

”下着を味方にする“

下着と相思相愛になれる人は、理想のボディを手に入れる可能性が格段と広がります。下着に身を委ね、素直に頼る「ピュアな心」を持ち続けるのが美への方略です。

今、世の中に販売されている下着は、その大半が優秀です。貴女のボディに対して次の3つのことを必須ミッションとしてこなしてくれます。

❶ ボディの保護（衛生面と健康面、外部からの刺激対策）

❷ ボディメイク

❸ エイジング対策

但しこの3つの項目のすべてが100点、つまり300点満点の下着にはなかなか出逢えません（高得点のものは多いですけどね）。逆に0点の下着も存在しません。**0点、それは、裸の状態**です。

ボディはこの上なくデリケート。そして、脂肪は素直です。下着の助けがないと地球の重力に引っ張られて、崩れていきます。野放しにしていると日常の何気ない動きだけでも、ボディは老化していくのです。

下着とは、貴女の強きボディガードです。下着の機能の本領を発揮できるように、利き酒ならぬ**利き下着**の知識を得て、下着を味方にしていきましょう。

からの解放

”キツい、痒い、痛いからの卒業“

楽な下着とは、着けていることを忘れてしまう下着のことです。

下着を着けている方が快適になる、それこそが、下着の本質なのです。しかし、周囲に耳を傾けると、女性の大半は下着をどこか義務と捉えがちで、快適どころか、「キツい」「痒い」「痛い」という三重のストレスを抱えているようです。

なぜ下着にストレスを感じてしまうのでしょう？　その下着が不良品なのでしょうか？

いいえ、キツいのも痒いのも痛いのも、下着のせいではありません。その下着が今の貴女のボディにそぐわないものだからです。

考えるべくは、今の自分のからだに対して、その下着はどうなのか？

今の自分の体と向き合い、相性の良い下着を着用していれば、下着ストレスなんて存在しないはずなのです。

下着ストレスの解決策、それは要因解明と下着の変換です。下着に何か少しでもストレスを感じているのでしたら、見て見ぬふりは貴女自身をいじめることになります。我慢なんてする必要はありません。

なぜキツいのか？　なぜ痒いのか？　なぜ痛いのか？

まずはその要因を突き止めてみましょう。そして、それをカバーできる下着に変換することで下着ストレスを追いやることができます。

ストレス

”捨てるのは下着ではなく、下着への先入観“

「窮屈だからいや」「まだ若いから補整機能のある下着なんて私には必要ないわ」

下着は自分を縛るもの、と悪者扱いをして敬遠すると、ボディはサビついていきます。

下着からの偉功を得られるのは下着を信じてくれた人です。

ブラジャーもガードルも本来、窮屈なものではありません。窮屈に感じるのはサイズが合っていないからです。そして、この本を読んでくだされぱわかると思いますが、ボディの老化は想像を絶するほど早い段階から音もなく忍び寄っています。下着はそれを軽減させてくれるとっておきのアイテム、と今日から考えてください。

下着への想いをポジティブに磨くことで、貴女のボディは輝きます。もし、下着に対してネガティブな先入観があるのでしたら、それを一掃してしまいましょう。

”ボディの声に、耳を傾ける“

おっぱいに話しかけたこと、ありますか？
お尻に願い事をしたこと、ありますか？
自分のボディと向かい合うこと、それは貴女の魅力を知る第一歩でもあります。
自分のボディと対話をすることは、美容のみならず健やかな体づくりへもつながります。ですから、「私なんてもう……」と鏡を見て溜息をつくのは今日でおしまいにしましょう。

自分が好き。なんて言葉にすると、高慢に聞こえるかもしれません。でも、自分の体を大切にできるのは、自分自身しかいないのです。

自分を大切にできなければ、他の人を大切になんてできないはずです。だからこそ、自分を好きになることは尊くて、あらゆるコミュニケーションの基本なのではないでしょうか？　自分のボディパーツの、一つ残らずすべてにスポットライトを当てて、「どうなりたい？」「よし、そうなれるように、こうしてみようか」と、それぞれのパーツと対話してみましょう。

自分のボディの細部にまでみずみずしい感性を注ぎ、構ってあげるごとに、各パーツは貴女の声を聞き入れて、いきいきとした輝きが増すはずです。

汝を、愛せよ

下着を知ることは、からだの魅力を再発見すること

ご自身の下着姿を、一日にどのくらい見ていますか？
まずは、目をそらさずに下着姿の自分を刮目しましょう！　そうすることで、今まで有耶無耶にしていた「コンプレックス」と「お気に入り」が同時に明確になると思います。減点法で観察するのではなく、そこを育むチャームにするために、ボディと向き合うのです。

コンプレックスは、言い換えれば、そこに美しくなる可能性があるということ。つまり、まだまだ貴女は進化して、花開く要素があるということ。だから、コンプレックスとは対策次第でスタイル美人への伸びしろだと、私は思っています。

一方、自分の体で気に入っているところは、さらに磨きあげていきましょう。磨きあげればあげるほど、貴女の自信も高まります。自信のある女性は明るいオーラに包まれます。

体の「コンプレックス」も「お気に入り」も、貴女が持ち得た美質です。

自分のボディを理解したら、次に、ボディの声に寄り添った下着選びを行うことが肝心です。合う下着を選ぶテクニックを習得すると、貴女自身が知らなかった、貴女のボディラインにうっとりできる瞬間が訪れます。

ボディは、愛して、目配りをしてあげることで何歳からでも進化します。だから大いに構ってあげましょう。

”皮膚は、色を識別できる!?“

貴女のお肌は「ピュアな感情」を持っています。

新しい下着を身に着けた時、自分の鮮度が上がったようなみずみずしい感覚に包まれる経験は、きっと誰にでもあるはずです。

目を閉じて真っ赤な壁の部屋に入ると体温は上がり、真っ青な壁の部屋に入ると体温は下がるということが、科学的に実証されています。視覚が色彩を識別できるのは、オプシンという光受容体タンパク質が作用しているのですが、実はこのオプシンが皮膚にも存在しているからではないか？　という研究もあるそうです。

視覚に頼らなくとも、肌は色を意識できている可能性が高い——よって、肌に寄り添う下着も、その色によって貴女の体温やマインドに変化を及ぼしている可能性があります。つまりは、肌が上機嫌になる下着選びを日課にすると、貴女の心もポジティブになっていきます。

肌は色さえ識別しているかもしれない。
肌が拒否しない素材を纏う。
肌が喜ぶと、心も喜ぶ。

これらを心得として下着を選ぶことで、人生まで変わっていきます。

肌にも感情がある

”下着は貴女のセカンドスキン“

下着はセカンドスキン、第二の皮膚と言われています。ボディと一体化させることで、下着が持つ機能という恩恵をストレートにキャッチできます。

そして、エイジング速度をゆるやかにしてくれたり、外部からの刺激から守ってくれたり、ガードマンの役割も果たしてくれます。

下着は着用した瞬間から、自分自身でもあり、自分のボディガードでもあるのです。

からの脱却

”そのブラサイズ、いつ測ったの？“

最後にブラジャーのサイズを測ったのはいつだったかしら？ 思い出せない程、昔にインプットしたブラサイズでしたら、その思い込みサイズを放念しませんか？

私も以前は、20代前半に下着売り場で測ってもらったサイズが、固定された自分のブラサイズだとずっと信じていて、そのサイズ一択で購入していた時期がありました。

でも、そういうわけではないと知りました。

決してワンサイズではなくブラジャー毎に異なったサイズを使用しても、おかしくはないのです。

さらに言えば、「好きになった人が理想のタイプ」ではないけれど、**「その時の貴女に合うブラジャーが貴女に適したサイズ」**なのです。恋愛の数だけタイプが変わるように、ブラの数だけサイズも変わる。年齢により恋愛観もブラサイズも変わる？ 魅惑的ですね。

何年もブラサイズを測っていないという人は、スタイルアップの機会をみすみす逃している可能性もあります。ご自身の変化はもちろん、その間に下着

思い込み

業界も日進月歩、ボディメイク機能も尋常ではないスピードで進化しているからです。

自分のブラサイズ情報は、常に上書きするスタンスでいましょう。

“自分を愛して、更新させる”

下着の力を借りて、自分自身をカスタマイズしていくこと。

今の自分のボディの状態と、今の自分がなりたい理想のボディ。それを網羅（もうら）する下着選びをして、その下着と一体化する！

体を構ってあげることで、貴女はますます磨かれていきます。

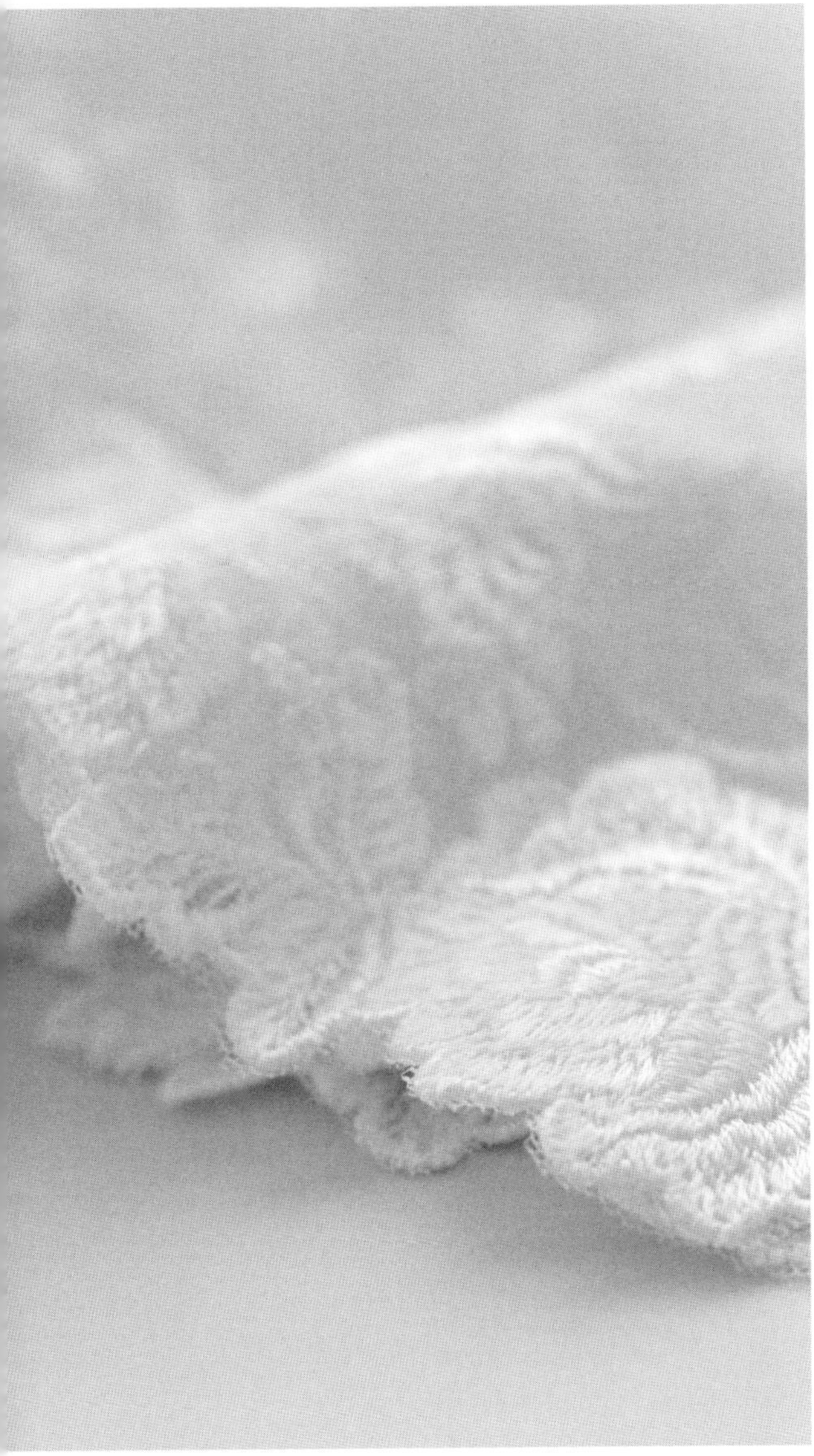

”下着次第でなりたい自分になれる“

下着を見直すことは、体との付き合い方を考え直すきっかけにもなります。私は20代の頃よりも50歳の今がいちばん、スリーサイズバランスが整っています。過剰なダイエットやハードなトレーニングをしなくてもそうなのは、下着がもたらす恩恵を素直に受け入れたからでしょう。

私が特別なのではありません。**下着を味方にすることで、誰もがそうなれるはずです。**

思えば30歳の時、下着を見直したのがきっかけでした。

20代の後半期の私はアナウンサーとしての仕事が充実し始めていました。朝の情報番組のリポーターに抜擢され、睡眠時間は毎日3時間程度。それでも毎日が楽しく、はりきっていましたが、ゆっくり入浴する時間もない日々でした。睡眠不足から体はむくみ、このままおばさん体形になっていくのかな、と早々と自分の加齢を受け入れ始めた時期でもあります。

そんな生活ですから、下着への関心も薄く、雑な扱いで、ブラジャーは試着もせずに目についたものを購入し、お手入れも、洗濯ネットに入れさえすればＯＫだと思い込んで、他の衣服と一緒に、洗濯機でジャブジャブと洗っていました。

ところがある日、下着メーカーを取材したことがきっかけで下着の素晴らしさを知り、開眼したのです。30代になったばかりの頃でした。以降、下着への価値観は一変しました。丁寧に向かい合うようになると、みるみる体形は変化していきました。人間は刻一刻と年を重ねるのですから当然、エイジングというネガティブ要素も訪れます。それなのに私は、中年太りになるどころか、逆にスリムに、しかもメリハリのあるからだになっていったのです。

今の自分が、最高

決して、高価な下着を使用してきたわけではありません。正直に言いましょう、30代の頃、いちばん多く愛用したブラジャーは二千円以下のものです。但し、下着に開眼してからは、買うときはいつだって真剣でした。心がけたのは、毎回自分のボディサイズを測り、そのときの自分に合うものを選ぶということ。そうすることで、下着が持つ機能を体は素直にキャッチできたのです。

からだには、形状記憶効果があると私は実感しています。

進化する自分を日々鏡で確認し、幾つになってもスタイル美人でいたい！　という欲が出てきたのは30代半ばにさしかかった頃です。より体に合う下着選びと正しい着用を心がけるようになりました。

ブラジャー、ガードル、ウエストニッパー……それぞれの下着が、私に力添えしてくれました。丁寧に向き合えば、下着は必ずや応えてくれる。その効果を実感し続けながらポジティブに年齢を重ねています。

第2章

下着変換とボディ・ターニングポイント

~エイジングを減速させるために知るべきこと~

先手必勝

Forestall

10歳も20歳も年下の女性が
「奇跡のボディ、すごいですね」と。
恐縮する思いもありますが、素直に嬉しかったです。
でもね、すごいのは私ではなく「下着」なの。
私はただただ、老化の先手を打つ下着選びを
忠実にしてきただけなのだから。

”おっぱいには、筋肉がないという事実“

胸筋（きょうきん）。この言葉が私たちを混乱させてしまうのでしょう。

胸＝おっぱい＝バストボリューム、つまり〝ふくらみ〟の部分のことを指すもの――私も以前はそう認識していました。胸筋は、おっぱいの一部だと思い込んでいたのです。

しかしそれは誤りでした。おっぱいのふくらみ部分には、筋肉はありません。簡単に説明すると、胸筋にバストのふくらみ部分が、しがみついているような構造なのです。

少し解剖学的なお話をしましょう。おっぱいの内部は、乳房内脂肪組織と乳腺、そして、胸筋の筋膜につながるクーパー靭帯（じんたい）という組織で成り立っています。つまり、筋肉のないバストを支えているのはクーパー靭帯と皮膚の仕事なのです。

このクーパー靭帯が伸びることによって、バストは下に垂れていきます。そしてクーパー靭帯は再生してくれません。**つまり、一度下垂（かすい）したバストは元には戻ることができないのです。**筋肉ならば、筋トレで鍛えることも期待できますが、筋肉のないおっぱいはそれも不可能。

繊細なクーパー靭帯を伸ばさないためにも、できる限りおっぱいを揺らさないように保護してくれるブラジャーが大切というわけです。

《乳房の構造》

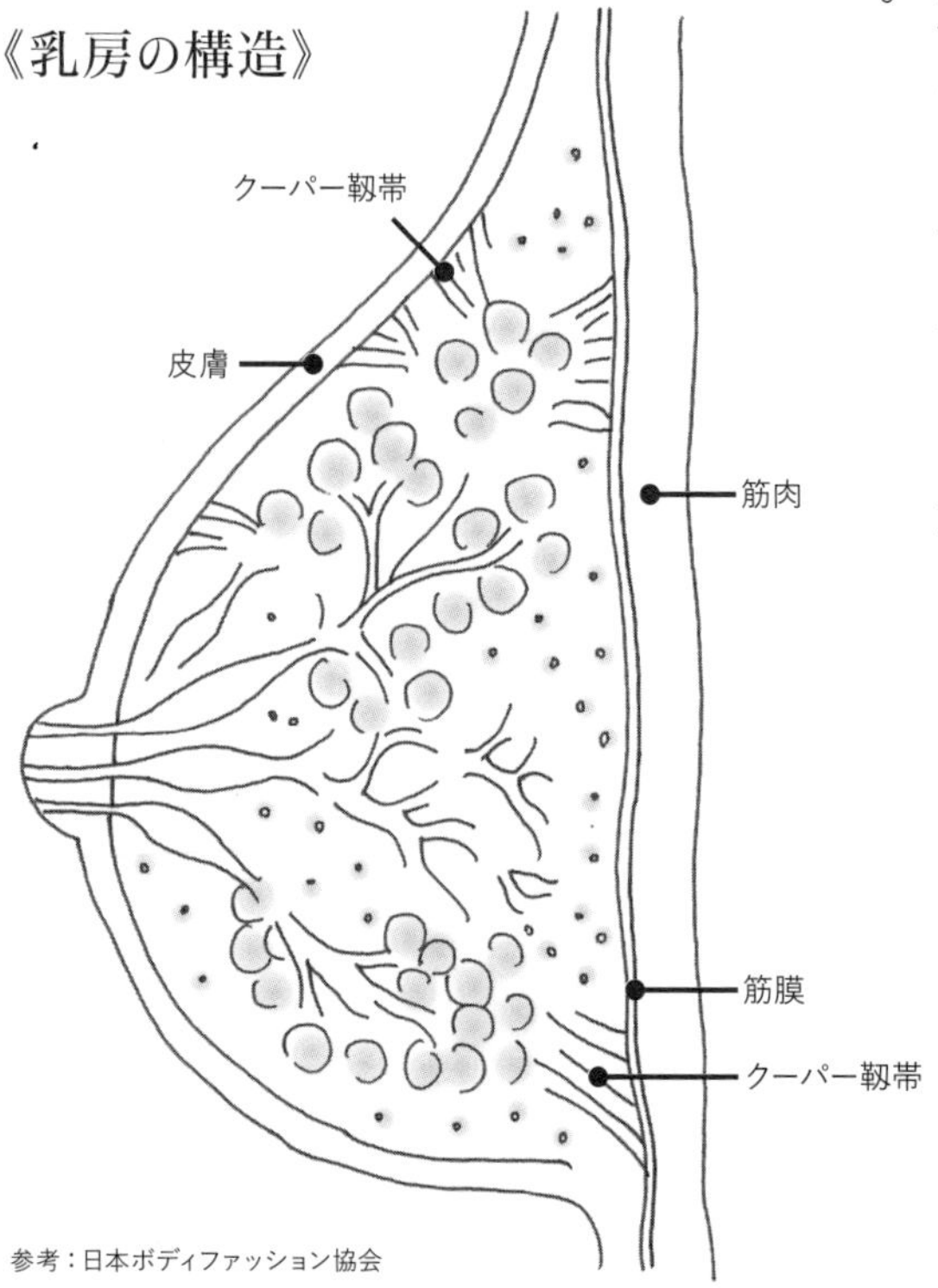

参考：日本ボディファッション協会

揺らさないで

理想のバストはお椀型

半球をしたドーム型。いわゆる「お椀型」といわれているものが、おっぱいの理想の形です。ほぼ正円で、その中央にバストトップ（乳首）が位置し、しかもバストトップは真正面を向いているのがパーフェクトバストです。

個人差があるのはもちろんですが、子どもの体から大人へとバストが成長した頃は、ブラジャーの力を借りなくとも、バストフォルムは誰もが「お椀型」だったはずなのです。

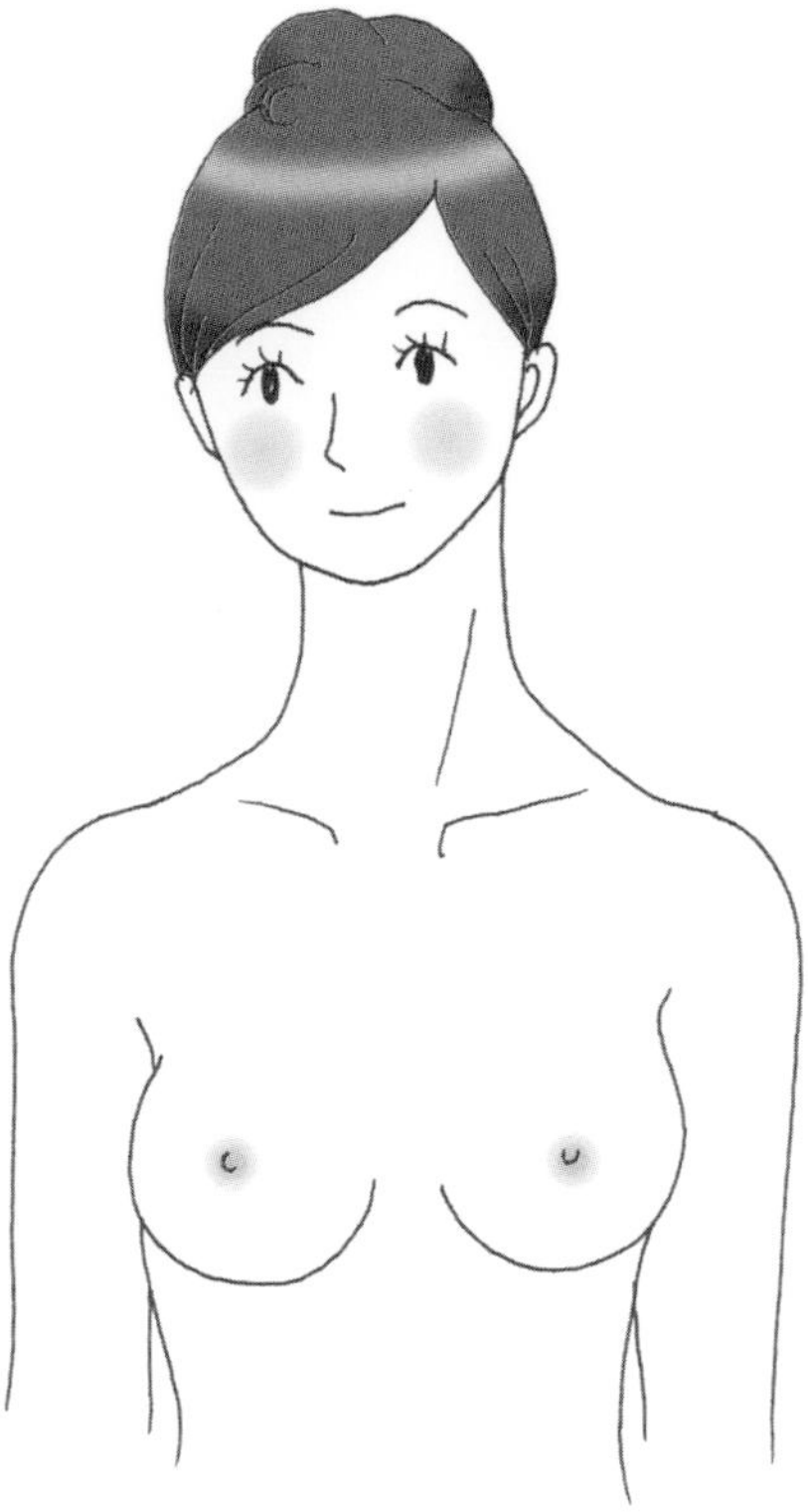

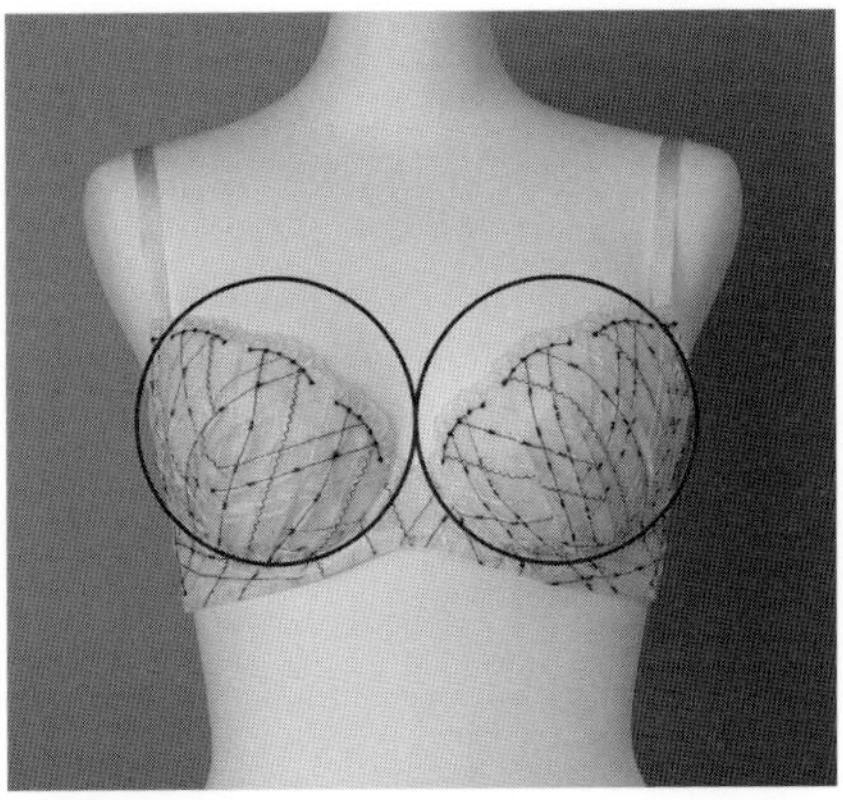

バストがお椀型になるように意識し、
ブラジャーで乳房の位置を安定させる

目を向ける

”バストの老化は、19歳から始まっている“

何もせずとも「お椀型」のバストを保っていられる時間は、思いのほか短いのです。私が、下着美容の勉強を始めて最もショッキングだったことの一つ。
それは、19歳からバストの老化は始まっているということでした。

《バストエイジング》

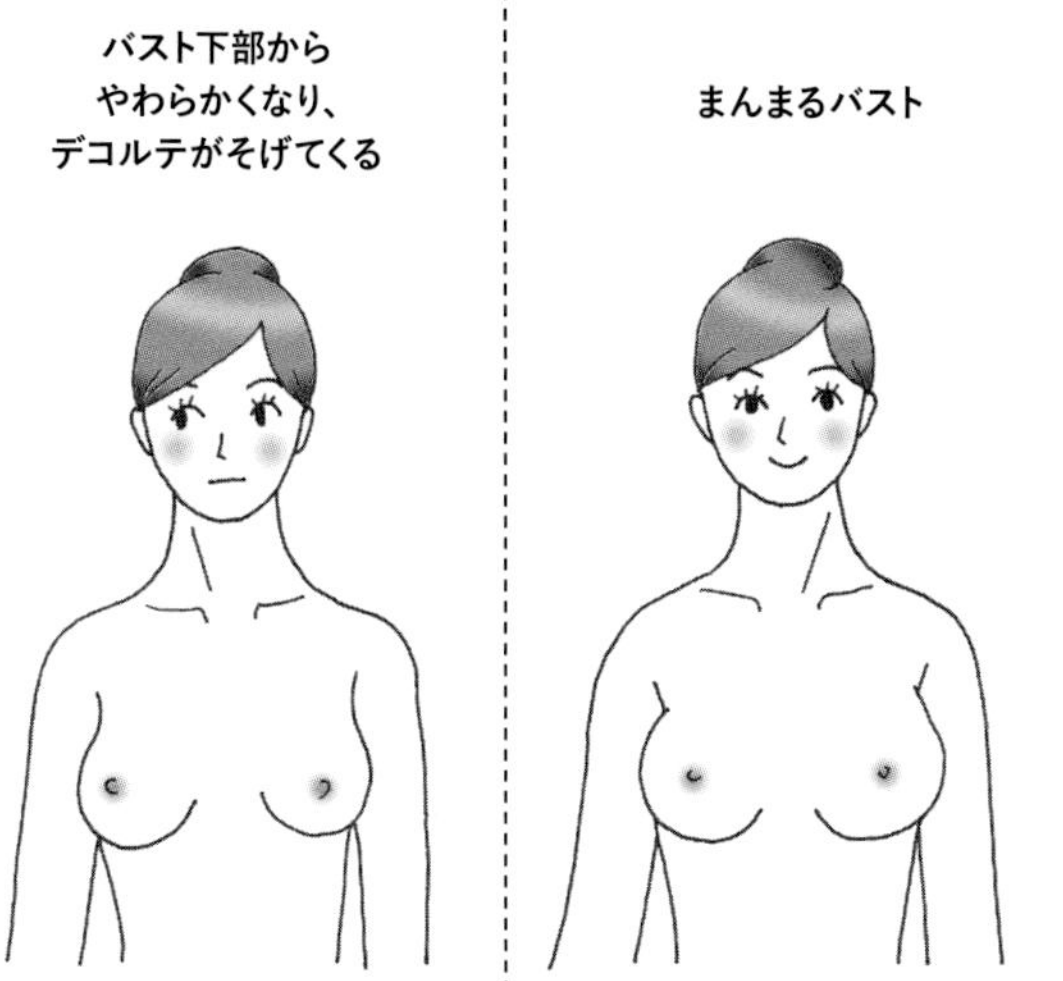
バスト下部から
やわらかくなり、
デコルテがそげてくる
まんまるバスト

《ブラストレスポイント》

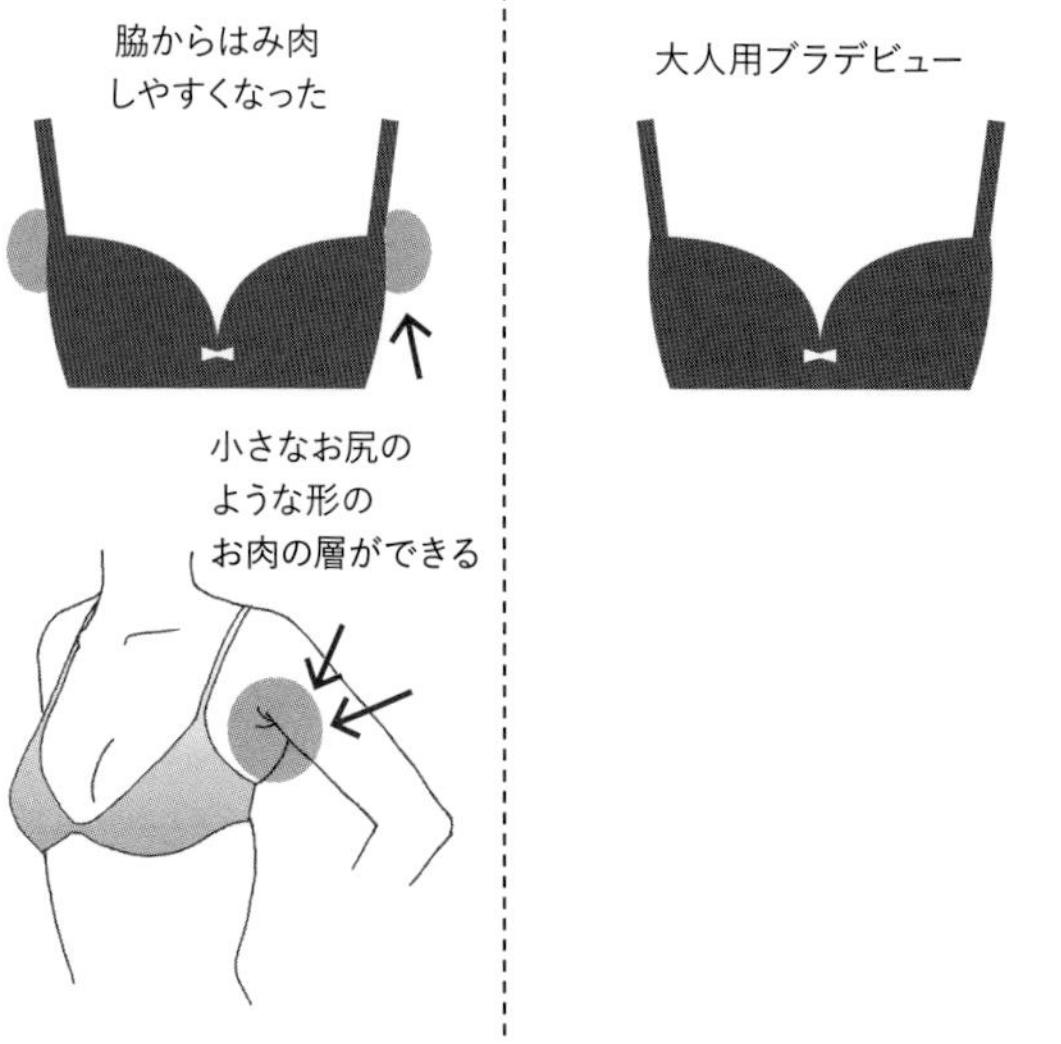
脇からはみ肉
しやすくなった
大人用ブラデビュー
小さなお尻の
ような形の
お肉の層ができる

未来に

子どもバストが成長して大人バストが整う平均は19歳頃といわれています。その年頃のバストは、ブラジャーの力を借りなくても、前向きでまんまるとしたハリのあるおっぱいです。しかし、花の命は短しとばかりに19歳前後を機に、バスト内部の組織は徐々に変形、重力に従順に、バストは下垂していきます。今さらそんな遠い昔のことを言われても……と思われた貴女、大丈夫です。この本を読んで、**ブラジャーがバストのためにできることを見直してみましょう。**

そしてもし、貴女が女の子を持つ親だったら、早くから娘さんのバストシルエットを守るブラジャー選びを心がけてほしいです。

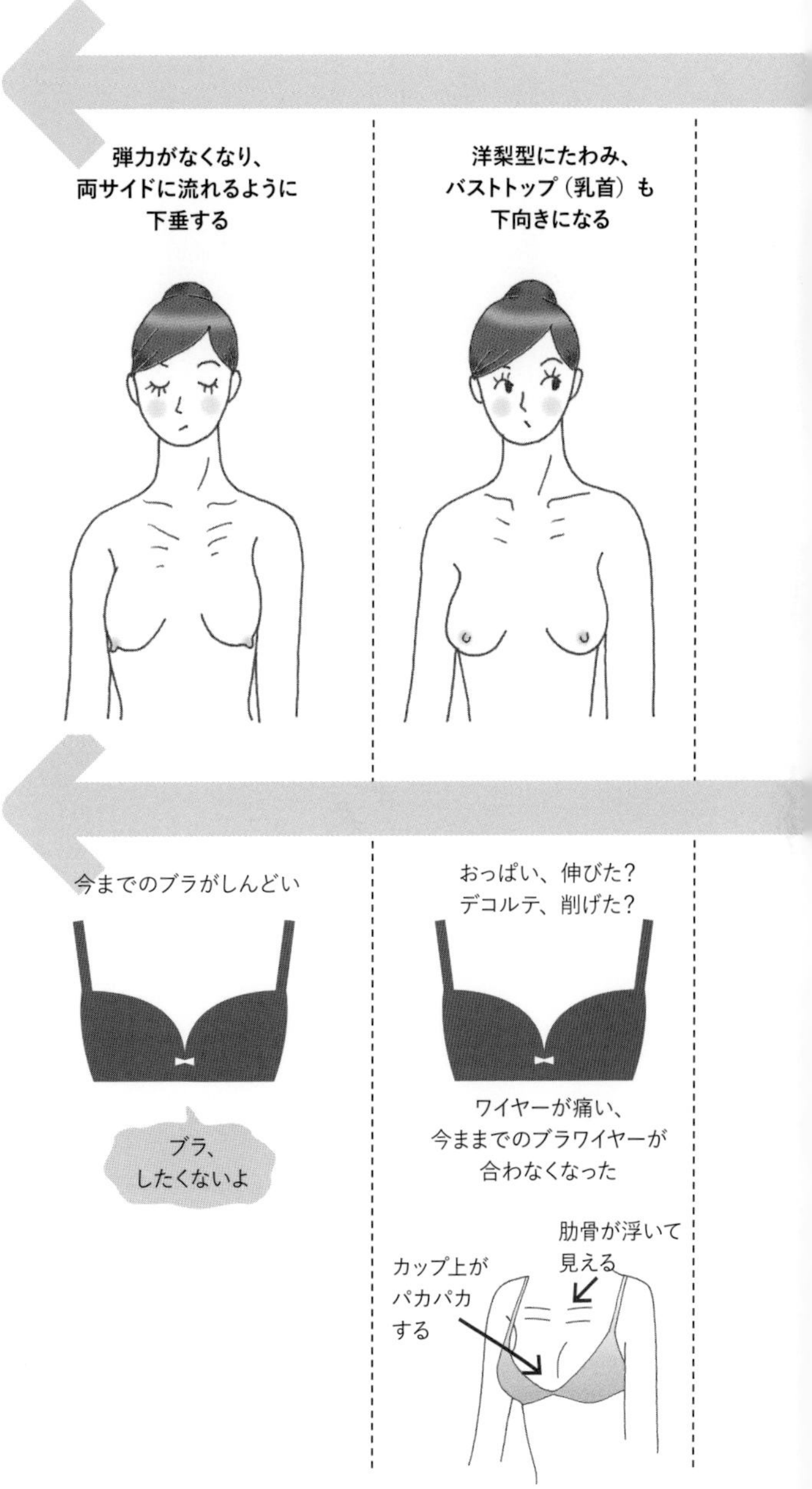
洋梨型にたわみ、
バストトップ（乳首）も
下向きになる
弾力がなくなり、
両サイドに流れるように
下垂する
おっぱい、伸びた？
デコルテ、削げた？
ワイヤーが痛い、
今ままでのブラワイヤーが
合わなくなった
肋骨が浮いて
見える
カップ上が
パカパカ
する
今までのブラがしんどい
ブラ、
したくないよ

”美尻延命はケア次第で差がつく“

下着のこととなると真っ先にブラジャーの質問をされることがほとんどです。多くの女性の下着に関する関心事は、バストに集中します。

では、ヒップはどうでしょうか？　バストと同じくらい、関心がありますか？

ヒップは、バストに比べると筋トレの効果を得られやすいパーツ。先に述べたように、バストのふくらみ部分に筋肉はありませんが、ヒップには、広い範囲に筋肉があります。

いちばん外側には大臀筋（だいでんきん）、内側にも中臀筋（ちゅうでんきん）や小臀筋（しょうでんきん）があり、筋肉を鍛えることでヒップアップは叶います。

そして、忘れてならないのが脂肪の存在。ヒップは体の他の部位よりも皮下脂肪が厚く、女性は特に歳を重ねるとお尻に脂肪がつきやすくなります。脂肪は、重力に引き寄せられるものです。そして、加齢とともに肉質も柔らかく変化します。

ヒップの崩れ方は一様で、垂れて、削げて、さらに歳を重ねるとお尻の穴の方へも伸びていきます。しかしそのスピードは、日頃からヒップケアをしているか否かで、かなり異なります。**20代で崩れてしまっている人もいれば、40代でも、溌剌としたヒップの人もいます。**筋肉と脂肪をどう誘導するかでヒップの未来は変わります。そこを心地よくアシストしてくれるガードルは、「ヒップケアアイテム」の一つだと私は思っています。

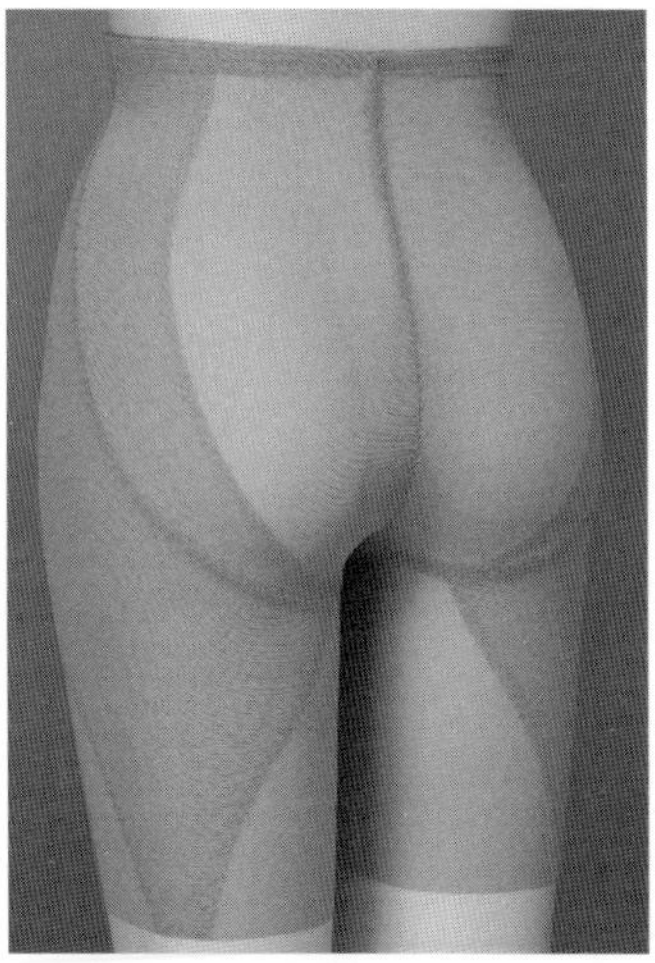

ヒップアップ効果の高いガードルは
簡単にできるヒップエイジングケア

筋肉と脂肪を

《ヒップエイジング》

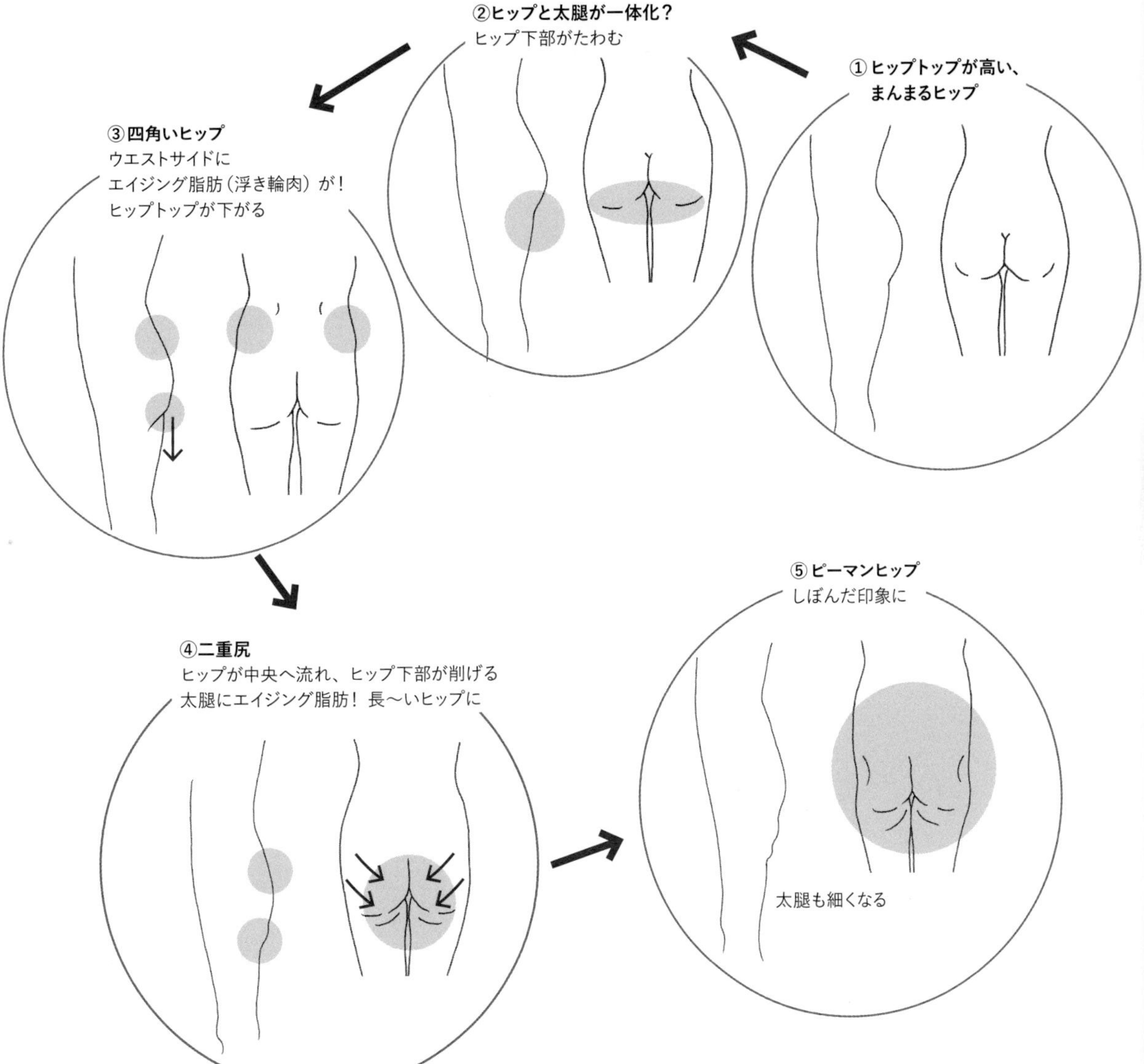

①ヒップトップが高い、
まんまるヒップ
②ヒップと太腿が一体化？
ヒップ下部がたわむ
③四角いヒップ
ウエストサイドに
エイジング脂肪（浮き輪肉）が！
ヒップトップが下がる
④二重尻
ヒップが中央へ流れ、ヒップ下部が削げる
太腿にエイジング脂肪！ 長〜いヒップに
⑤ピーマンヒップ
しぼんだ印象に
太腿も細くなる

今何歳？

”実年齢よりボディ年齢に着目しましょう“

30代でもおばちゃん体形に見える人と、40代でも30代前半のように見える人がいます。その違いは、ボディラインです。ボディラインの印象で、若くも老けても見える。それを逆手にとれば、〝印象操作〟で若く見せることは可能、という事です。

もちろん若く見せることだけが、正解だとは思いません。しかし、明るく溌剌な印象になり、自ずと表情まで輝いてくるのは事実です。老けたボディは、どうしてもシルエットが曖昧な印象になりがちです。女性らしさや、たおやかな色香の要素もありますが、それはともすれば、だらしない印象とも紙一重になってしまいます。

”ボディの曲がり角は19歳、25歳、38歳と3回“

ボディの曲がり角は19歳、25歳、38歳と3回あります。

多少の年齢のズレや個人差があります。でも、女性の肉体は40歳までに、3つのターニングポイントを迎えることとなります。成長期から大人ボディになる19歳頃。大人ボディのサイズ転換期となる25歳頃。そして、ボディラインが変化する38歳頃、ここがボディの大曲がり角です。

”大曲がり角は38歳“

38歳前後に、女性は急激に体重が増えると言われています。

仮に体重が変わらなくても、劇的にボディが変化するのがこのあたりで、肉質とお肌の水分量

あなたのボディ、

がガクンと変わります。女性ホルモン（卵巣ホルモン）の減少が関係しているため、完全に阻止するのはむずかしいそうです。その変化は30代前半から忍び寄っているのですが、見過ごしてしまいがち。気づいた時には歯止めが利かなくなっていた、という経験をした人もいるかもしれません。

貴女の年齢が38歳よりも前でしたら、しかと心がまえ、先手先手でカバーしましょう。貴女の年齢が38歳以上でしたら、そのボディをより快適により美しく整える策を実践ください。

エイジングは宿命。でも、減速はできるのですから嘆くことはありません。

《ボディ変化プロセス》

バストトップがふくらんでくる	ジュニア用インナー	**バストトップを保護する肌着デビュー**
約1年後 バストがふくらんでくる バストはかたい		
初潮を迎える時期		**初ブラデビュー** ジュニア用で、バストの成長を妨げず、発育を保護するブラジャー。主にノンワイヤーか、L字ワイヤー
バスト成長期		
まんまるバスト		ジュニア用U字ワイヤーブラ ジュニア用スポーツブラも必須
16~18歳成長が落ち着く		見た目が大人のバストに見えてもまだまだ成長過程の可能性 ★大人ブラへの変換は慎重に
19歳頃 ボディ転換期 安定したまんまるバスト。バストが柔らかくなってくる	大人用インナー	**大人ブラデビュー** 大人の質感に変化
大人女性ボディへの進化		**エイジング対策スタート** ブラジャー／ガードル TPOで使い分け（睡眠用ブラ、スポーツブラ）
25歳頃 ボディ転換期 忍び寄るエイジング ヒップ下垂 バスト下垂 肉質・肌の水分量の変化		**サイズ変化しやすい** 下着の見直し（下着ストレスを見過ごさない！）
38歳頃 ボディの大曲がり角 体重増加・体形変化 脂肪：皮下脂肪が増えて、肉質も柔らかくなる（バスト上が削げる、ヒップと太腿の境目が曖昧となる。） 皮膚：水分量が減り、乾燥しやすくなる（下着の跡がつきやすくなる、ハリがなくなる）		**下着選び、しっかり見直し** （サイズ、ブランド、素材） 快適さを大切に下着を選ぶ スタイル美人を目指すには、バスト、ウエスト、ヒップ、太腿のエリア分けをクリアにできる下着選びと着用法を心がける。
エイジング急降下 姿勢の変化：首を支える僧帽筋の衰え、背中や股関節を支える筋力の低下（背中が丸まる）		エイジング対策を網羅した、**体の変化に対応した下着選び**を実践。長時間着用しても疲れず、より動きやすい下着選びでからだをサポート（エイジングスピードをゆるやかにする。ホルモンバランスによる体の変化を和らげる。老化とともに辛くなる体を下着で保護）

肉質と肌質

20代と40代のボディ、どこが違うの？

ボディのフォルムが曖昧になっていく、それが年齢を重ねるということかもしれません。

変化するのは肉質と肌質です。肉質は柔らかくなり、一方、肌の水分量は減少していきます。

そして、個々のパーツが曖昧となり下垂していく……。

過酷な事実ですが、それが自然の法則です。**「抗う」のではなく「受け入れる」ことも大切**です。

無理に若作りをするのではなくて、今の貴女の肉質や肌質の状態を理解して、そのうえで、どのようなボディシルエットになりたいのかを具体的に思い描くのです。

そうすることで、どこをどうボディメイクすれば良いのか、指針が明確になります。

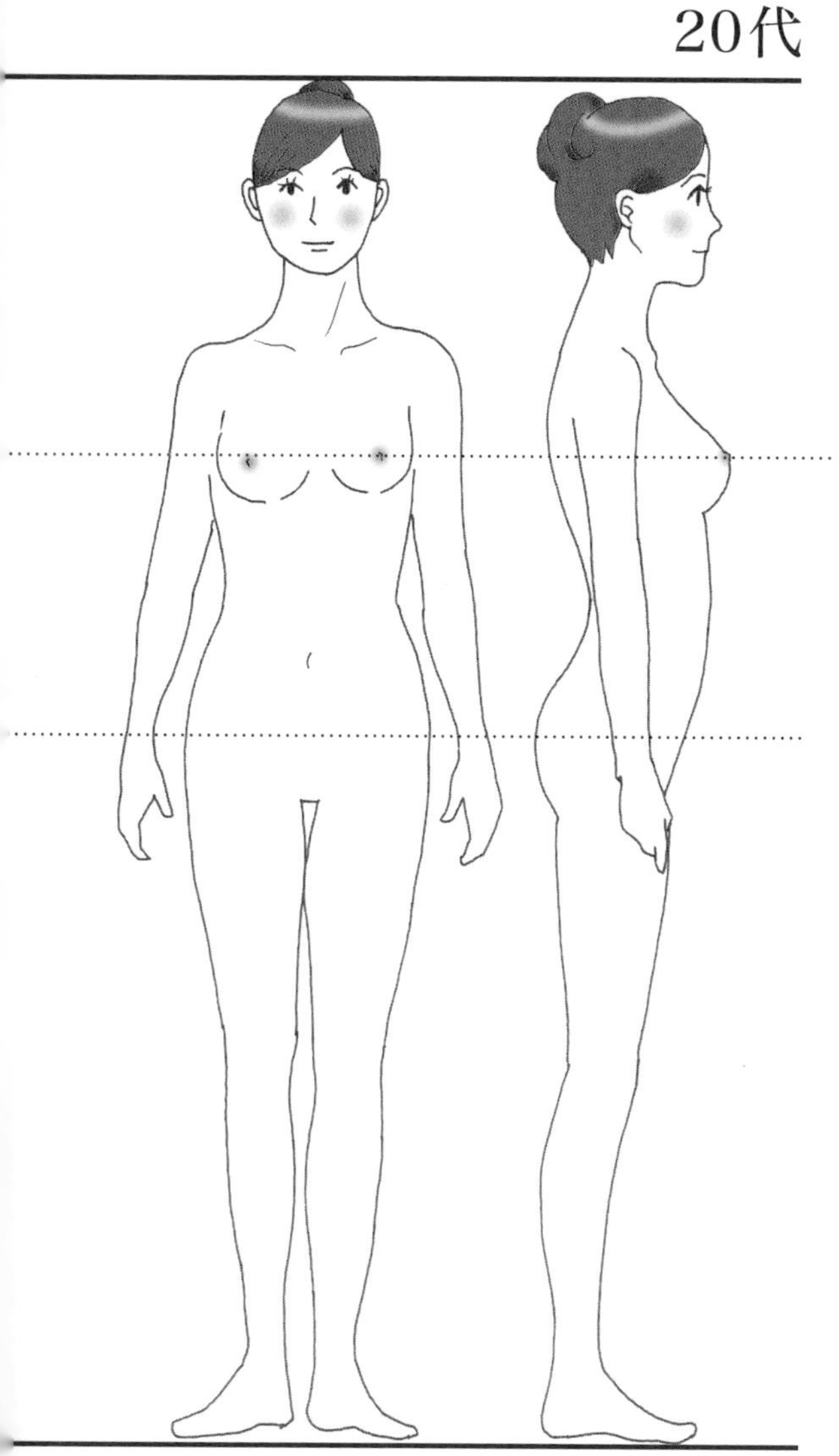

変化するのは、

40代 年齢を重ねると下腹部がせりだし、バストもヒップも下垂する

20代と40代の女性のボディシルエットを比較すると、40代の方が大きく見えるのは皮下脂肪が増えるからです。肉質が柔らかくなり、肌の弾力も落ちていくので下垂しやすくなります。

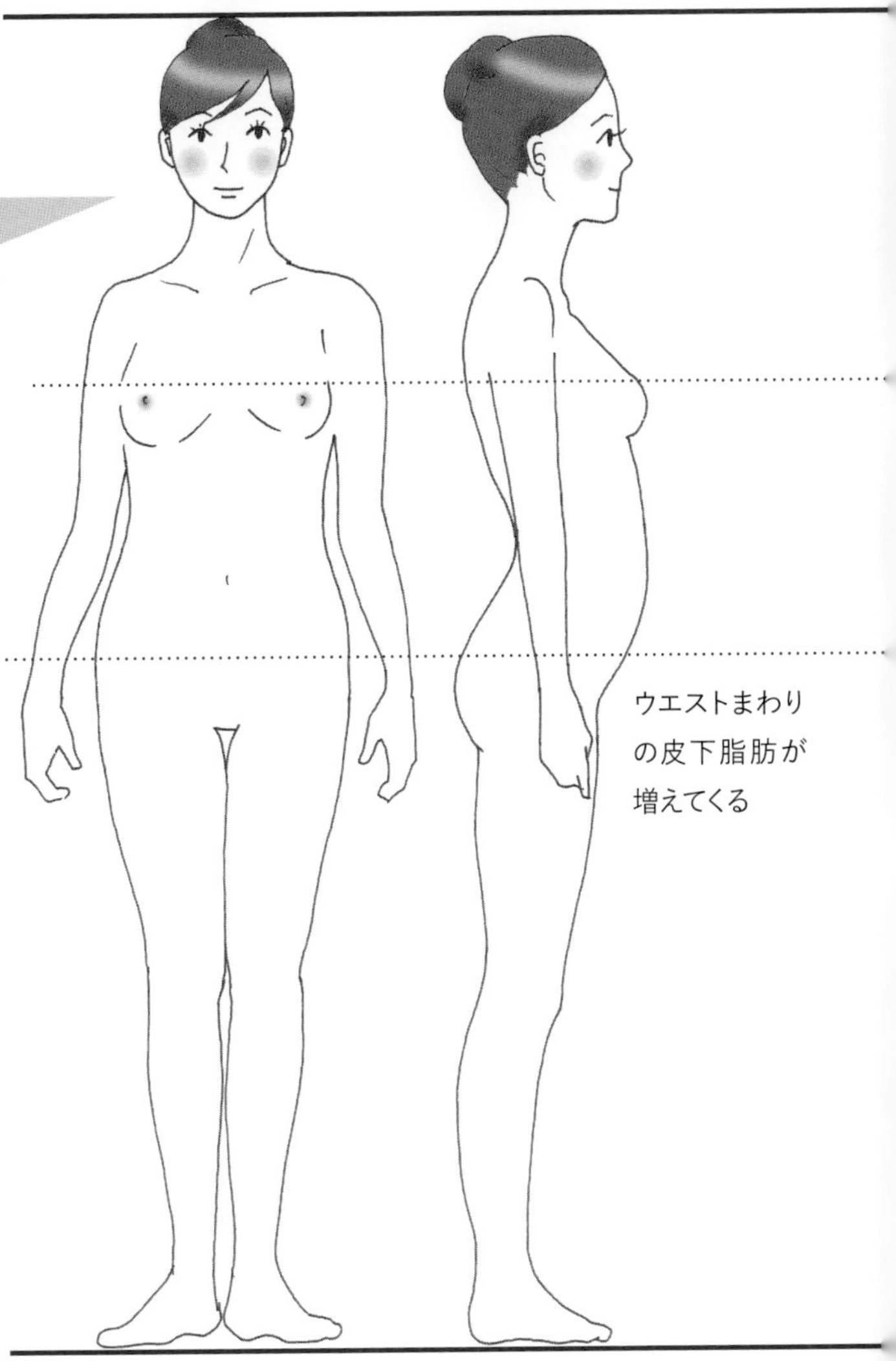

参考：日本ボディファッション協会

ボディメイクのポイント

対策1 下着美容
ジャストフィットの下着でバストやヒップを保護、体にベストポジションを意識させる。

対策2 スキンケアも丁寧に
バスト、デコルテはもちろん、体とお顔は一枚の皮膚でつながっています。私は常にバストもヒップもお顔の延長だと思って同様にケアすることをおすすめしています。むしろ、お顔よりも丁寧に扱った方が良いくらいです。特にバストのふくらみを支えているのは内部組織のクーパー靭帯と表面の皮膚のみ。どちらかが軟弱になるとバストは下垂してしまうのです。

脂肪は悪ではない

脂肪には、つく順番がある

肥満の代名詞と思われがちな脂肪。巷には、体脂肪を減らすサプリや健康食品が溢れています。こんなもの、なくなればいいのに！　と、まるで脂肪は邪魔者扱いです。でも私に言わせれば、脂肪は勇者。もちろんつきすぎるのは問題ですが、一概に悪者扱いしてはいけません。

人間は脂肪がないと生きていけません。皮下脂肪、内臓脂肪などの脂肪組織は、私たちが生きてくうえで欠かせないエネルギーの貯蔵庫です。そして、体を温めてくれる役割があり、脂肪によってフェミニンなプロポーションも造形できています。

とはいえ、加齢と共に気づかぬうちに増えていくのもまた事実。いつのまにか、フォルムが曖昧なおばちゃん体形に……という由々しき事態にならぬように、脂肪を制するのです。

脂肪にはつく順番があります。脂肪のつく順を理解して、先回りをして下着選びをすれば、ある程度コントロールすることができるのです。

下着変換適齢期はボディ変化の先を行くべし！

先に述べた、ジュニアから大人ボディへ成長した19歳頃、しなやかな大人ボディから本質が変化し始める25歳頃、そして、ボディの大曲がり角を迎える38歳頃。

体が変化するということは合う下着も変わります。

さらに、脂肪がつくメカニズムを踏まえて、崩れてから慌てないように、変化する前から最小限に食い止める下着選びをした方が良いと思います。自分のボディの細部まで見つめて、各パーツからの声に耳を傾けましょう。

脂肪のつく順番（一般的）
お尻・腰 ➡ おなか、バストの下 ➡ 太もも ➡ 背中から二の腕 ➡ ふくらはぎから足首

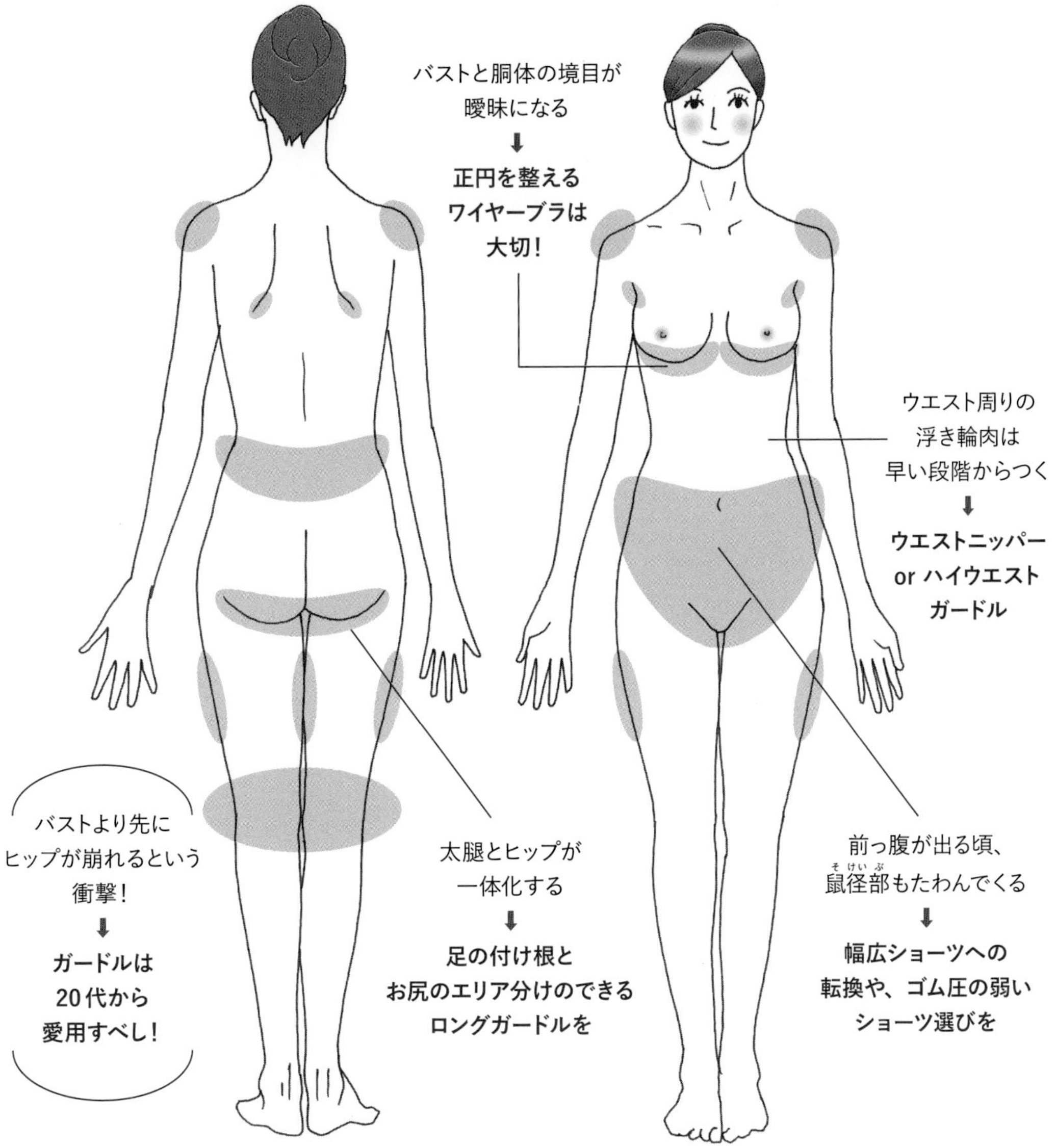

バストと胴体の境目が
曖昧になる
⬇
正円を整える
ワイヤーブラは
大切！
ウエスト周りの
浮き輪肉は
早い段階からつく
⬇
ウエストニッパー
or ハイウエスト
ガードル
バストより先に
ヒップが崩れるという
衝撃！
⬇
ガードルは
20代から
愛用すべし！
太腿とヒップが
一体化する
⬇
足の付け根と
お尻のエリア分けのできる
ロングガードルを
前っ腹が出る頃、
鼠径部(そけいぶ)もたわんでくる
⬇
幅広ショーツへの
転換や、ゴム圧の弱い
ショーツ選びを

参考：日本ボディファッション協会

サイズを知る

”体重よりも体形“

現在のスリーサイズをご存知ですか？

体重はわかるけれど、スリーサイズは流石に……という女性はかなり多い気がします。何キロ痩せた、何キロ太ったと言う表現はしても、お腹周りが何センチ細くなった、何センチ太ったと言う人は、あまりいません。

スタイルアップのために気にしてほしい数字はメジャーサイズです。

仮に10年前と体重が同じでも、肉質は柔らかく変化しています。柔らかい分、お肉はたわみ、重力に素直に下垂していきます。野放しにしておくと、曖昧なシルエットになってしまいます。結果、スリーサイズバランスが変化している可能性は大いにあるのです。

まずは、今の貴女のボディサイズをメジャーで測ってみましょう。

A トップバスト　乳房の最も高いところを通る周囲

B アンダーバスト　乳房の付け根のすぐ下を通る周囲

C ウエスト　胴回りの最も細いところの周囲

D ヒップ　腰回りの最も高いところの周囲

E バスト高　床からバストトップまでの高さ

F 股下高　床から足の付け根までの高さ

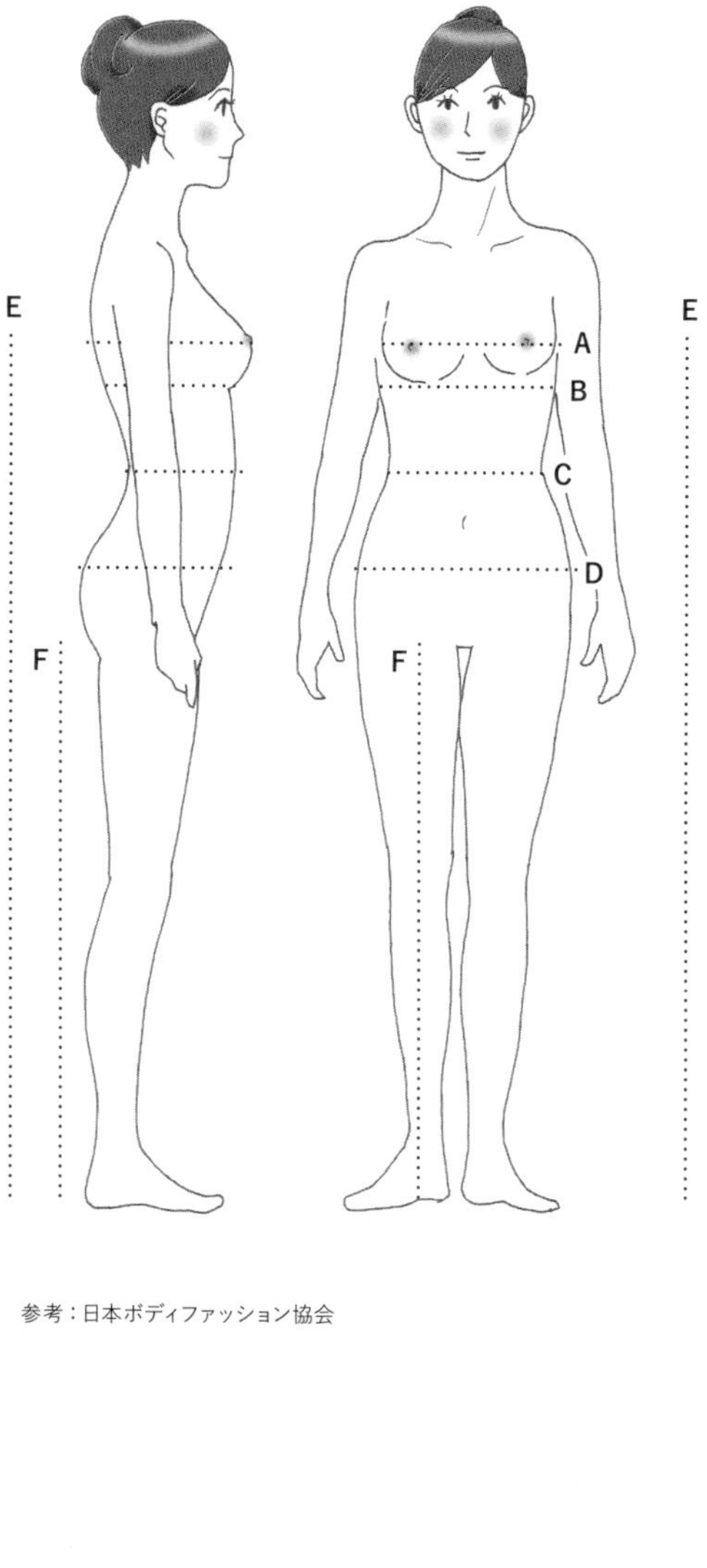

参考：日本ボディファッション協会

自分のボディ

メジャーは100円ショップでも手軽に買えます。鏡を見ながら、メジャーが床と平行になるよう留意するとバスト、ウエスト、ヒップは正しいサイズが測定できます。月経前後でも変化があるので、測定するのを習慣化すると良いですよ。サイズを知り、体形（プロポーション）を意識することで貴女のボディはますますブラッシュアップされていきます。

私は、定期的にワコールの3Dボディスキャナー測定器で計測しています。スリーサイズのみならず、数秒で複数カ所も測定できます。ここで、私が着目している項目は「バスト高」と「股下高」です。床からバストまでの高さと、床から足の付け根までの長さのことです。ここの数値が下がると、バストとヒップは下垂したということですので、下がらないように意識しています。

とはいえ、下着は肉質との相性もあるので、数値はあくまでも参考とし、下着を買う時は試着することも失敗しないポイントです。

”女神ボディ数式〈B-W=20cm・H-W=25cm〉が、理想のスタイルバランス“

スタイルが良いとは、スリーサイズの数値や、ブラカップの表記のことを言うのではありません。ボディ全体のバランスの良さが肝です。痩せたい人にとっては「ウエストが5㎝細くなった」など、数値の変化はもちろん嬉しいことかもしれませんが、木を見て森を見ず、になっていませんか。大事なのはトータルバランスです。

スタイルをよく見せるのに知っておくと良いのが、下記の数式です。

スタイル美人になりたい人は、このサイズバランスを意識するのをおすすめします。

B－W=20cm
H－W=25cm

B バスト　W ウエスト　H ヒップ

の黄金比 1/2の法則

スタイル美人の黄金比

バストやヒップは、サイズや形に関心がいってしまいますが、スタイルをよく見せるには「位置」がポイントです。ボディラインを美しく見せる黄金比を知っておくと良いでしょう。

バストトップ・ポジション

バストトップ、つまり乳首がどのあたりの高さに位置しているかによって、見た目の印象は変わります。わかりやすい例として、和装のお話をしましょう。女優さんが和装で年齢の異なる役を演じ分ける時、前身頃で工夫します。娘役の時は襟合わせを首に近い位置にし、帯も高めに締めます。老婆を演じるときは襟合わせを下の方にし、帯も低めに。胸の位置がどこにくるかによって、その印象を操縦できるというわけです。

スタイル美人に見えるバストのベストポジションは、二の腕の半分の位置です。

そこより、バストトップが下になるようにブラジャーをセットすると老けた印象になります。

つまり、バストトップのベストポジションを意識するだけで、老けた印象から脱却することも可能なのです。このと

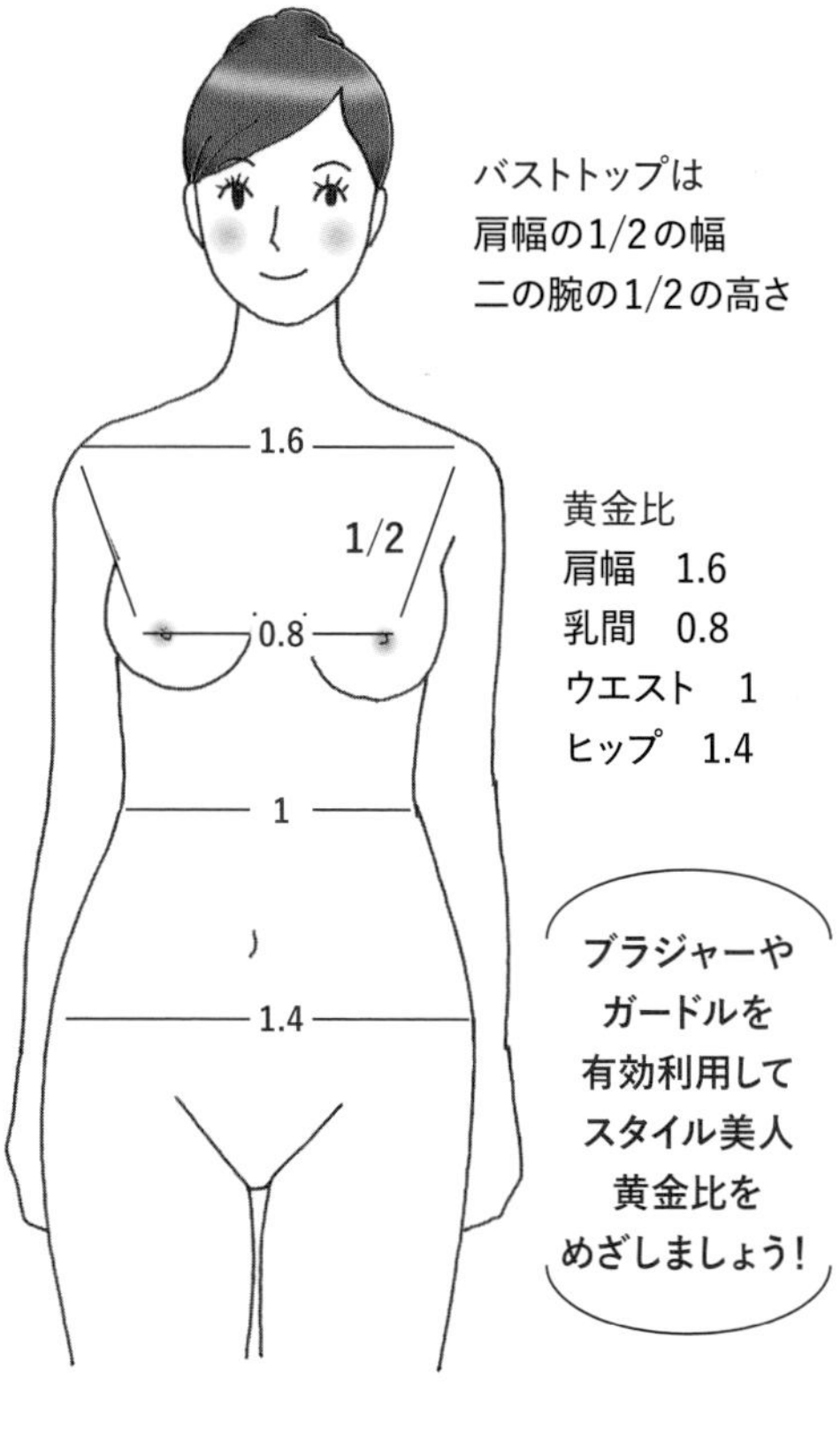

参考：日本ボディファッション協会

きの留意点は「土台でブラジャー位置を安定させる」こと。

ブラジャーの土台（アンダーバスト）をしっかりと持ち上げて、バストトップ位置をベストポジションにセットすることが大切です。そして、乳間（乳首から乳首までの幅）は、肩幅の1／2にすると、スタイルが良く見えるはずです。

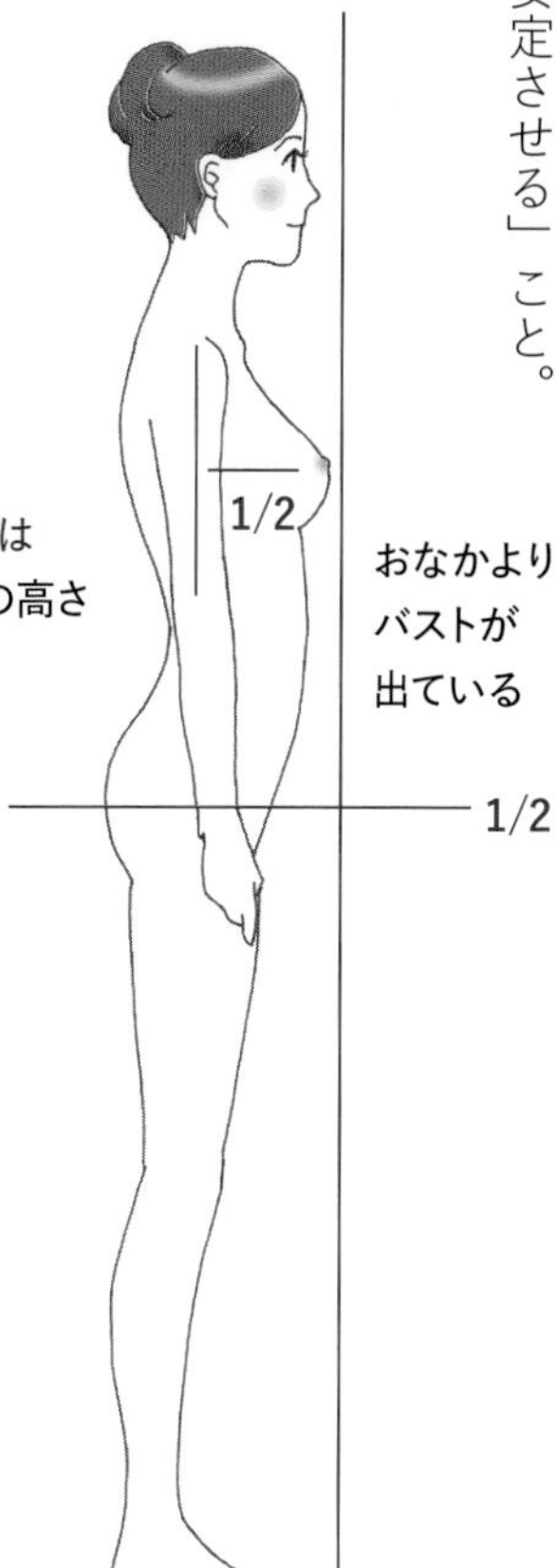
1/2
ヒップトップは
身長の1/2の高さ
おなかより
バストが
出ている
1/2

ヒップトップ・ポジション

桃よりリンゴ！　これが美尻の理想的フォルムです。お肉が下部にある逆ハートの桃型より、上向きのリンゴ型を目指しませんか。ポイントは、ヒップトップ（ヒップのいちばん盛り上がる部分）です。馴染みのないワードかもしれませんが、ここの高さを意識するとヒップは格段にカッコ良くなります。

そして、ヒップトップは身長の1／2の位置を目指しましょう！　このポジションが最もバランス良く見えるのです。欧米人に比べて、日本人のヒップは扁平です。その分、ヒップトップが曖昧な印象になりがち。さらに下垂していくとヒップトップも下向きに流れてしまいます。

そこに貢献してくれるのは、ガードルです。美尻シルエットと共に、脚が長く見えるという利点もあります。

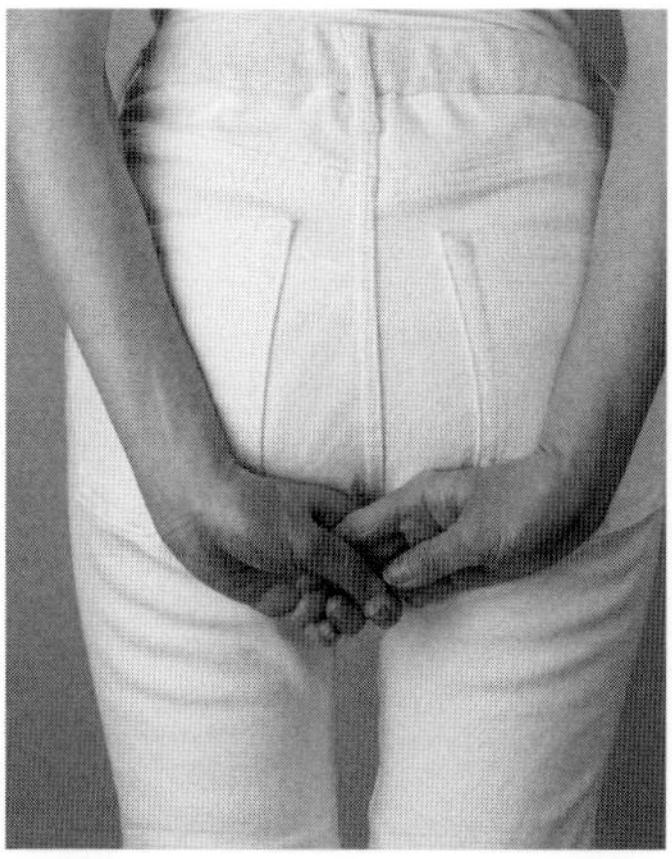

【垂れ尻チェック】
お尻の下で手をつないで、その中にヒップが収まればOK！　収まらなければ、垂れ尻認定→ヒップアップガードルでカバー

フォルム診断

”ボディの型を知り、下着美容で整える“

たとえ身長・体重が同じ、世代が同じであっても、プロポーションまでが同じとはなりません。体は200個以上もの骨組みによってつくられ、肉質やボリュームによってフォルムは百人百様です。

下着業界では体形を大きく4つに分類しています。貴女にもっとも近いフォルムはどのタイプでしょうか？　鏡を見ながらチェックしてみましょう。そして全身のバランスが美しく整う下着にて、賢くボディメイクしてみましょう。

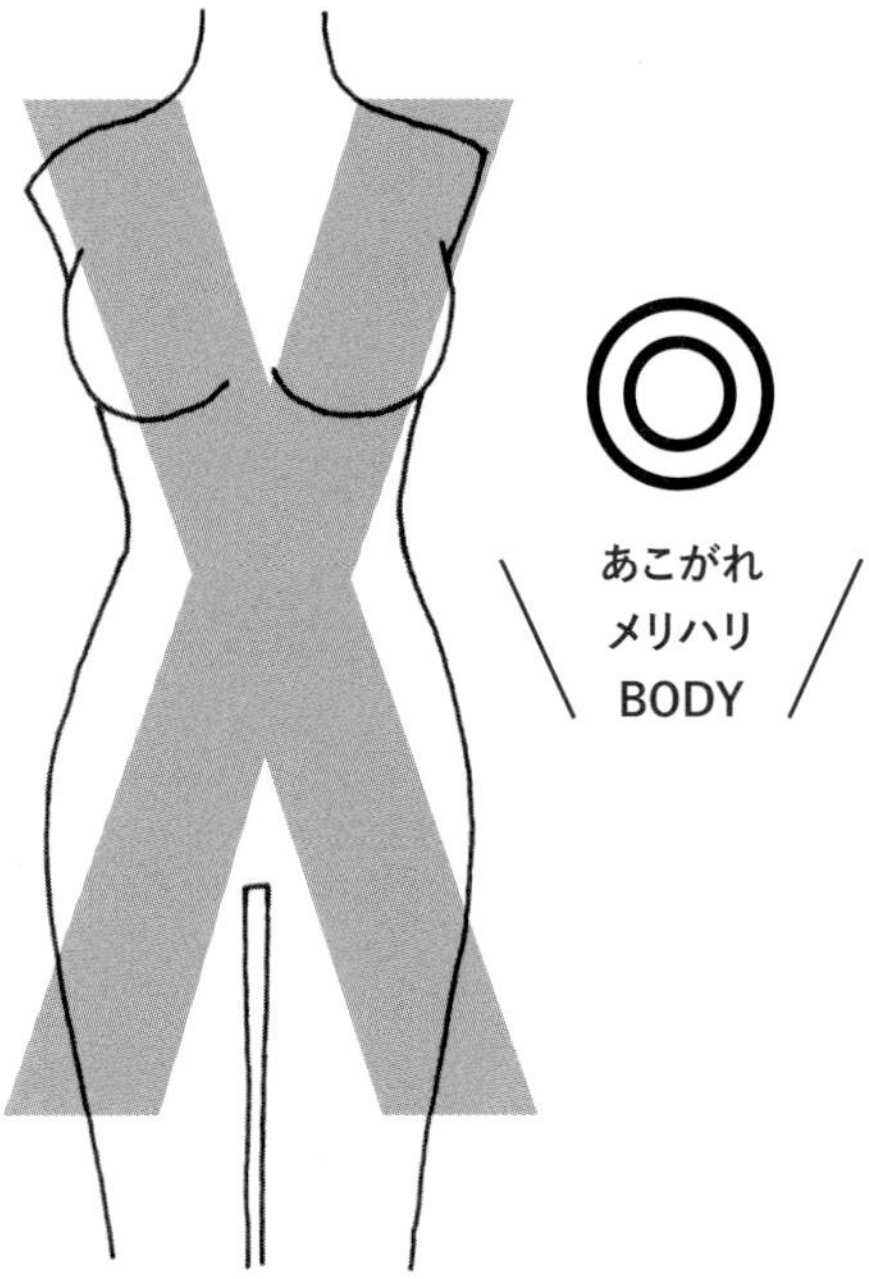

メリハリタイプ
ボディ「X」型

メリハリボディキープを意識した下着選びを

女神ボディ数式を目指せばスタイル美人さん

B-W=20cm
H-W=25cm

参考：日本ボディファッション協会

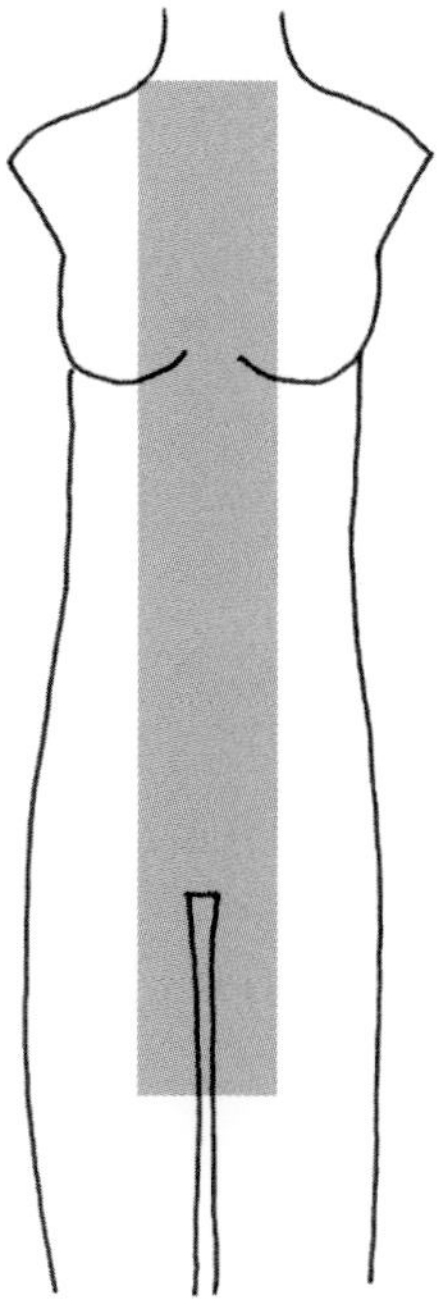

ストレートタイプ ボディ「I」型

細めさんはバストとヒップをボリュームアップ。ぽっちゃりさんは、ウエストニッパーやハイウエストガードルを

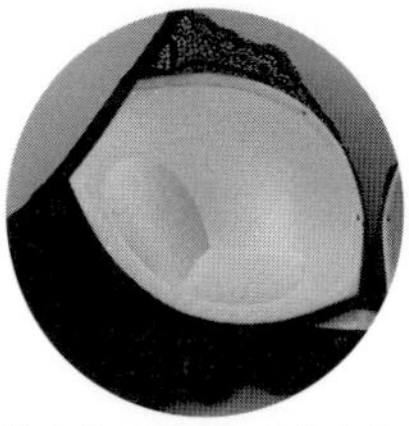

徹底的にメリハリ作りを。
盛りブラでバストアップ

パッドを忍ばせよう！

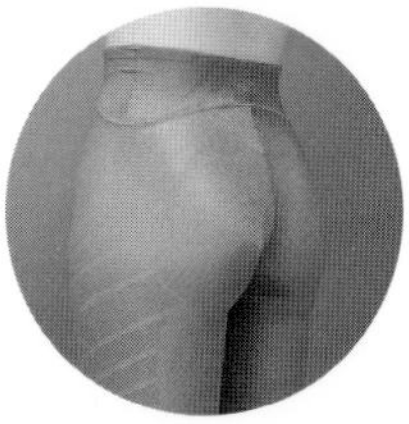

くびれも作り、パワーのあるヒップアップガードルを

ぽっちゃりさんは「メリ＝くびれ」に着目

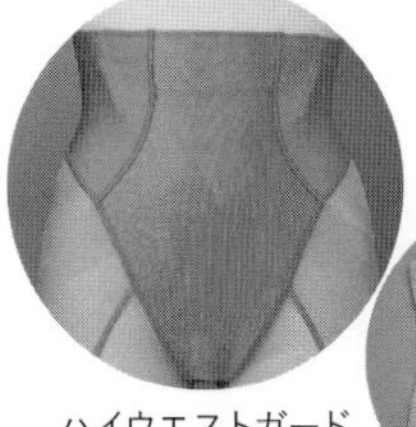

ハイウエストガードルでカービングを

日常からウエストニッパー 愛用者に

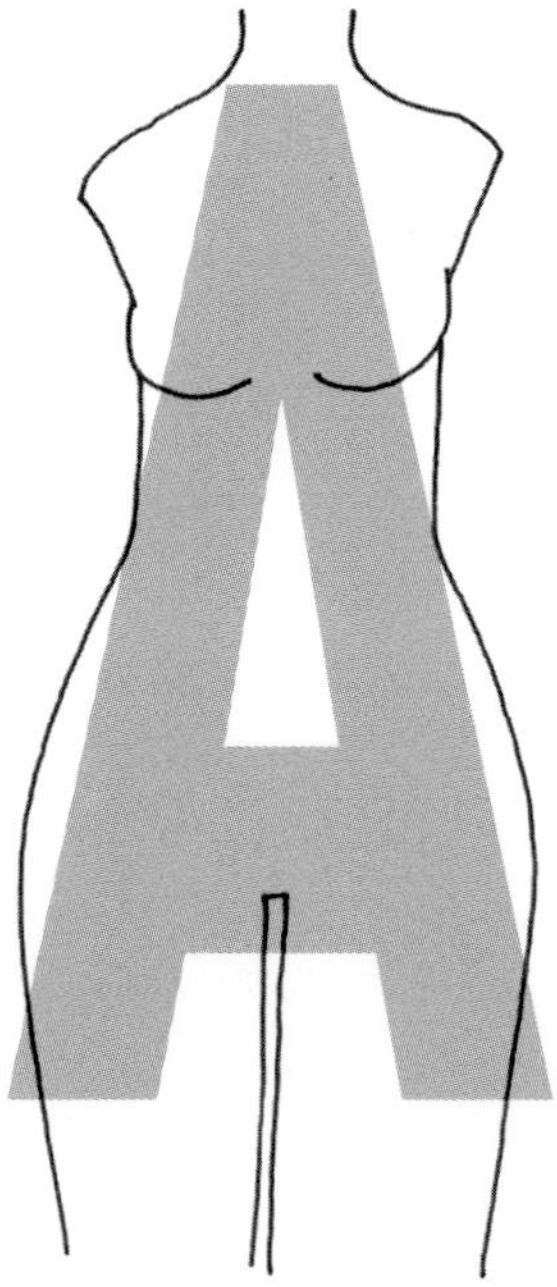

ヒップ優勢タイプ ボディ「A」型

パッドや当て布のあるボリュームアップブラと、ヒップを全方向から中央へまとめるガードルがベスト

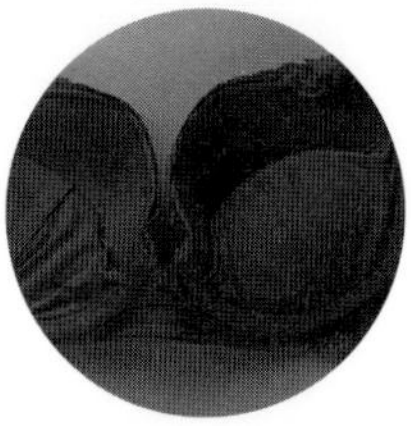

バストを盛る、寄せる
こんもりパッドがおすすめ

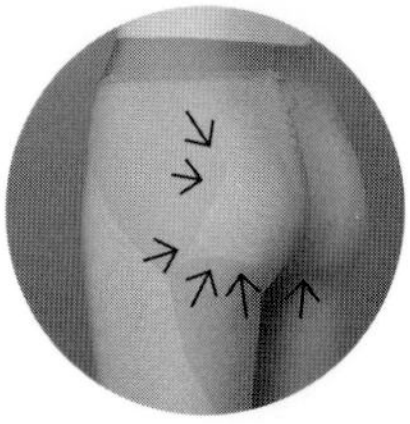

お尻へお肉を大集合

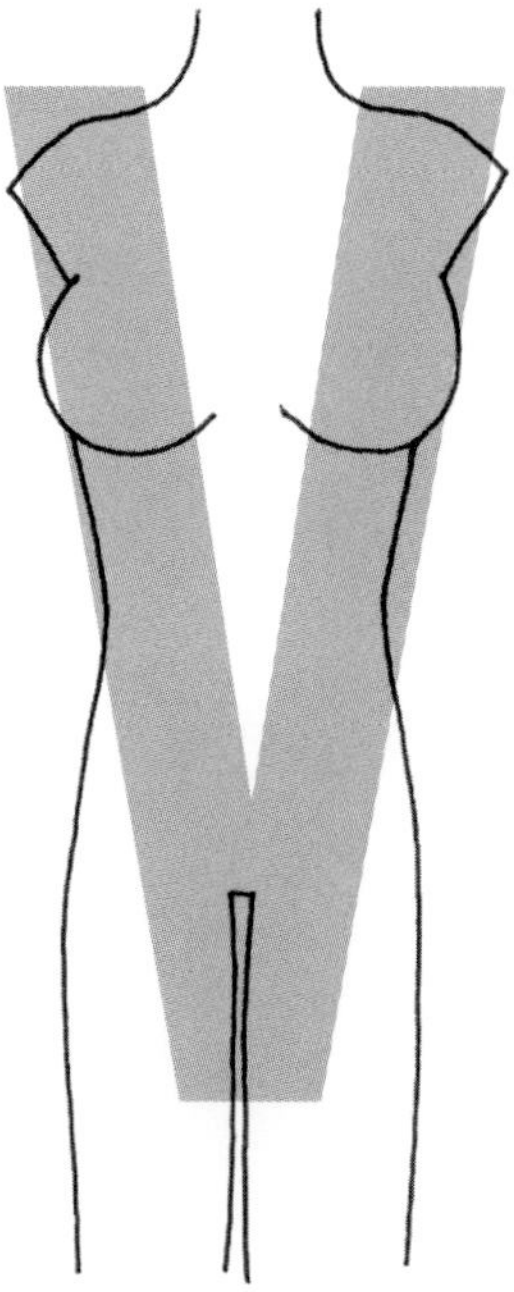

バスト優勢タイプ ボディ「V」型

バストをコンパクト化するブラと、ヒップトップを上げるガードルを

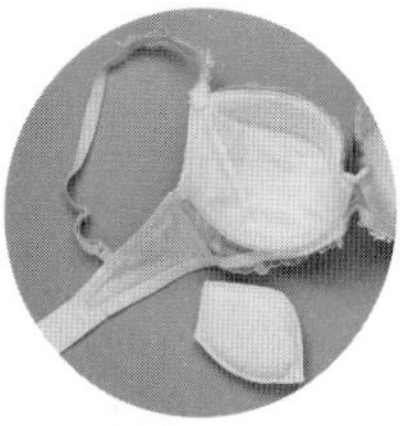

パッドを抜くのもあり！

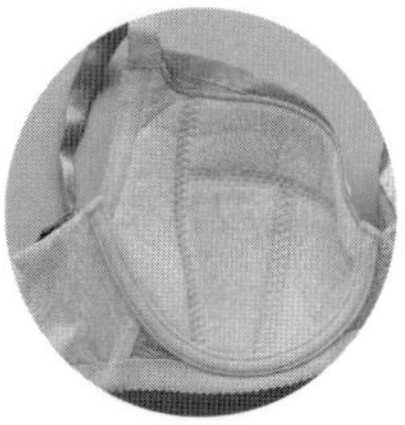

バストをミニマム化してくれるブラはカップ裏に仕掛けあり。小さく見せよう

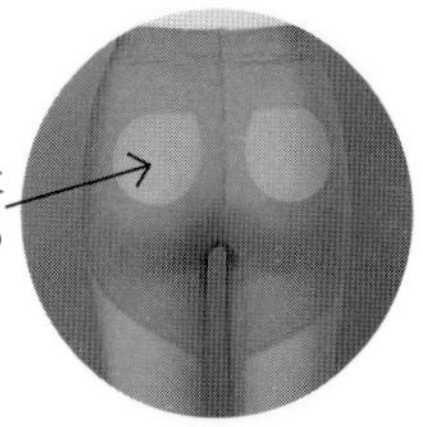

ガードルに頼る

ベストポジションへ誘う

タイプ別 美尻ボディメイク法

とかく悪者扱いされがちですが、「皮下脂肪は味方」だと考えます。脂肪は生きていくうえで必要不可欠なもの。体温を逃さず、外方の刺激から保護されているからです。さらには、皮下脂肪がないと女性ホルモンのエストロゲンが分泌されないこともわかっています。

しかし、エストロゲン自体が皮下脂肪をコントロールしてもいるため、加齢により女性ホルモンが減少すると、自ずと皮下脂肪の量が増えていきます。ネガティブに捉えず、そのしなやかなお肉をベストポジションへ誘(いざな)いフェミニンなシルエットへ。それが大人の女性のボディメイクです。脂肪誘導を意識するだけの下着ボディメイクは、ご自身でも簡単にできます。

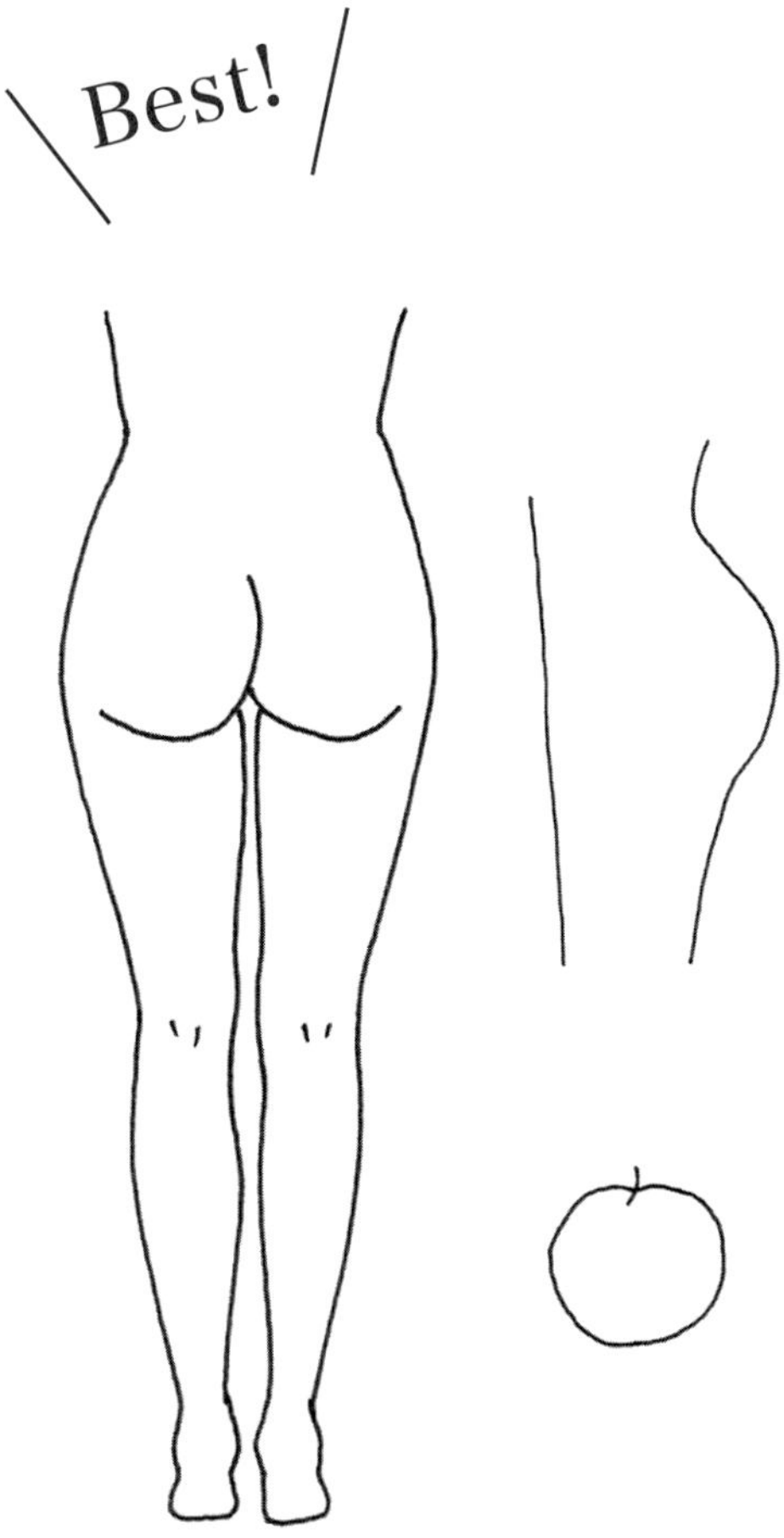

アップルヒップ
笑った時のほっぺたのようにキュッと
持ち上がった美尻
ヒップトップ高めでぷりんとしている

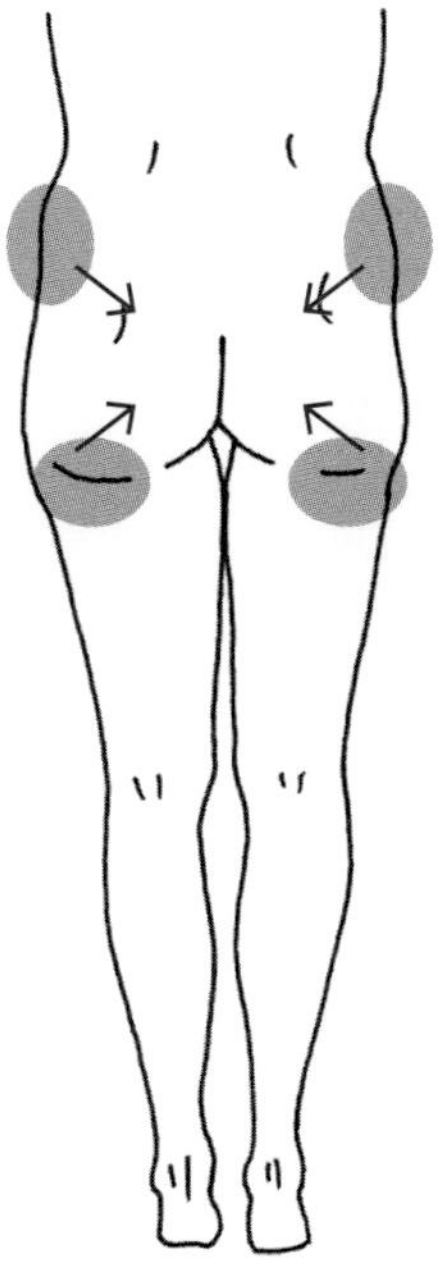

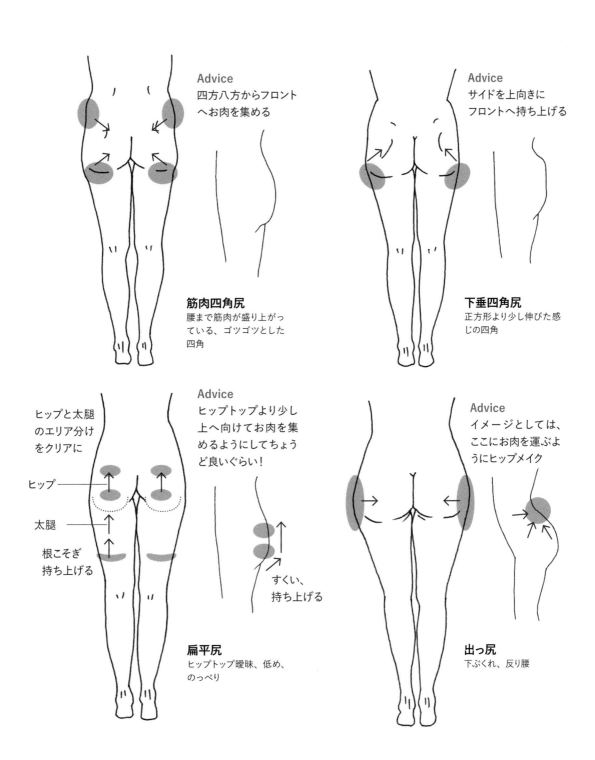

Advice
四方八方からフロントへお肉を集める

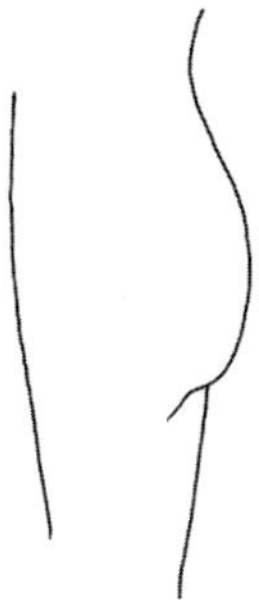

筋肉四角尻
腰まで筋肉が盛り上がっている、ゴツゴツとした四角

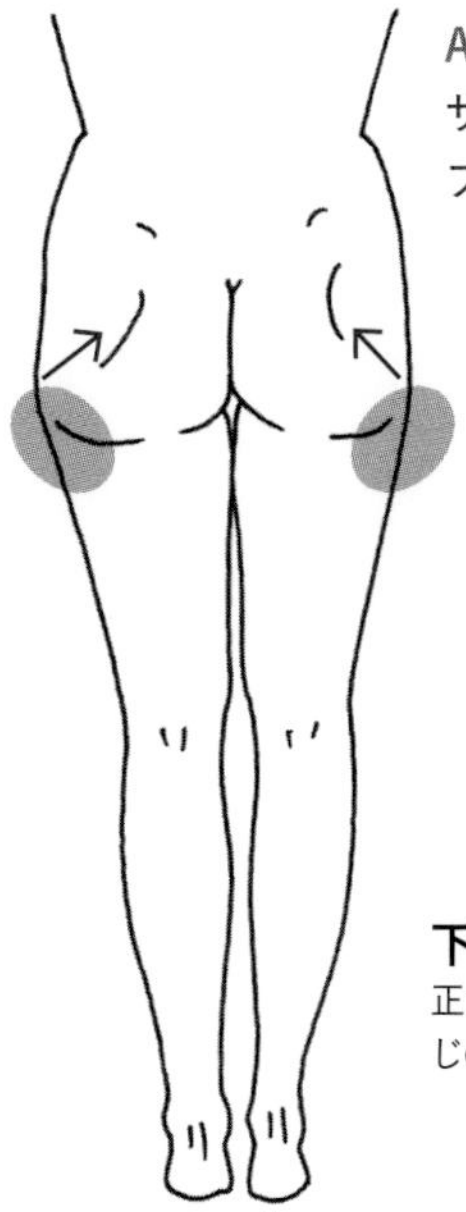

Advice
サイドを上向きにフロントへ持ち上げる

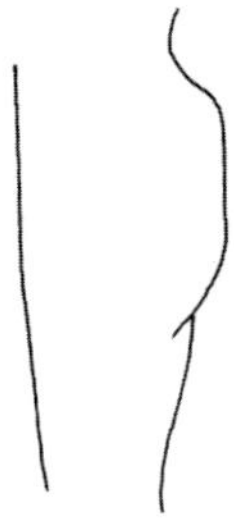

下垂四角尻
正方形より少し伸びた感じの四角

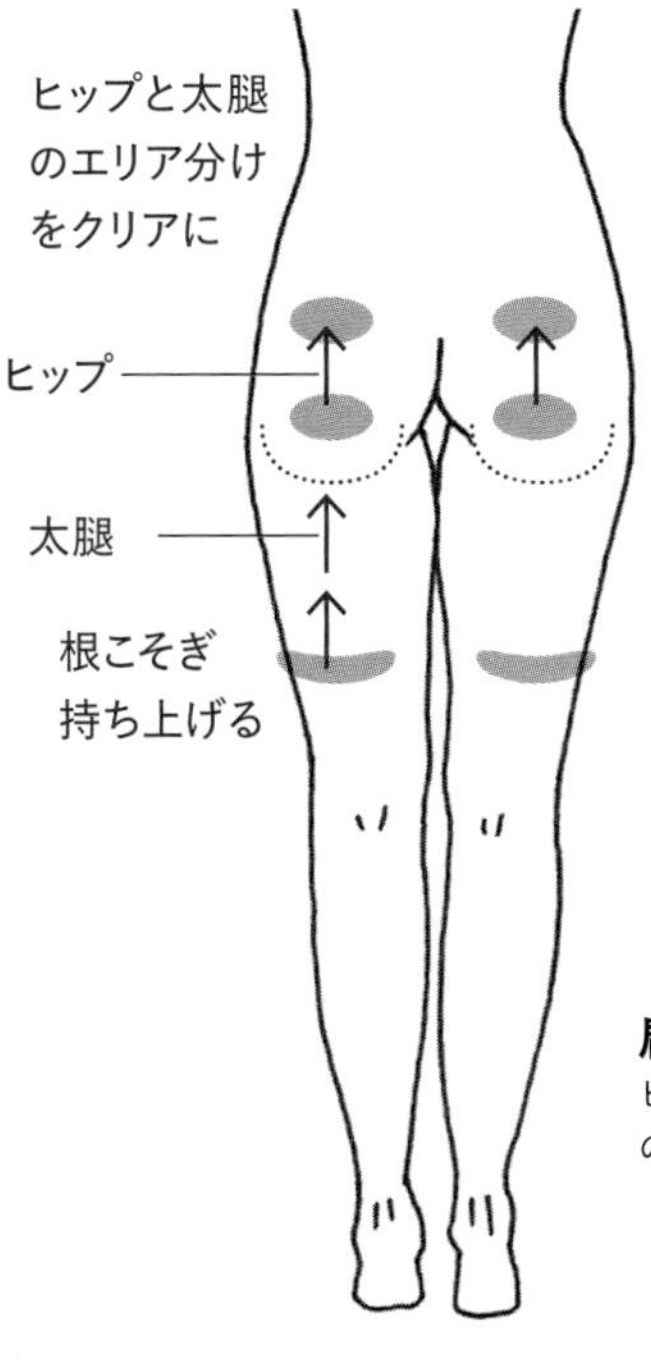

Advice
ヒップトップより少し上へ向けてお肉を集めるようにしてちょうど良いぐらい！

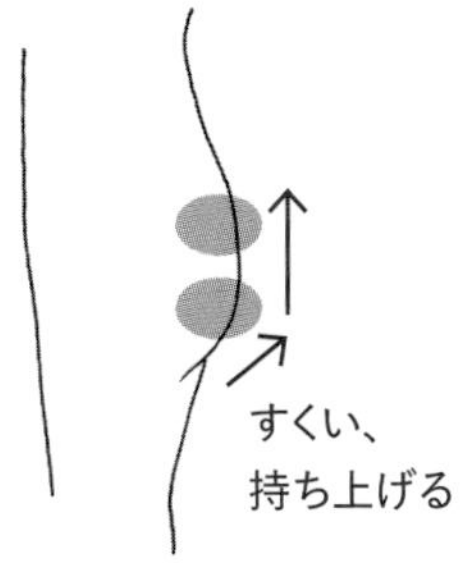

扁平尻
ヒップトップ曖昧、低め、のっぺり

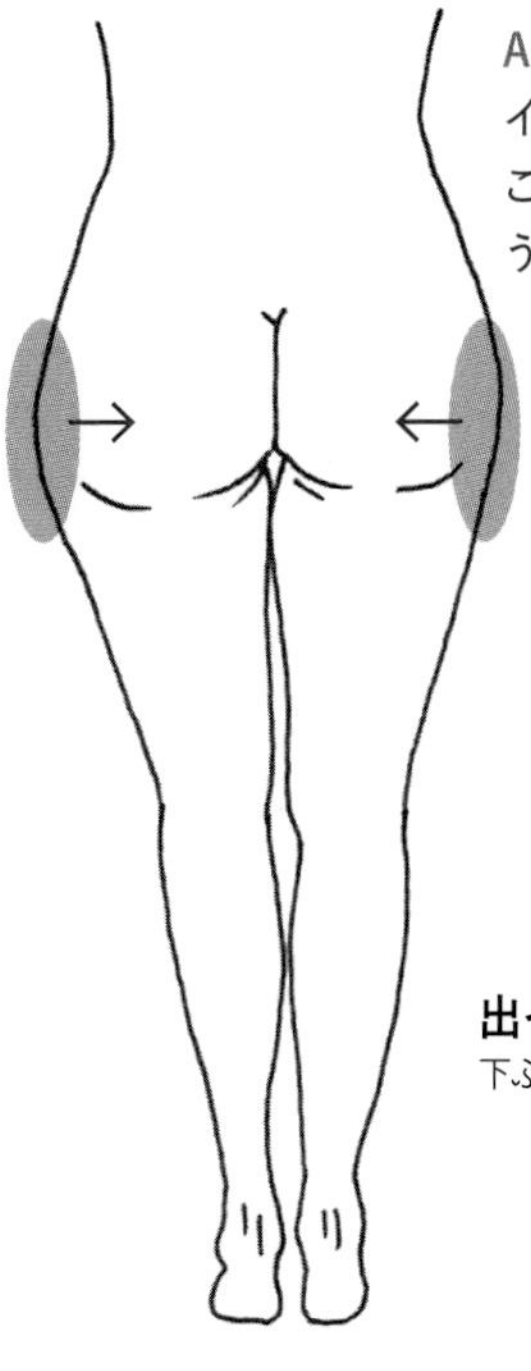

Advice
イメージとしては、ここにお肉を運ぶようにヒップメイク

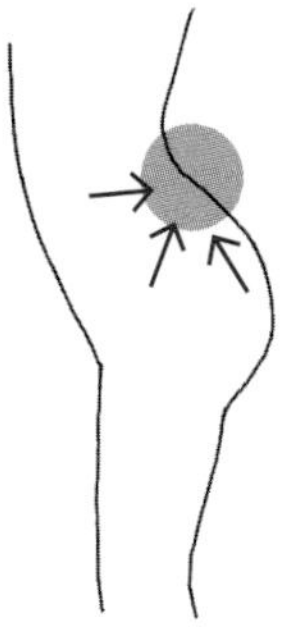

出っ尻
下ぶくれ、反り腰

メカニズムを理解し、先手を打つ

自然の法則に強引に抗わない

残念ながら、日本は特に「若い女性こそ価値がある」という価値観を持つ人が未だ多くいるようですが、年齢を重ねることの素晴らしさは実にたくさんあります。経験を重ねた分だけ内面は賢く、しなやかで美しくなっていくはずです。

一方、加齢による外見の変化は、どうしても劣化というイメージがあるために受け入れ難いものもあります。しかし、変化する体から目をそらしたまま、その老化を悔いても後の祭りです。私は、見て見ぬふりをするのではなく、エイジングに寛容になろうと思っています。

そして同時に、エイジングメカニズムを理解し、下着美容で先手を打つのです。

今を楽しむと同時に、未来を見据えること。

病気も老化も予防することが大切です。**エイジングの流れを肯定しながら、その速度をゆったりペースにしてあげること。**下着美容術にはそれができます。

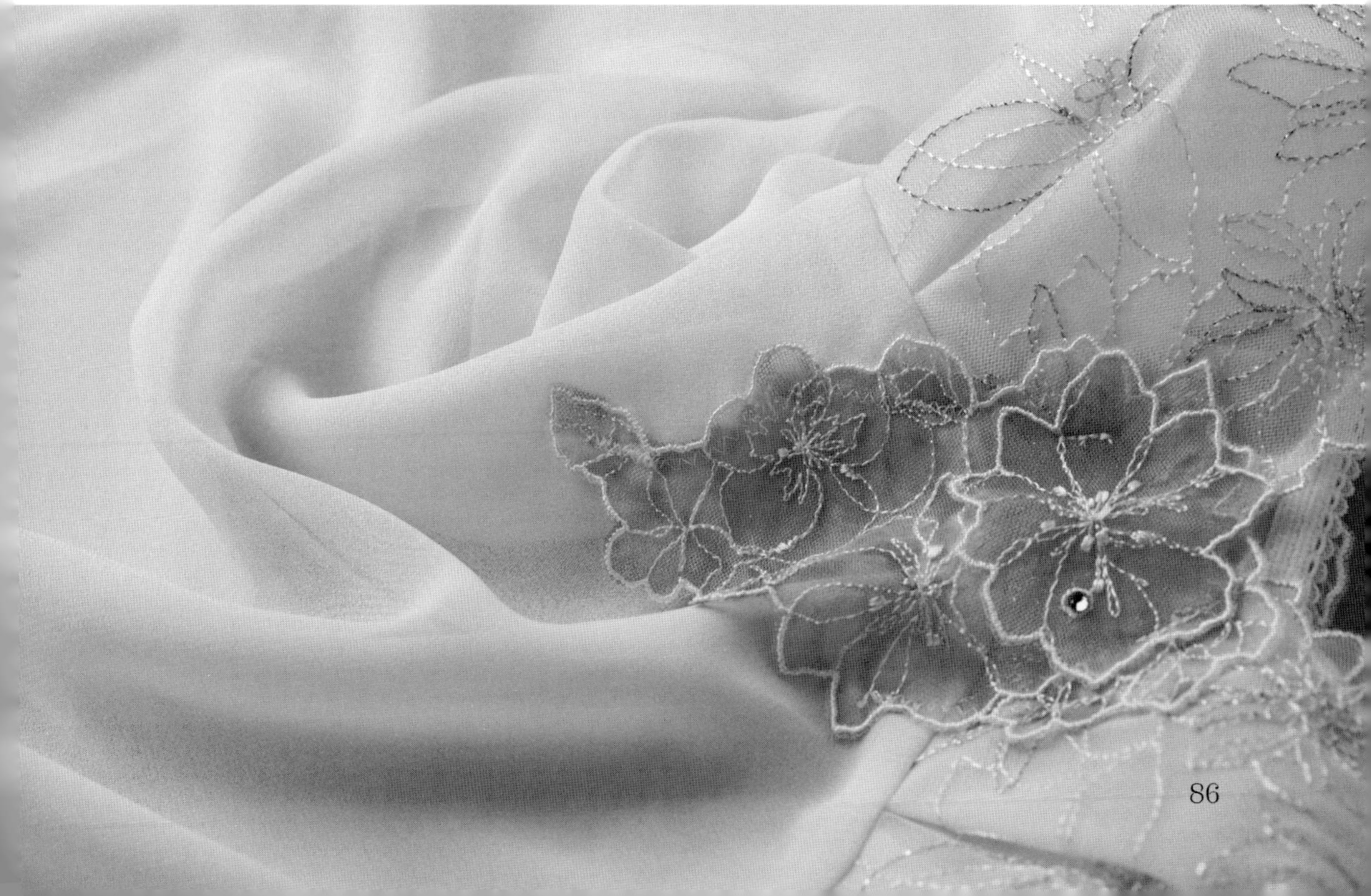

自分を愛でる〜採寸シート〜

トップバスト　(　　　　)－アンダーバスト (　　　　) ＝ (　　　　)

ウエスト　(　　　　)　ヒップ　(　　　　)

肩幅　(　　　　)　乳間　(　　　　)

黄金比チェック

バスト (　　　　) －　ウエスト (　　　　) ＝ (　　　　)

ヒップ (　　　　) － バスト (　　　　)　＝ (　　　　)

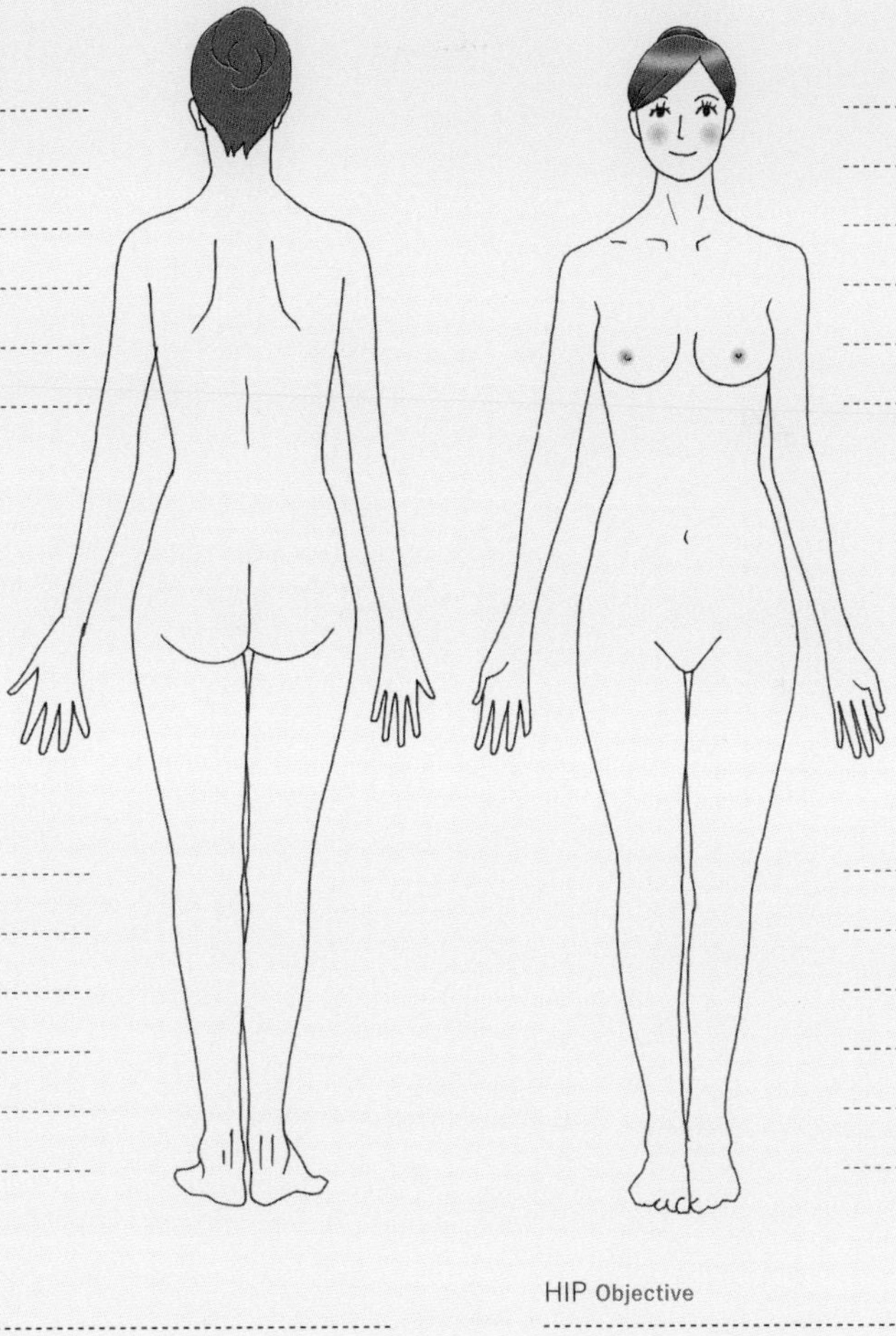

BUST Objective

HIP Objective

一心同体

alteregoism

ファンデーションガーメント

～何よりも頼りにすべき下着美容アイテム～

第3章

一発逆転、スタイル美人への近道は下着と一体化すること。
美と直結している、ブラジャー、ガードル、ウエストニッパー…
スタイルアップ のフルコース。
自分のボディに惚れ直す瞬間をくれる、
最強ブースターに身をゆだねましょう。

ガーメントを理解する！

ボディメイクを叶えてくれるのは「ファンデーションガーメント」

実は下着はカテゴリー分けされています。

ボディメイクを可能にする下着を「ファンデーションガーメント」を呼びます。

ガードル、ウエストニッパー、ブライダルインナーもその仲間です。つまり、補整機能を持つ下着の総称がファンデーションガーメントです。これらの機能を理解するだけでボディメイクの達人になれます。

《ファンデーションガーメント》

- ボディラインを美しく整える
- バストやヒップの下垂を軽減
- 外部刺激から体を保護する
- 適度なサポートで動きやすさをアシスト

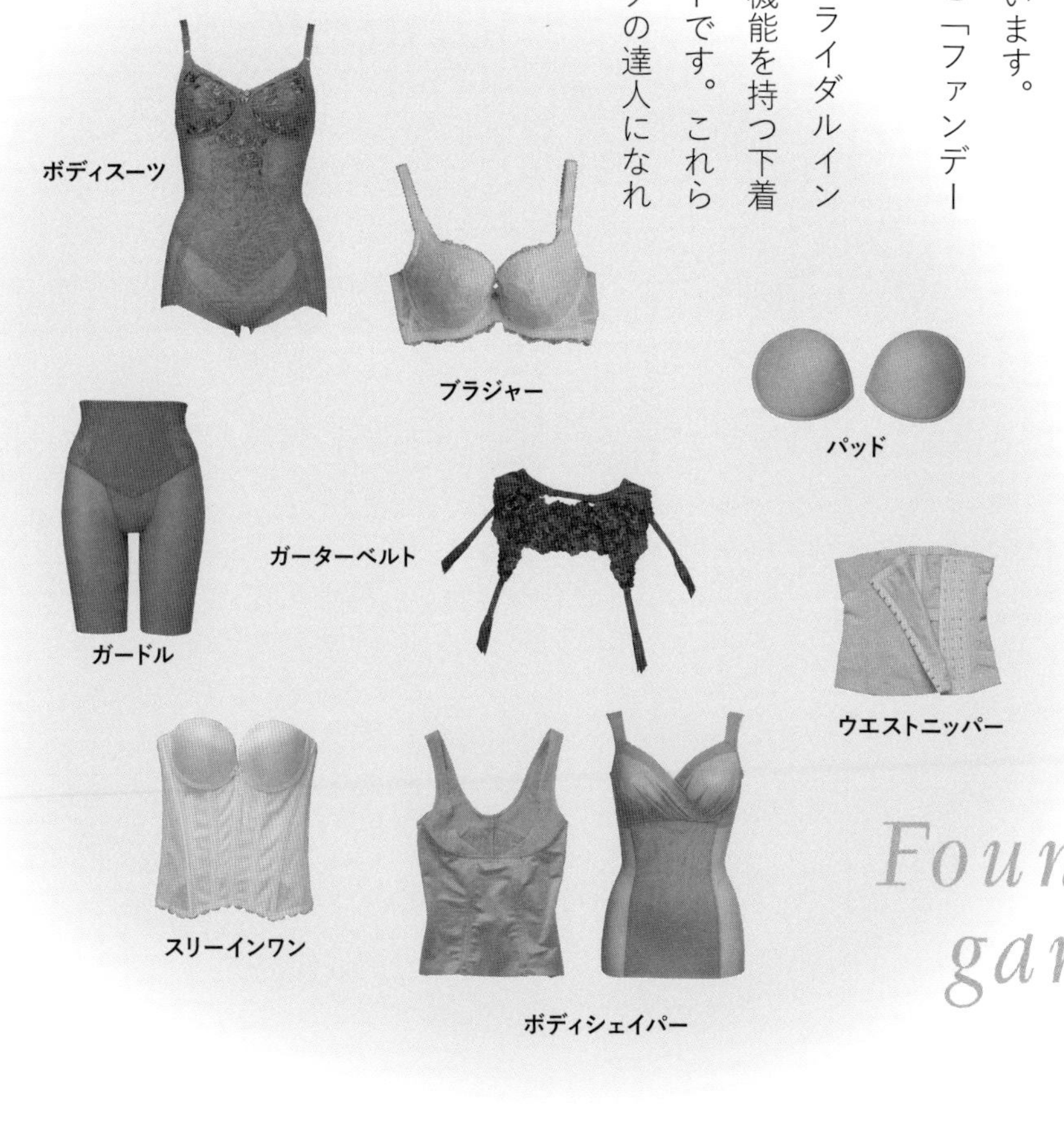

Foundation garment

ファンデーション

《ランジェリー》

・アウターのすべりを良くする
・ファンデーションのライン浮き防止
・汗や皮脂汚れからアウターを守る
・女性らしさを演出

他には
テディ、パニエ、
ボディブリーファー
など……

Lingerie

Innerwear

《ショーツ》

・衛生的フォロー
・デリケートゾーンを保護

Shorts
e.t.c

《インナーウエア(肌着)》

・体温調整
・汗や皮脂の汚れや傷みを防ぐ
・ファンデーションのライン浮き防止

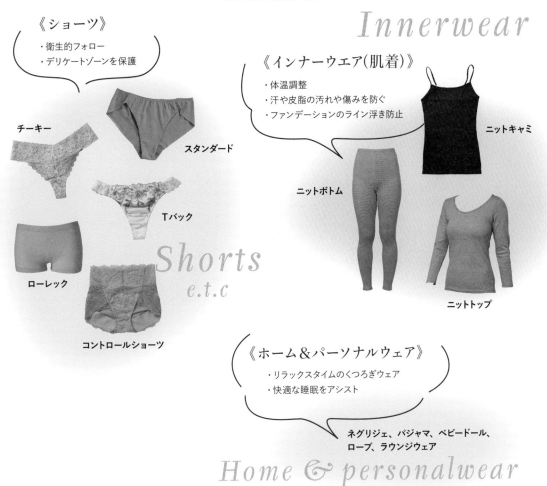

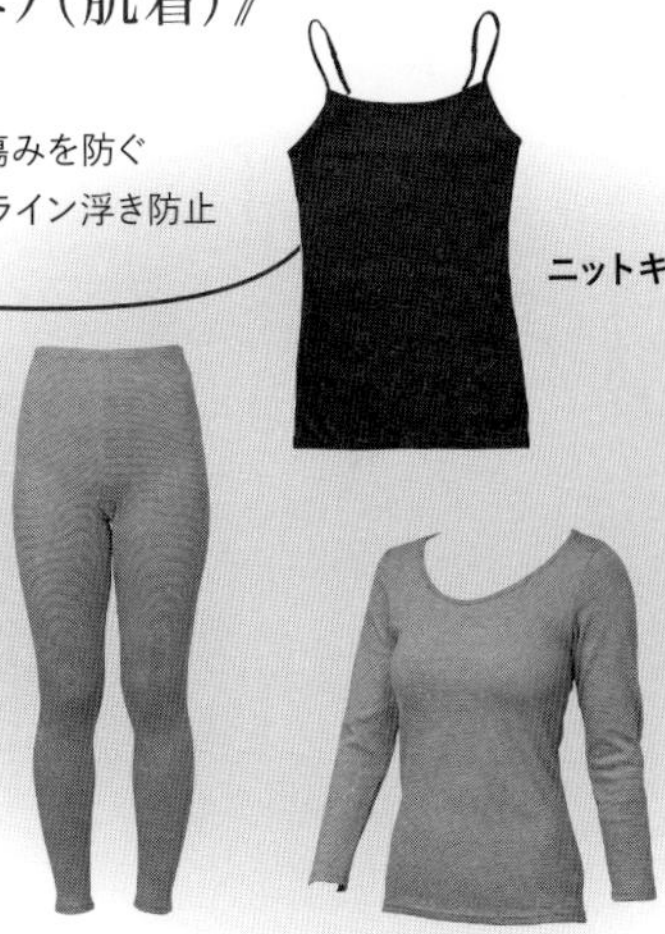

《ホーム&パーソナルウェア》

・リラックスタイムのくつろぎウェア
・快適な睡眠をアシスト

ネグリジェ、パジャマ、ベビードール、
ローブ、ラウンジウェア

Home & personalwear

発想は、メイク と同じ！

"ベースが決まれば全てうまくいく"

プロのメイクさんによると、メイクの時、最も時間をかけるのはファンデーションを塗るまで、つまりベースメイクなのだそうです。ベース（土台）が大切なのは、下着の世界でも同じです。いみじくも「ファンデーションガーメント」というように、下着もメイク同様にベースづくりへの意識を高めましょう。

ベースメイクがうまくいけば、その上を彩るアイメイクやリップメイクも映えるものです。それと同様に、土台が美しく整えば、おめかしさせるランジェリーやアウターもより映えるというわけです。

ファンデーションガーメントを制すれば、スタイルアップに直結します。もちろん洋服も美しく見えます。

ポイントはファンデーションガーメントと一心同体になることです。そうすることで、スタイルアップとともに印象の良いシルエットとなり、正しく着用し続けることでエイジング対策も期待できます。

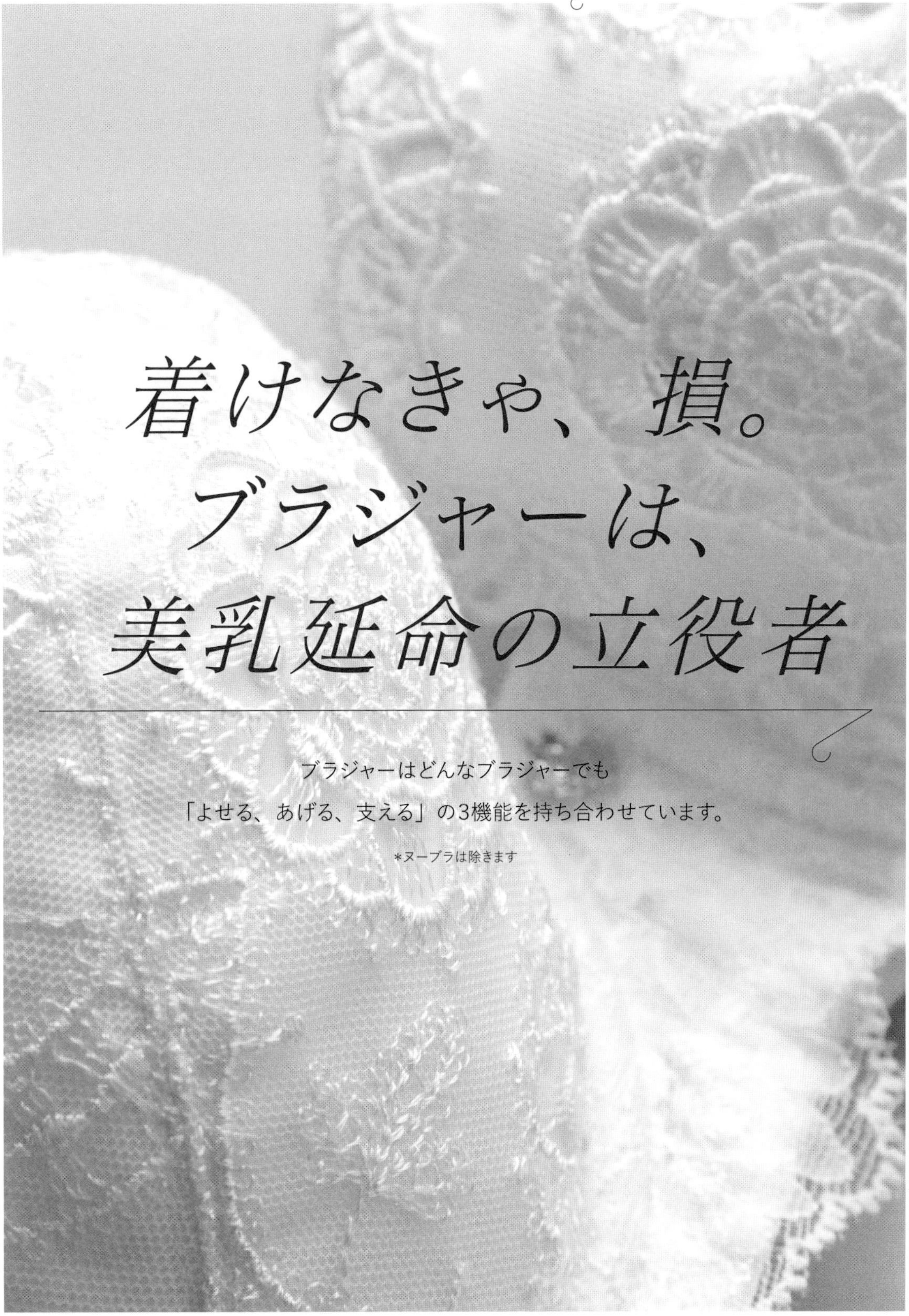

着けなきゃ、損。ブラジャーは、美乳延命の立役者

ブラジャーはどんなブラジャーでも
「よせる、あげる、支える」の3機能を持ち合わせています。

＊ヌーブラは除きます

”バストアップは、ブラジャーなしでは不可能“

私がブラジャーの美点を話そうとすると、「どうしてブラジャーを着けなくてはいけないの?」と訊かれることが多々あります。特に昨今、ブラキャミ(カップの付いたキャミソール)が流行してからというもの、バストトップを隠すことができればブラジャーではないアイテムを日常に好んで着用する女性が、若い世代で増えてきました。

どうしてブラジャーを着けなくてはならないのか?いいえ、着けなくても良いのです。それはもちろん個人の自由です。しかし、着けた方がバストが崩れにくくなるのは確実です。

実はどんなブラジャーでも、バストを「よせる、あげる、支える」の3つの機能を備えています。そのために、20~40個以上ものパーツを組み合わせて1枚のブラジャーとなっています。緻密な計算の上、バストを守りながら美しいバストラインを造形しているのです。バストを整えることができるのはブラジャーだけなのです。

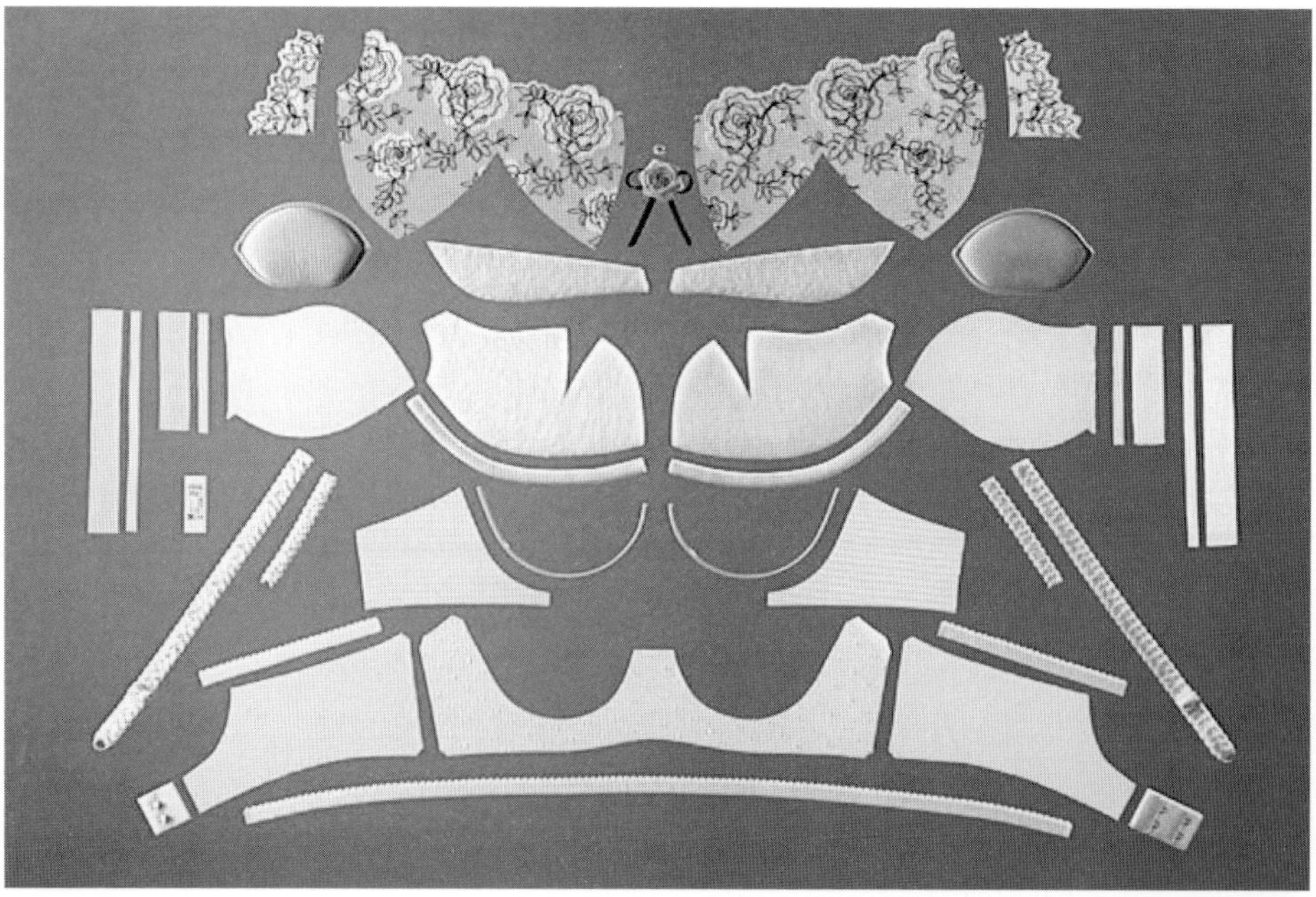

ブラジャーパーツ　写真提供:ワコール

”ブラジャーはおっぱいのガードマン“

バストアップのために筋トレしています！　というのをよく耳にするのですが、おっぱいのふくらみには筋肉が存在しないことは、先にもお伝えした通りです。胸筋を鍛えるトレーニングを否定はしませんが、胸筋はバストの底、骨とおっぱいのふくらみの間に板状に在ります（Ｐ66参照）

おっぱいは貴女が思っている以上にデリケート。揺れてしまうことに、もっと危機感を持って欲しいです。

バストの主な内部組織は女性にとって大切な乳腺と脂肪。それを支えているのが、またまた繊細で壊れやすいクーパー靭帯というもの。このクーパー靭帯が胸筋の筋膜にしがみつくようにしてバストを持ち上げ、さらにバストの表面では、薄い皮膚が脂肪を支えています。

つまり、バストが垂れないようにするには

①クーパー靭帯を劣化させない

②皮膚のカバーを健全な状態にさせる

この２つが鍵となります。

ブラジャーはバストメイクの要素もありますが、バストを保護する機能も備えています。言わば、バストガードマン！　頼りになるのです。

”ブラジャーによっておっぱいは変幻自在に“

ブラジャーには、さまざまタイプがあり、個性があります。

ブラジャーは幾つものパーツ（部品）を組み合わせて成り立っています。パーツそれぞれが重要な役目を果たし、繊細なアシストをすることで美しいバストメイクに導きます。

加えて、補整目的によって、カップ裏や土台ベルトなどにも細やかな仕掛けがあり、その仕掛けにより着用感の快適さやボディメイクの機能が異なります。だから、**着けるブラジャーによって全く違うシルエットが演出可能になる**というわけです。

ブラジャー次第でおっぱいは変幻自在。その仕組みを理解すれば、自分がなりたいボディラインにすることはたやすく、選ぶのがより楽しくなりますよ。

《カップ裏》

同じサイズでもカップ裏の仕掛けはさまざま

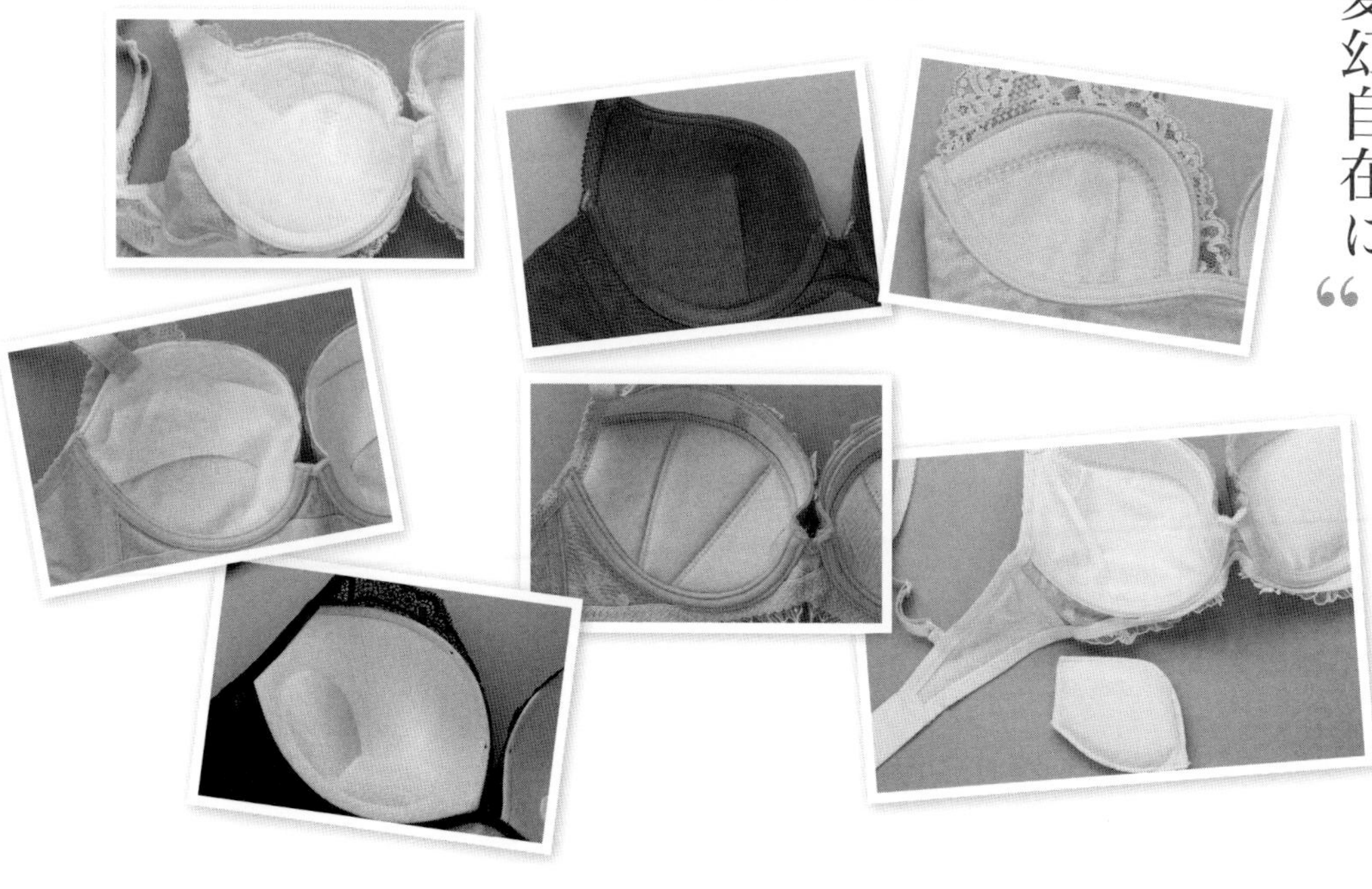

《土台》

実は、サイズ選びの肝！ ボディと土台が合致することで、安定し、バストを支えられる。

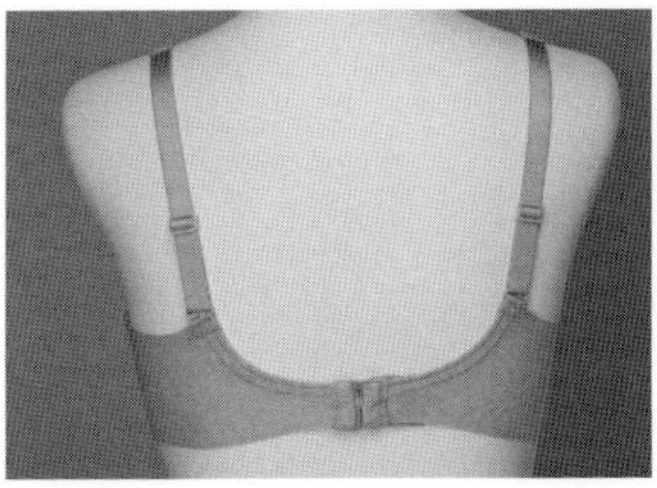

バック

パワーが強く幅太の方が安定し、造形性も高まる。ホックも2段より3段の方が安定するので、グラマーサイズは幅太の3段ホックも多い。

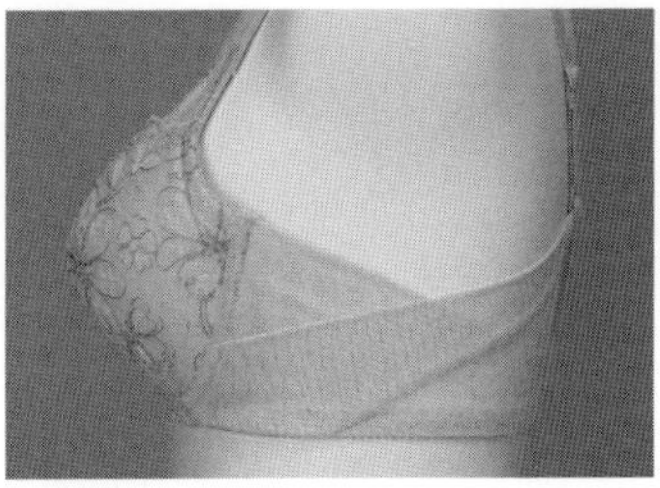

サイド

伸びが良いと着用感はソフトだが、伸びが少なく幅太のものの方が造形性は高まる。バストの脇流れ防止の仕掛けを施したものもある。

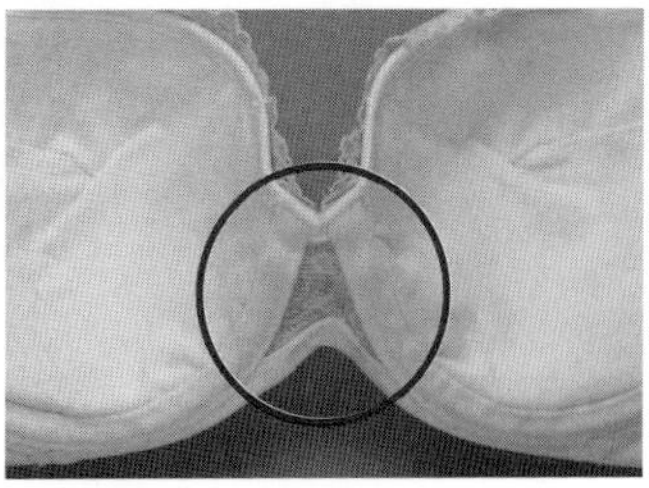

フロント

伸縮度があると着用感もソフトになるが、伸びないタイプの方が安定し、造形性も高まる。夏用はフロントメッシュにて汗対策を配慮したものもある。

ストラップ、内蔵されたワイヤーやボーン、不織布、
そして、縫製の工夫などによって
「バストメイク 」「エイジング対策」「着用感」「動きやすさ」を網羅し、
ブラジャーは開発されています。

フル、3/4、ハーフ……カップによって＋αの特技がある！

ブラジャーはどんなブラでも「よせる、あげる、支える」の3機能を備えていますと先に述べましたが、選ぶものによって特性が異なります。多くの人がこの違いを理解せずに、デザインだけでブラジャーを着用しています。

よせる、あげる、支える
＋「特技」
バスト一周に対してのカップエリア面積にて、
呼び名が決まります。

3/4カップ

＋「よせる」のが得意

・ストラップが脇寄りについていて、カップ上部をフロント方向へ斜めにカットしてある。バストの脇流れを中央へ戻すタイプで、サイドがすっきりとした印象になる。

フルカップ

＋「あげる」のが得意

・覆う面積が広いのでバストをすっぽりと包み込み、安定する。

・ストラップがカップ中央についているので、全体を上げる効果が特に優れている。

・グラマーバストさん、柔らかな肉質世代、生理時などにもおすすめ。

4/5カップ

＋フルと3/4のいいとこどり！

・しっかりとバスト全体を持ち上げながらも、寄せる効果も特化させたい人におすすめ。フルカップと3/4の間をとった4/5カップは欲張り願望を叶えてくれる。

ハーフカップ

＋「支える」のが得意

・上辺が水平にカットされ、ストラップなしでもブラジャーが下がらないように、土台がしっかりしていて、支える機能が特に優れている。

＋αを知ったブラ選びは
ボディメイクにもマナーにも対応できる

”カップ裏を制し、利きブラの達人になろう“

下着は裏を見よ！　これ、私の口癖です。

お胸の印象はブラジャーのカップ裏でほぼ9割は決まります。

基本中の基本として押さえておきたいのが「はぎ」、つまり、縫い合わせの仕方です。同じサイズでも、その構造によりバストシルエットは大きく変わります。

大きく分けるとタイプは３つ。全く縫い合わせていないモールドカップ、縦ハギ、横ハギ、です。

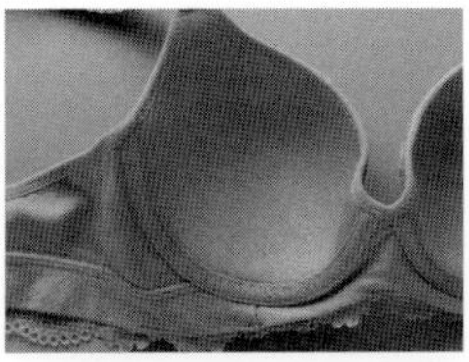

シームレス
（モールドカップ）

熱加工にて縫い目なく
カップを丸くしたタイプ

カップの見た目通りのバストになる。

横ハギ

カップを上と下に分けるように、横で縫い合わせたもの

前から見ると丸みがあり、横から見ると前方へ向かってシャープなバストになる。

更に、下部のみ縦に縫った３枚はぎは丸みのあるバストになる。

横ハギ　2枚ハギ
最近は殆ど見かけない

横ハギ　3枚ハギ
実は、下は更に縦にはぎ合わせがされている。そうすることで、全体的に均等な丸みのバストを造形する。

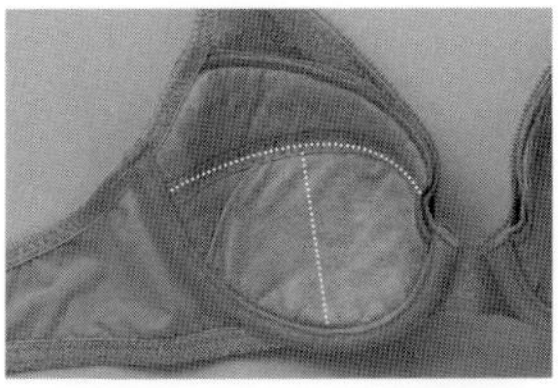

他、ワンダーツ
カップにダーツを入れて立体的にする。レースデザインや生地の質感を生かすデザイン性の高いブラジャーに多く見られる。

縦ハギ

カップを縦で縫い合わせたもの、もしくは、ストラップ方向へ斜めの縫い合わせたもの

寄せる力が強くなる、鋭角なバストになる。

縦ハギ　2枚ハギ
鋭角なバストを造形

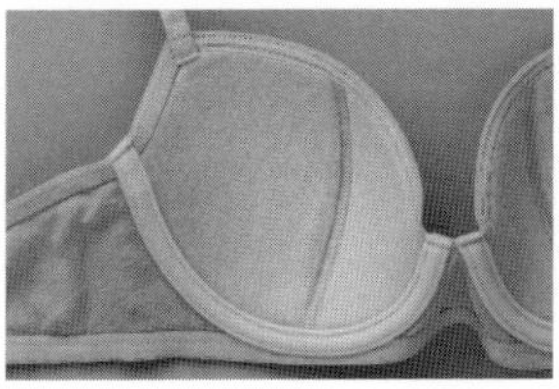

縦ハギ　3枚ハギ
実は、下は更に縦にはぎ合わせがされている。パッドポケットの中を覗くと、確認できる。
バスト下部は程よく丸みを造形し、より自然に、寄せながら、鋭角バストを整える。主流のタイプである。

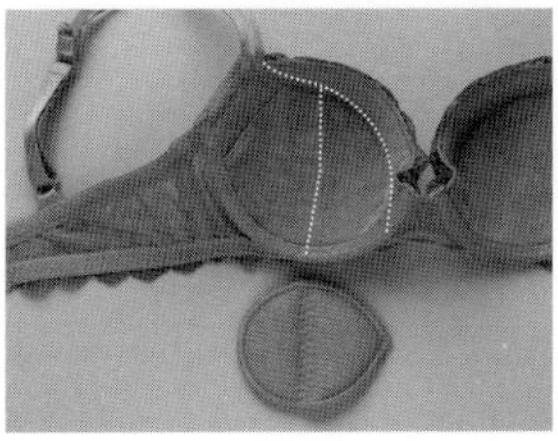

“ブラサイズは一つではない〜美乳賢者の常識「サイズスライド」”

サイズ表記はJISで規格されたものと、JISに基づくメーカー規格のものがあります。

一般的にアルファベットとアンダーサイズの数字表記されているのはJIS規格です。

これは、トップバストとアンダーバストの周囲を測定して算出しますが、バストを断面化した2箇所の最短外周を測ったに過ぎないもの。

バストは柔らかく動きがあるため、バストを立体として捉えて、カップ中の容量に着目して、合うブラを探すのをおすすめしています。

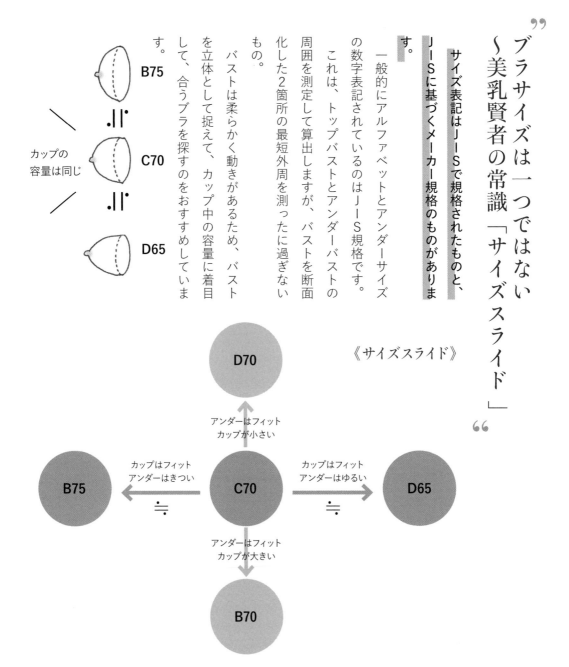

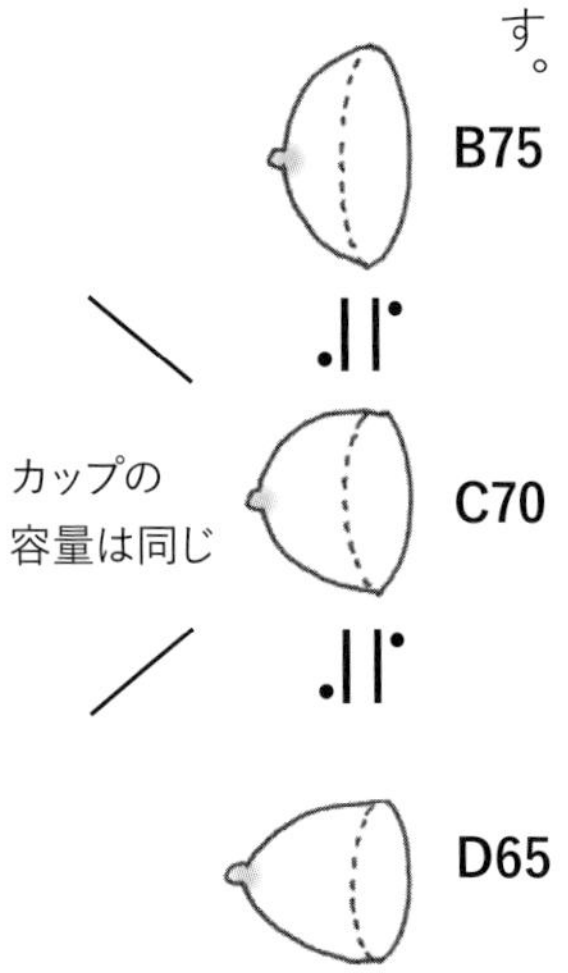

《サイズスライド》

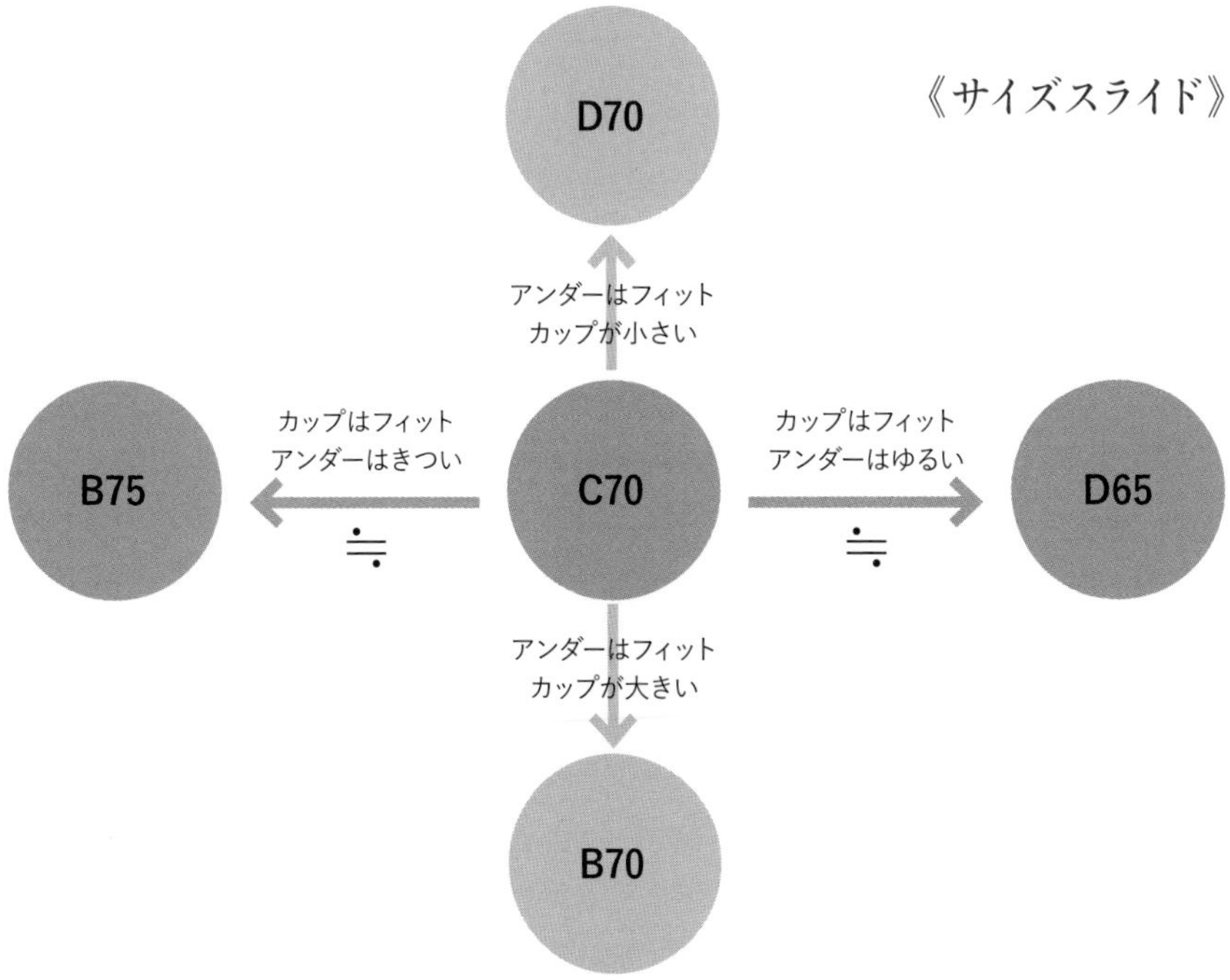

タグの表示例

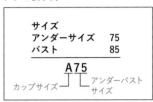

サイズ
アンダーサイズ　75
バスト　85

A75
カップサイズ　アンダーバストサイズ

《JIS規格・ブラジャーサイズ表》

（トップバスト）－（アンダーバスト）＝ 約（　　　）cm
カップサイズ（アルファベット表記）

表記サイズ（アンダー5cmピッチ）±2.5cm許容範囲	約7.5cm AA	約10cm A	約12.5cm B	約15cm C	約17.5cm D	約20cm E	約22.5cm F	約25cm G	約27.5cm H	約30cm I
60 57.5~62.5	AA60	A60								
65 62.5~67.5	AA65	A65	B65	C65	D65	E65	F65	G65	H65	I65
70 67.5~72.5	AA70	A70	B70	C70	D70	E70	F70	G70	H70	I70
75 72.5~77.5	AA75	A75	B75	C75	D75	E75	F75	G75	H75	I75
80 77.5~82.5	AA80	A80	B80	C80	D80	E80	F80	G80	H80	I80
85 82.5~87.5		A85	B85	C85	D85	E85	F85	G85	H85	I85
90 87.5~92.5		A90	B90	C90	D90	E90	F90	G90		
95 92.5~97.5		A95	B95	C95	D95	E95	F95	G95		
100 97.5~102.5		A100	B100	C100	D100	E100				
105 102.5~107.5		A105	B105	C105	D105					
110 107.5~112.5		A110	B110	C110	D110					
115 112.5~117.5		A115	B115	C115	D115					
120 117.5~122.5		A120	B120	C120						

（JIS L 4006参照）

採寸から導いたサイズに近いブラジャーを選ぶが、最終的には着用感やフィット感を重視して購入するのがおすすめです。
※ブラジャーサイズにはS・M・L・LLなどで表示されているものもあります。

”正しい着け方は、ブラの中で胸を上げてから寄せる“

サイズの合うブラジャーを購入したら、そのブラジャーと一体化することでブラ機能とも一体化できます。ブラ機能の恩恵をすべて得るためにも、正しく着用しましょう。

ブラジャーのカップ内に収めるべきパーツは、当然、バストのふくらみ部分です。前屈みになると、胴とバストの区分けがクリアになるので、**ブラジャーは丁寧なお辞儀、45度以上の最敬礼が基本姿勢となります。**前屈みになった時、胴体から床へ向かって（重力に従順に）流れゆくパーツがバストです。これを、カップ内にすべて収めてこそ、美しいバストメイクが整うのです。

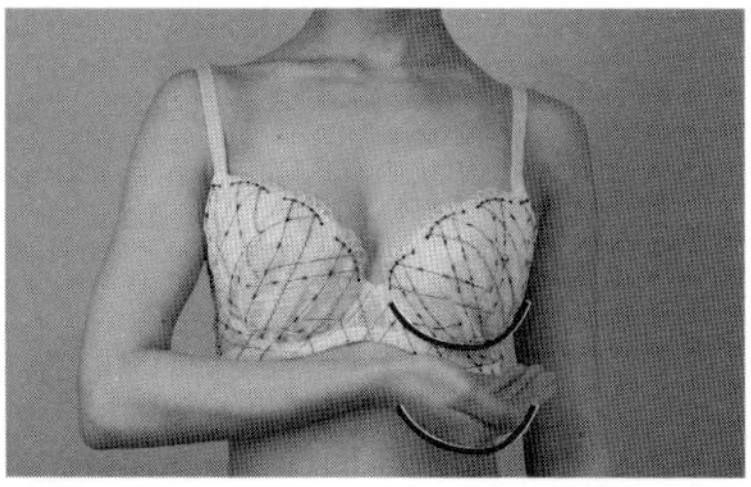

1 ブラジャーのホックを止め、手の平をスプーンのようにします。
＊スプーンカーブで「バストの付け根」と「胴体」のエリア分けをする。

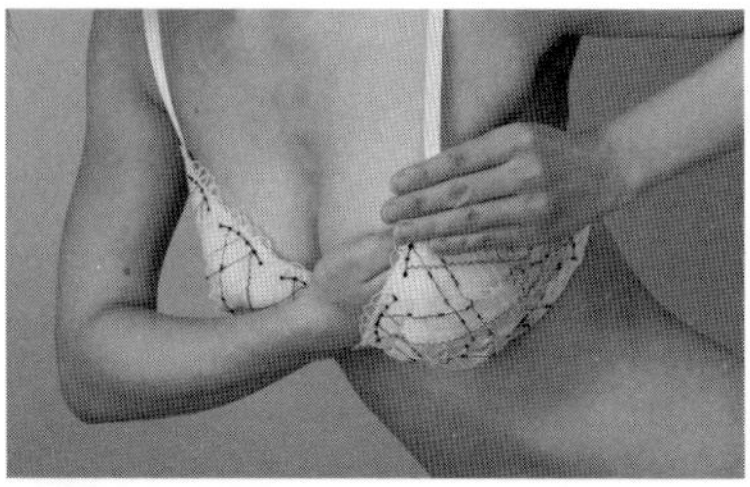

2 手の平スプーンのカーブで「バストの付け根」と「胴体」のエリア分けしながら、カップ中にお肉を入れ込む。
＊手のカーブをワイヤーのライン（バージスライン）に合わせるようにするのがポイント。

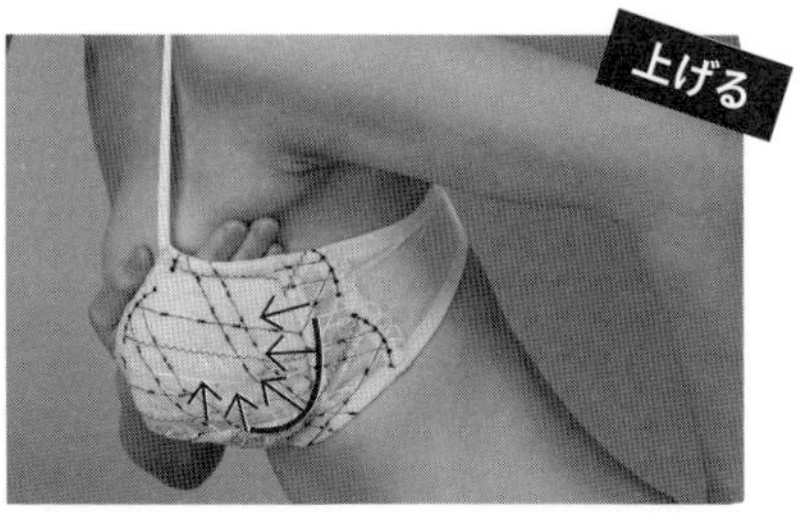

3 すくいあげるようにバストを持ち上げる。この時、カップ下から肉もれしていたら、再度すくって、カップ内へ入れ込む。
＊手の平スプーンのカーブをしっかりと体に添わせながらすると、綺麗にすくい上げられる。

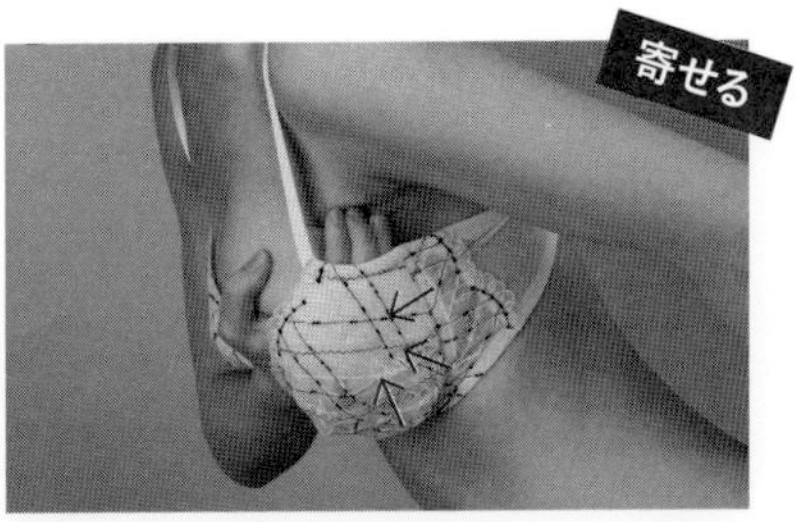

4 スプーンの先端を丸めるようにして、指先でサイドに流れたお肉をくいくいと寄せる。

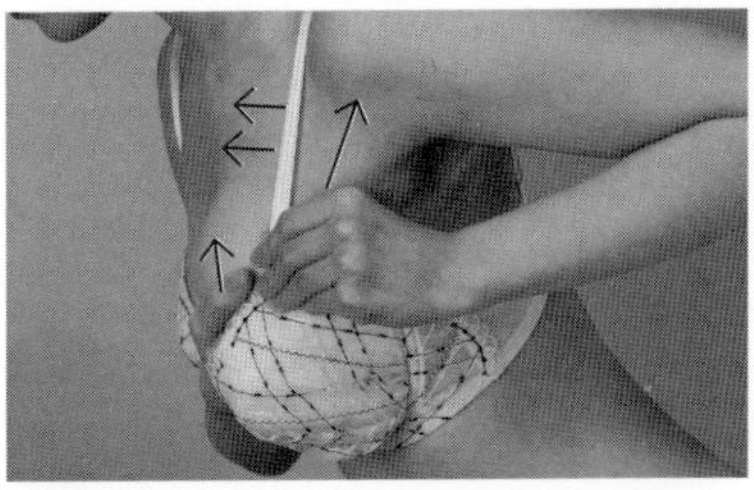

5 もう片方の手でストラップの付け根を持ち、カップ脇からお肉が逃げないように押さえ込む。体をゆっくりと起こすが、この時、「ブラジャーがズレない」「カップ内からバストが逃げない」ように、両手とも体にピタッと押し付けるようにする。

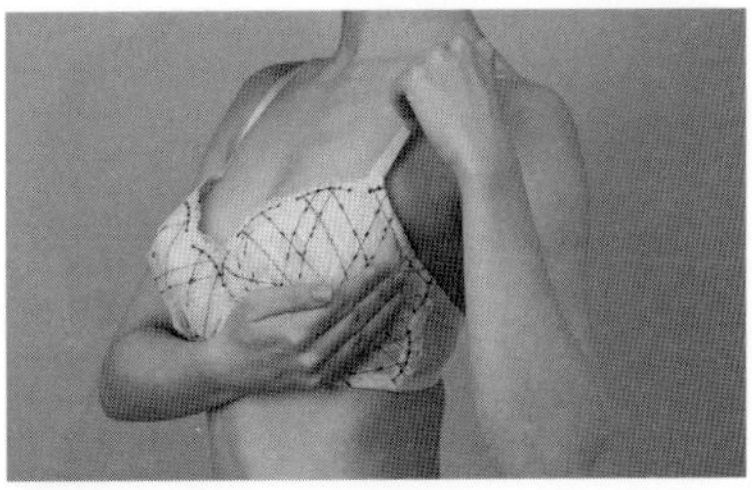

6 カップ内の手を抜き、ズレないようにカップサイドを押さえながら、もう片方の手でストラップの加減を調整する。

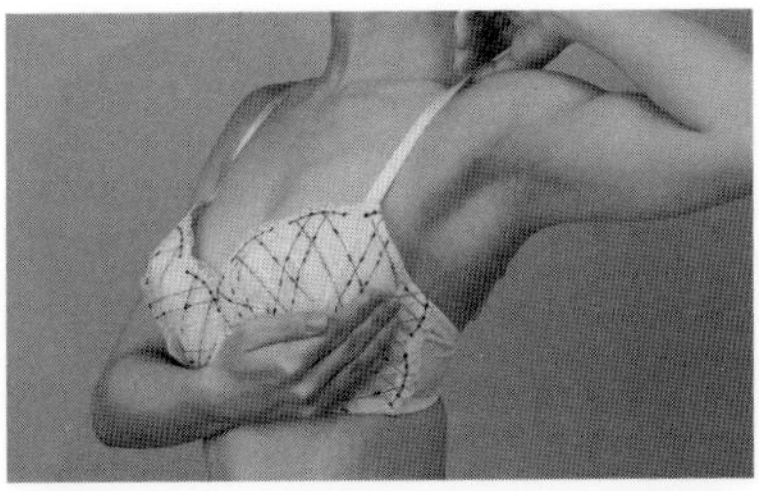

7 ストラップの付け根から肩方向へ、隙間ができないように、肌にストラップをそわせながら、ストラップを触る手を上へ移動させていく。

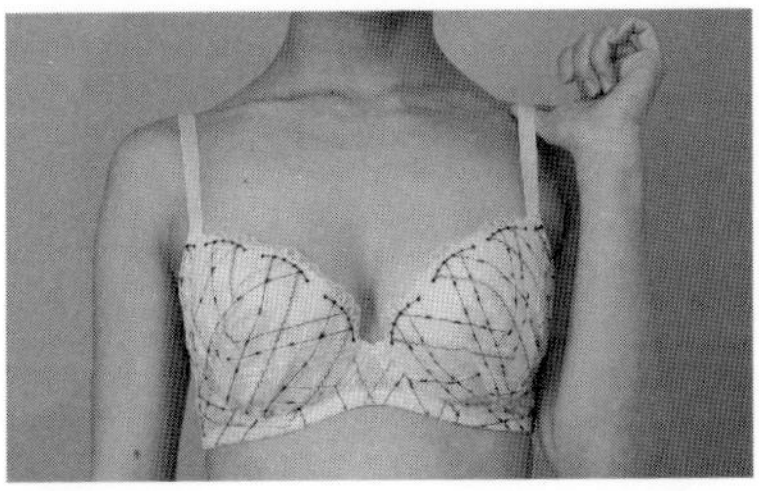

8 ストラップと肌の間に親指1本が入るぐらいの加減で、長さを調整する。この時にブラカップがズレてしまったら、長さ調整をした後、もう一度、2から実践。

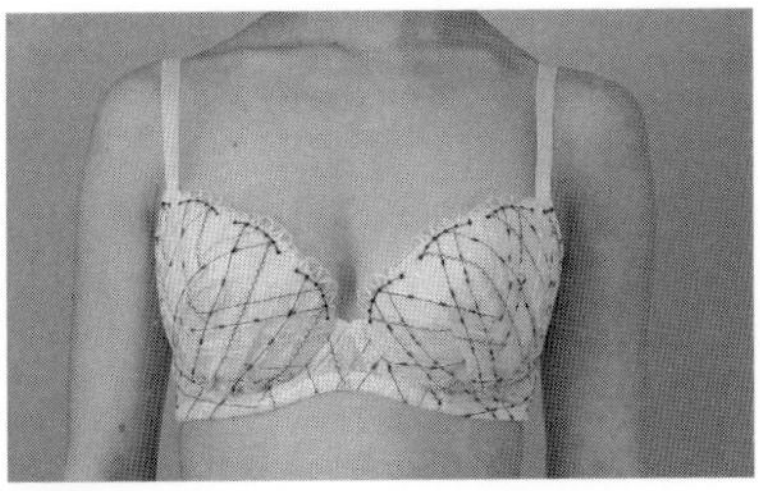

9 美しいバストメイクの出来上がり！

バージスラインを正円にセットする

私がボディメイクさせていただいた女性の多くは、ブラジャーを本来の位置よりも下に着けていました。「え？　それならもっと上げます」と、強引にストラップを短くして持ち上げようとすれば正解？　いいえ、これではせっかくのボディメイク機能も台無しです。

ブラジャーをセットするときに気にしてほしいのがバージスラインです。なじみのない言葉かもしれません。バストの円周の底辺のことをこう言います。

バージスラインはつまり、胴体とおっぱいの境界線でもあり、このラインから正円になるようにブラジャーをセットすると美しいフォルムとなります。

このラインをクリアにし、正円エリアと胴を区分けしてくれるのがワイヤーの役割です。前後左右に伸縮性があり、体の動きに沿って繊細に開閉してくれるワイヤーのブラジャーを選びましょう。

《バージスラインの正解》

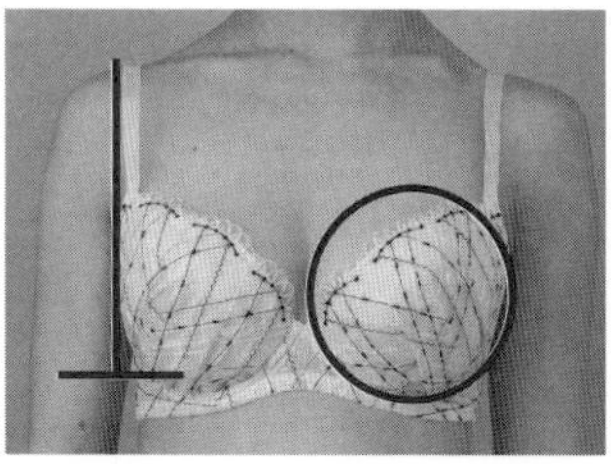

OK
まんまるバスト

お椀型バスト：バージスラインから正円に
バストの円周（上辺、下辺、脇）／脇からバストがこぼれていませんか？
ストラップは床と垂直
ストラップの食い込み厳禁：親指1本が入るぐらい

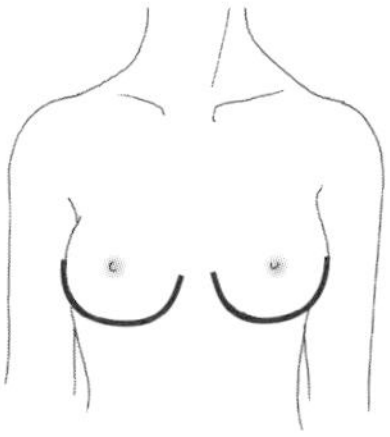

バージスライン
バスト下部の輪郭
バストの付け根と胴体の境界線に当たるライン

●美しい正円に導くU字ワイヤー

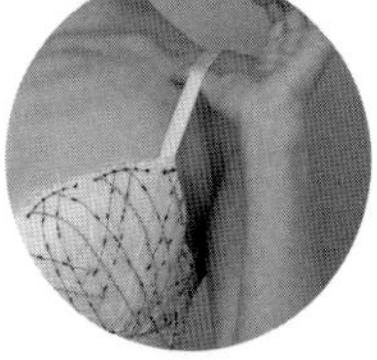

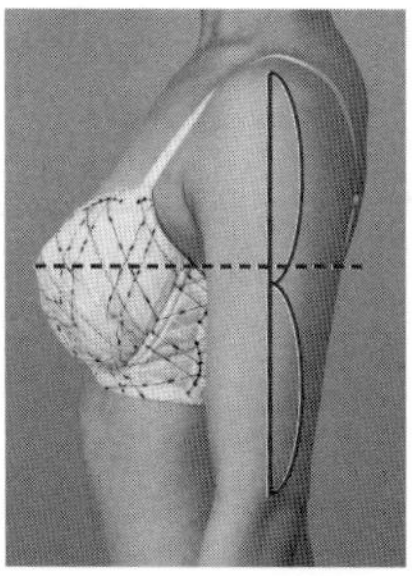

バストトップポジション
二の腕の中心より下にならないようにする

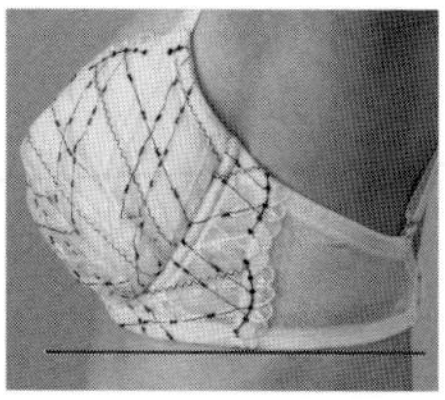

アンダー（土台ベルトの下部）は床と平行

”ブラジャーと一体化できれば美バスト完成“

ベストポジションにセットした後、肝心なのは動きやすいこと！

ブラジャーを着用したら、ＣＡさんが、機内で荷物を上の棚に入れる時のような動きをしてみましょう。

これでブラジャーがズレない状態であれば、ブラジャーそのものが持つ補整機能が活躍します。ブラジャーを着用した貴女の胸は、よせられ、上げられ、支えられ、裸のときよりも美しい胸でいられます。でもそれは、貴女とブラが一体化できたときにのみ叶います。

ブラジャーの機能をフル活用するためには「一体化」が必須です。

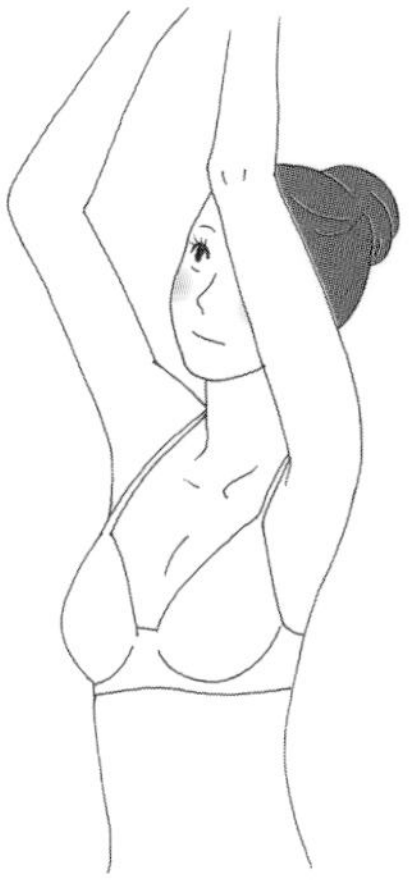

長時間着けていてもズレないことが肝心です。

《はみ肉＆ズレブラと決別！　鏡の前でブラジャー姿をチェックしよう》

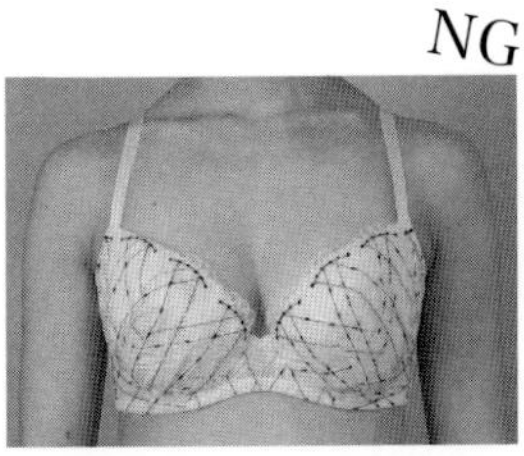

ストラップがハの字　ストラップ脇から肉もれしやすくなる

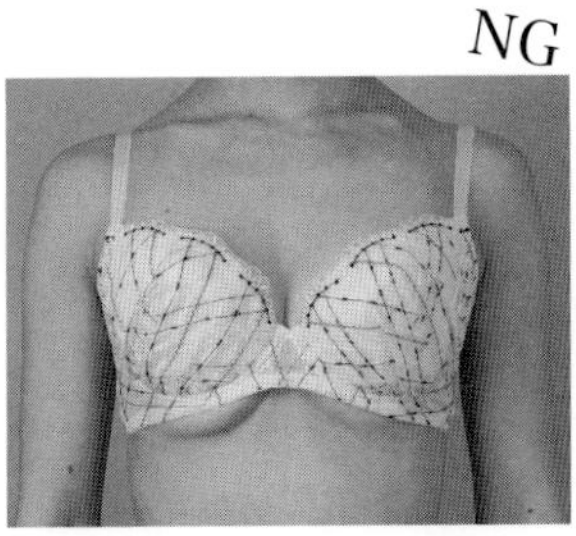

上すぎる
ワイヤーからバストがこぼれる

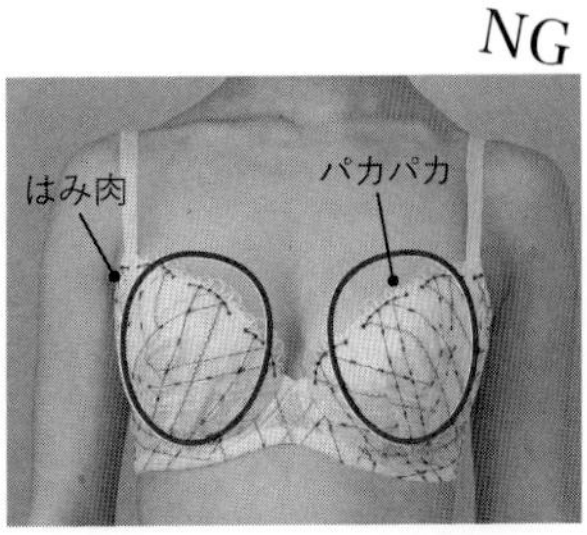

下すぎる
ワイヤー機能は発揮されず楕円形バストに

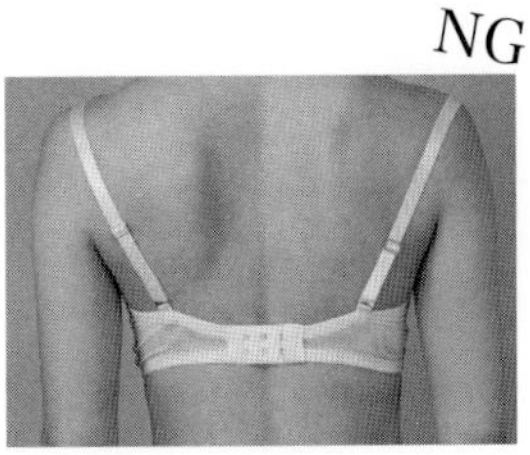

ストラップが外すぎる
ストラップがよくずり落ちる

後ろが下がる

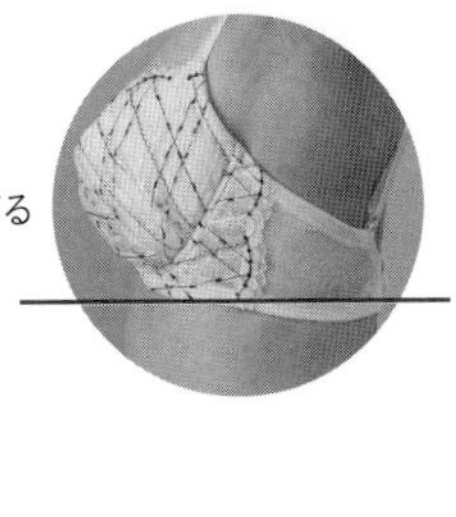

後ろが上がる

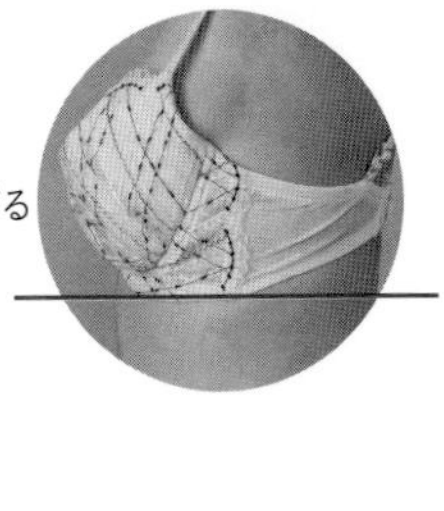

”昼ブラで寝てはいけない“

日中の動きと睡眠時では、バストにかかる重力が異なります。

よって、寝る時は寝姿勢に伴って動くバストをフォローしてくれる睡眠用のブラジャーを着けることをおすすめします。

昼用のブラジャーは日中の活動的な動きに合わせて設計されています。

睡眠時のブラジャーとでは、そもそも機能が異なるのです。**昼用のブラジャーを寝た姿勢で使用した場合、バストにブラが食い込んだり、体に圧迫を与える危険もあります。**睡眠時は、何よりも体をリラックスさせることが大切です。

とはいえ、ノーブラではバストは重力に素直に従い、流れ放題となってしまいます。そこで、睡眠時のバストの動きを配慮した睡眠時用のブラジャーを着用することが大切なのです。

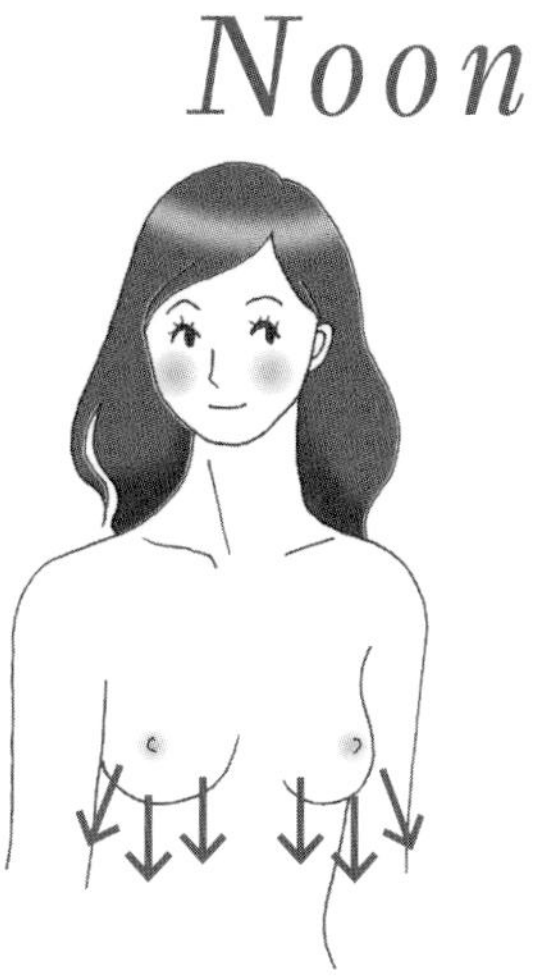

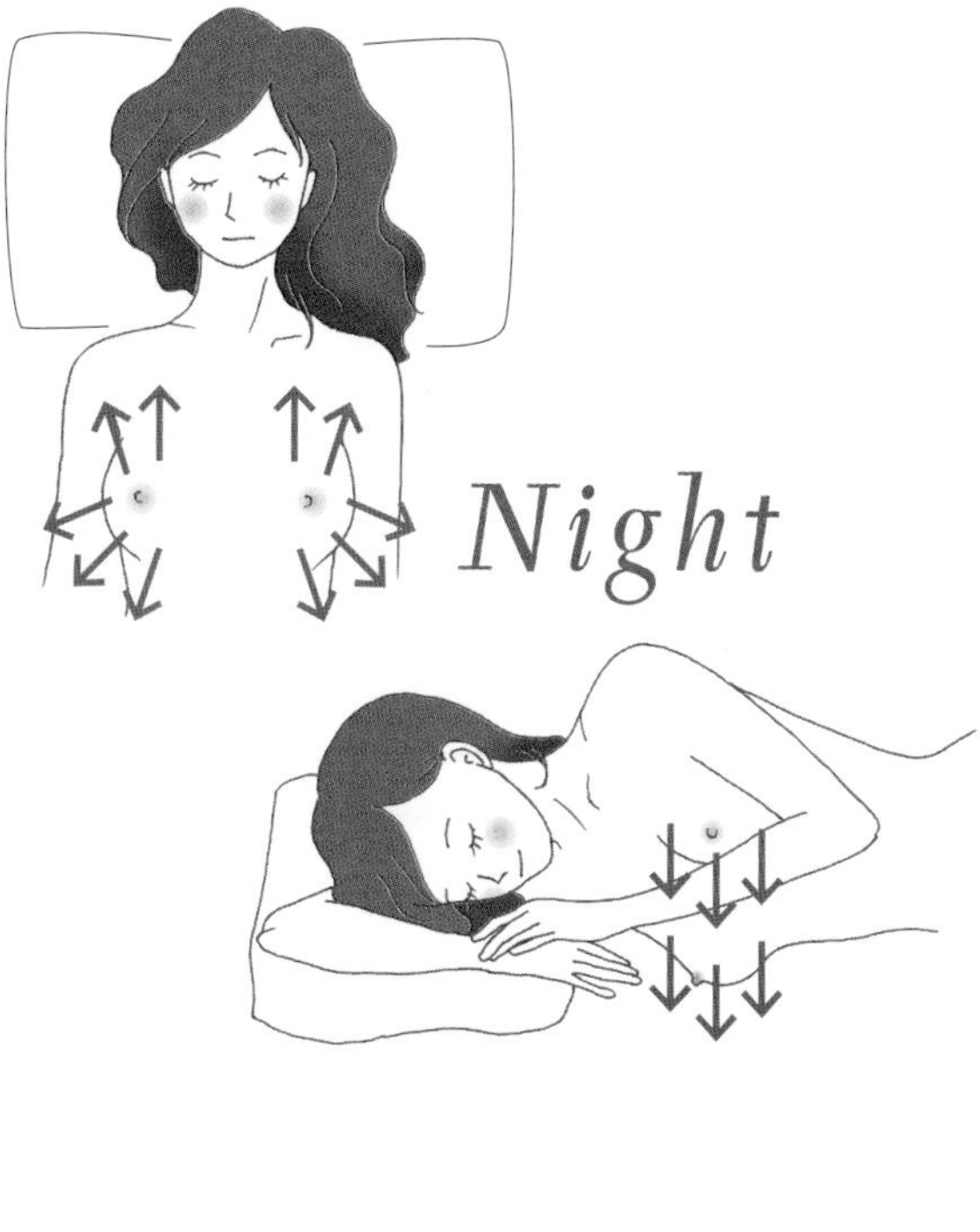

世の中にはたくさんの夜ブラがありますが、ソフトブラの延長のものが多く、360度仰向けのときも横向きのときも、バストを保護してくれるのは睡眠用のブラ。まだ持っていない人も、これを機に購入を検討してみてください。

”スポブラなしの運動はバストいじめ!?“

健康のために運動をしているのに、それがバストを痛めつけている要因になっている可能性があるとしたら？　スポーツをするときにも、デイリーユースのブラを着用している人を見かけると、すぐに止めに入りたくなる私です。

運動時のバストは、大きさに関係なく上下左右に揺れ続けています。揺れる……それは、内部組織のクーパー靭帯を痛めつけることにつながります。クーパー靭帯が伸びると、バストは下垂します。

スポーツの種類に応じて、その動きをよく考えて、適するホールドのできるスポーツブラを選びましょう。

買うときは試着することをおすすめします。スポブラはバストが動かないようにパワーが強いものも多いので、サイズが合っていても着用するとブラ圧で「肉もれ」する場合もあります。背中の身生地が多いものや、サイズを上げたりして、機能と共に美シルエットもチェックしましょう。

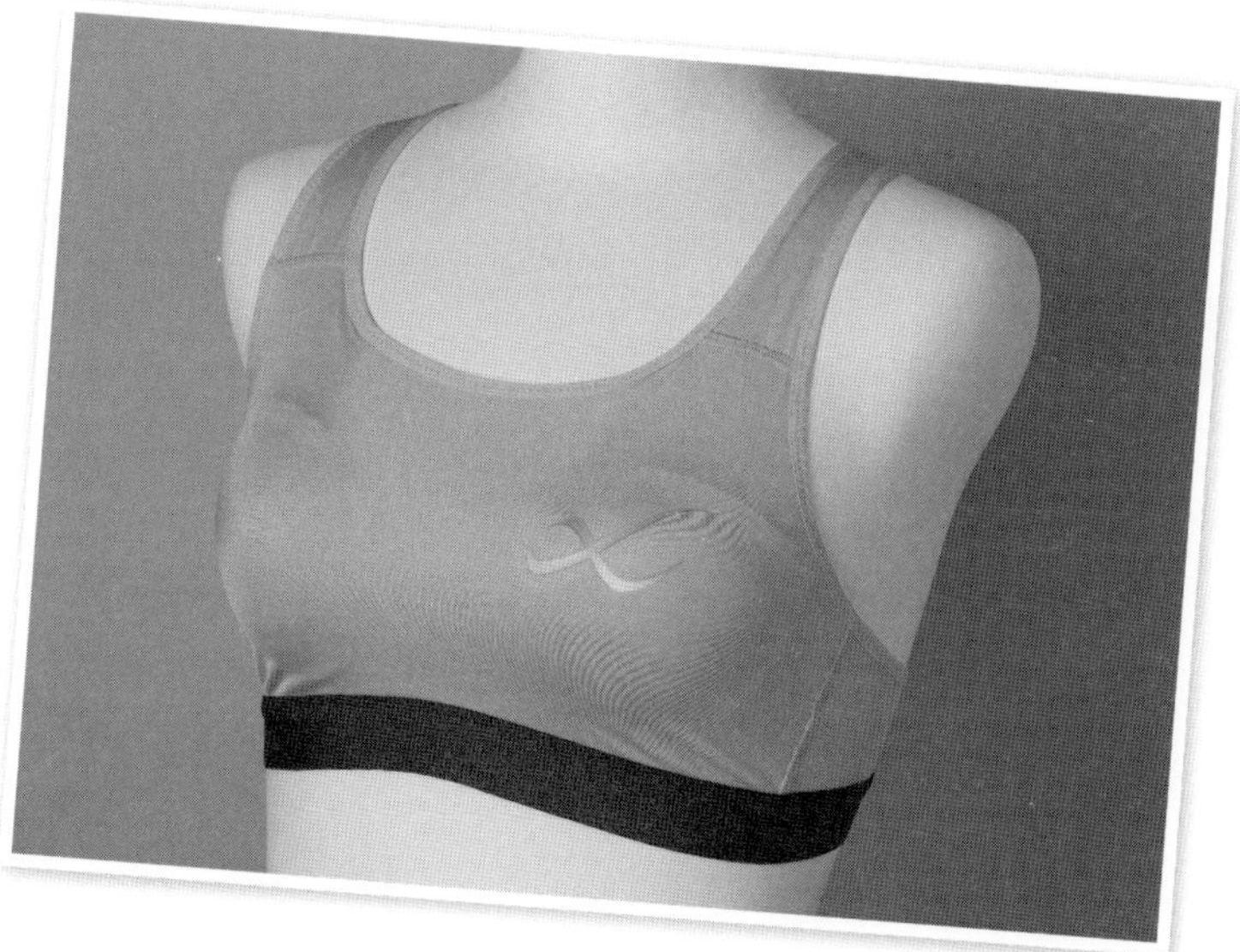

S、M、L…表記のブラは、アウターサイズで選んではならない

ソフトブラ、ブラキャミ、ナイトブラやスポーツブラなどは、サイズ表記がS～LLLで販売されているものが多いです。

このサイズ表記のブラを購入して、失敗してしまったことはありませんか？　それは貴女が洋服のサイズ、つまりアウターサイズを基準に購入してしまったことにあるかもしれません。

仮に貴女のアウターサイズがSでも、バストがボリューミーな場合は、Sサイズのブラジャーが合わないというのはよくある話です。

ニットインナーの場合も、バストトップの寸法で購入するサイズを決めるのがポイントです。

そして、できることなら試着することをおすすめします。

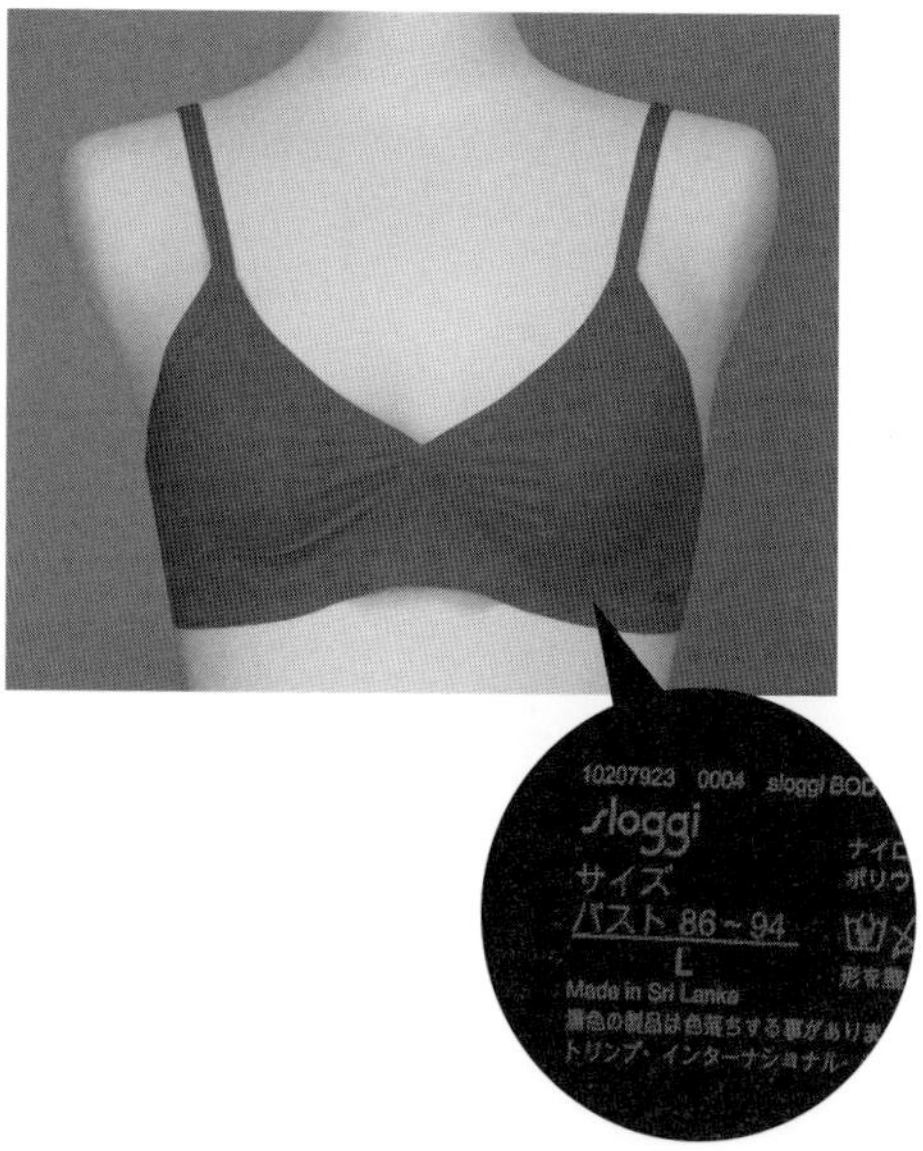

《JIS 規格・サイズ表》

	バスト（cm）	ヒップ（cm）	ウエスト（cm）
S	72～80	82～90	58～64
M	79～87	87～95	64～70
L	86～94	92～100	69～77
LL	93～101	97～105	77～85
3L	100～108	102～110	85～93

試着できないブラジャー、どうすれば失敗しない？

ネットをはじめ、下着を扱っていてもお店によっては試着できない場合もあります。失敗しない下着選び……。どうしたら良いでしょうか。

私の場合、合う下着の自己データを参考にしています。そのためには情報収集＝試着できるお店で頻繁にフィッティングすることです。どうせ脱ぐのですから、試着室に入る時は、何枚も試します。「試着は一度に3枚まで」というお店が多いので、2回転（6枚）はします。そして合う下着、合わない下着の理由は何かを分析します。すると、下着の目利きができるようになります。ブラやガードルは裏をチェックします。そもそもショーツは試着できないので、合うブランドやクロッチ幅を覚えておきます。合う下着の形状とサイズが同じであれば、試着せずとも合う可能性は高いです。

悩ましいのは、ネット通販の場合。こちらは、サイトでサイズ表をしっかり確認します。また、ブラジャーは、カップ裏の写真の掲載がないサイトでは、基本、買わないことにしています。下着の場合、返品交換できるネットショップは少ないので、かなり慎重に選びます。

海外ブランドに関しては、日本に店舗があるブランドはそこに伺います。日本にない場合は、セレクトショップ等で試着します。インポートは、国によってサイズ表記が違うので、合いやすいサイズを選びます。また、ブランドによっては店舗でお直しもしてもらえるので、通販で購入して、日本の店舗でお直し（数百円からしてもらえます）をして愛用しています。

”洗濯機に入れた!? それ、すでに御臨終ブラです“

ブラジャーに付いている洗濯タグを見てください! ほとんどのブラは、手洗いを推奨しています。

仮に洗濯機OKの場合でも、洋服の洗濯物と同じペースで洗うことはタブーとされています。洗濯ネットに入れているから安心というのは都市伝説です。

洗濯ネットに入れても「弱流モード」で、水に浸してから脱水まで5～6分。これが洗濯機の中にいられるブラのリミットです。もちろん乾燥機はNGです。

一度でも洗濯機で洗ってしまったブラジャーは、外見が整ったままでも、内部パーツは機能性を損なう可能性が大きいのです。先ほどご紹介したように、ブラジャーは多くのパーツで作られた緻密なアイテム。洗濯で壊れたパーツのブラを体に当てると、補整機能が劣る可能性のみならず、バストを痛めるリスクもあります。それはもう、ブラジャーであってブラジャーではありません。

ここまで私が述べてきたブラジャーからの「恩恵」を存分に受けるためには、ブラジャーは(必ずや)手洗いをおすすめします。

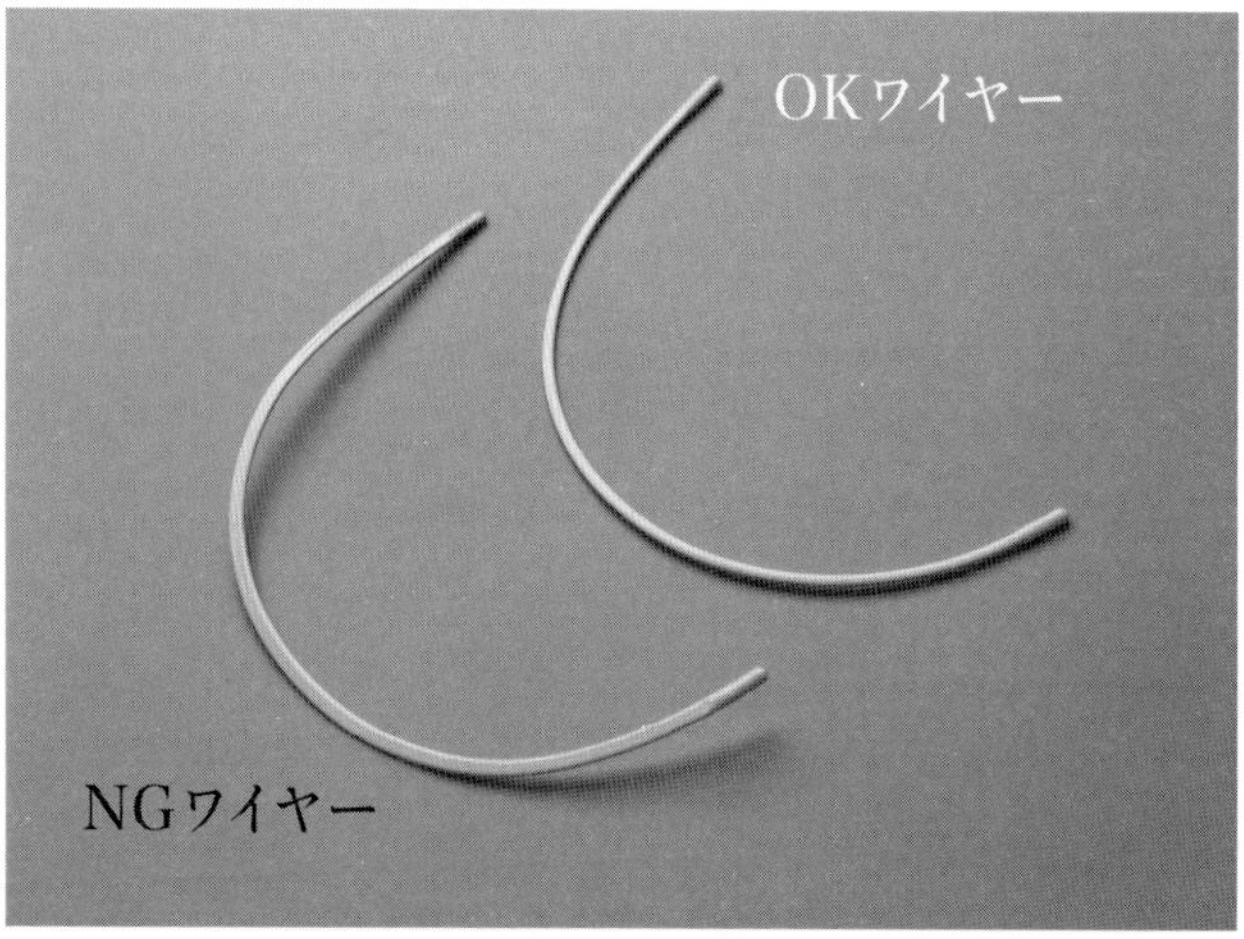

1回の洗濯機洗いでこんなに歪む

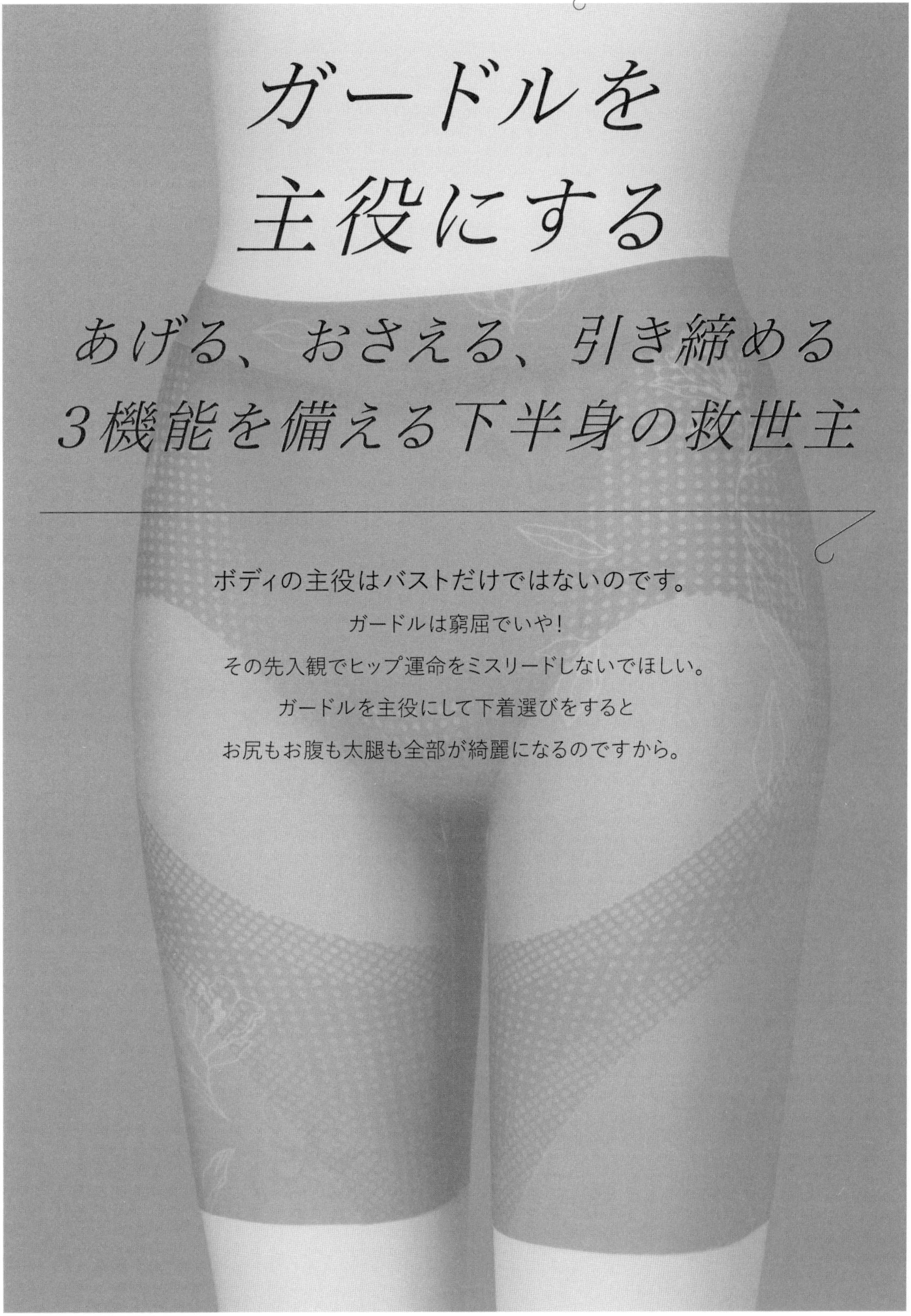

ガードルを主役にする

あげる、おさえる、引き締める 3機能を備える下半身の救世主

ボディの主役はバストだけではないのです。
ガードルは窮屈でいや！
その先入観でヒップ運命をミスリードしないでほしい。
ガードルを主役にして下着選びをすると
お尻もお腹も太腿も全部が綺麗になるのですから。

”30歳過ぎたらロングガードルに身を委ねよう“

スタイル美人へと誘う〝瞬発力〟と〝継続力〟が、ガードルにはあります。

履いた瞬間、ヌードより整う。

そして、四角いスイカを育てる時は四角いケースに入れるように、習慣化することで体は形状記憶されていくことを、私は自分のボディで立証済みです。いつしか、脱いでもガードルボディ！　下半身は素直にガードルの言いなりになってくれるのです。

ガードルデビューは、早ければ早いほど良いと思います。先手必勝でボディの変化をカバーできるからです。そして、一旦崩れかけた下半身もリスタートできるのが、ガードルの美点。おっぱいは一度垂れたら元には戻りませんが、下半身はいつからでも——多かれ少なかれ修正がきくのです。

但し、履くならばロングガードルをおすすめします。**ガードルの面積が多ければ多いほど、ウエスト、お腹、ヒップ、太腿全てを網羅して整えてくれる**からです。特に、太腿とヒップの境目は歳を重ねるごとに曖昧になっていくので、太腿に寄り添っているヒップ下部のお肉を、しっかり持ち上げるようにして着用するのがおすすめです。

柔らかお肉世代にはロングガードルを

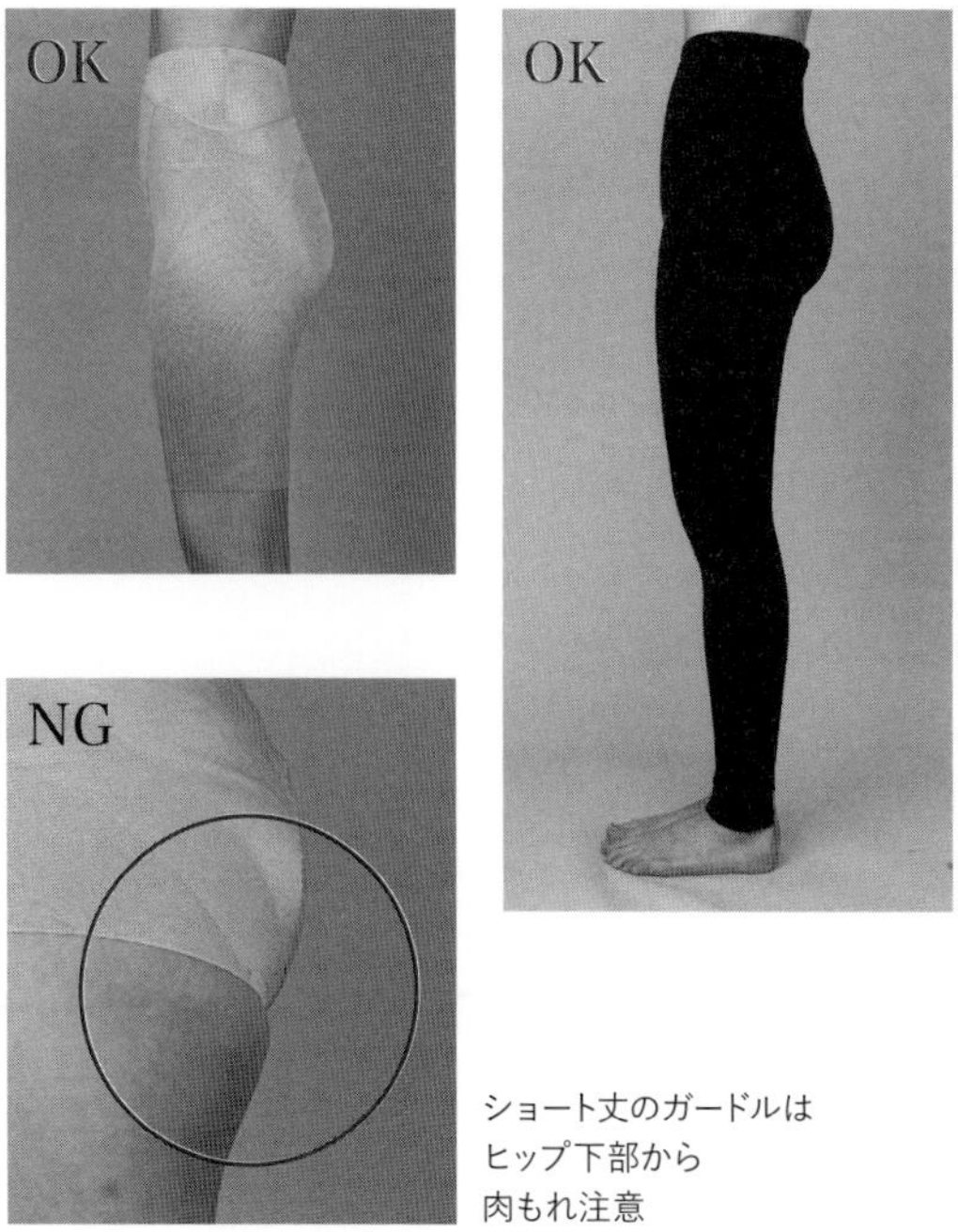

ショート丈のガードルは
ヒップ下部から
肉もれ注意

❝「キツイ」はNG、キツイぐらいなら「ユルイ」は許容範囲❞

ガードルを避けてしまう要因は「キツイ」からではないでしょうか？
初ガードルとの相性で、それよりのち貴女が抱くガードルのイメージは異なるはずです。キツくてハードな方が効果的という先入観と、女心としてはサイズは小さめを買いたいという見栄っ張りな感覚……。結果、「ガードルってしんどい！」という固定観念がついてまわります。まずは、この考え方を改めましょう。

下着はキツイもユルイもダメなのですが、ガードル選びに関しては、キツイが悪で、キツイぐらいならややユルイは許容範囲です。選ぶ時にキツイと少しでも感じるものは選んではなりません。ヒップ、太腿、ウエスト、おなか、クロッチポイント、**どこか一カ所でも苦しいと思うなら、ワンサイズ上のものにしてください。**サイズスライドして、仮にややユルイと感じるところがあっても大丈夫です。

ガードルはパワー（伸縮性の度合い）によってソフト、ミディアム、ハードに区分けされます。ハードタイプを買う時は通常サイズより大きい方が合うということ、よくあります。私もパワーや体のコンディション（むくみ具合い）等によって、2サイズを使い分けています。

“このガードルは何ができるの？の見分け方”

ガードルを履けば、「あげる、おさえる、引き締める」効果が期待できます。
着用するだけで、ボディとガードルが接する面は全て、ヌードよりも補整機能があるのです。
それは生地のパワー（伸び縮みする機能）がもたらす副産物です。
さらに**個々のガードルによって得意分野がプラスされているので、ガードルを買うときはそこを見極めて買うこと**が大事です。

「素材のパワー」「パターン」
「追加のマテリアル（あて布やパーツ）等」によって、
ガードルのボディメイクはバリエーション豊かに展開されています。

●**パワー**：伸びて戻る力をパワーと呼び、ハード、ミディアム、ソフトに分別。ハード＝パワーの強い素材の方が造形性は高まる。但し、着用感の良さも大切なので、ハードタイプを買う時はワンサイズ上の方が合う場合も多い。

●**パターン**

パワー切り替え

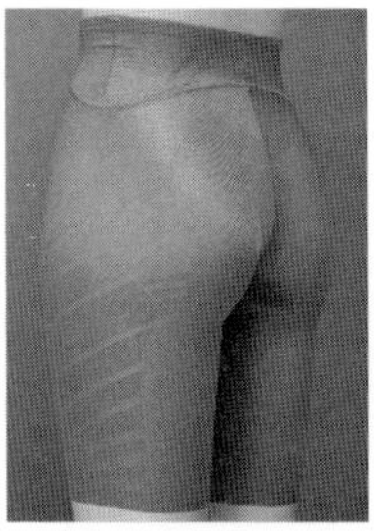

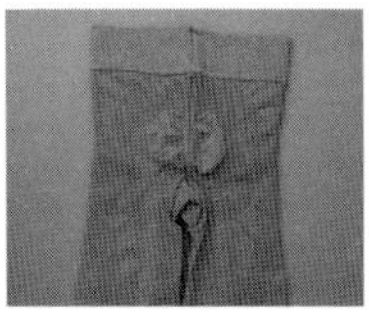

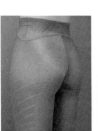

一枚生地の場合：編み立てる時にパワーに変化をつけて生地自体を切り替える。

パワー切り替え

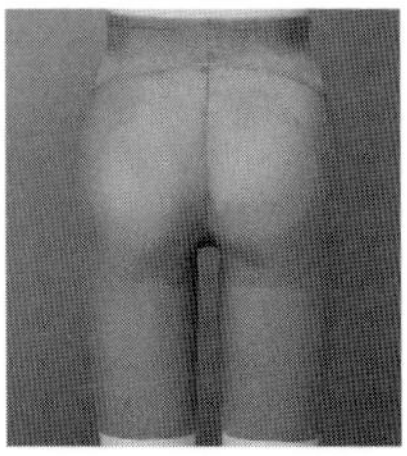

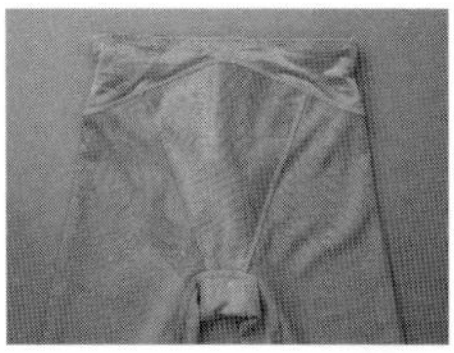

あて布の場合：強化したい部位に生地を重ねることでパワーを強める（下着は裏を見よ！）。

裁断切り替え：伸びる素材と伸びづらい生地を縫い合わせたり、立体的なラインになるように生地をはぎ合わせる。

モールド成型：熱処理を加えて生地を立体化し、そこに脂肪を誘導する。

●**追加のマテリアル**（あて布やパーツ）

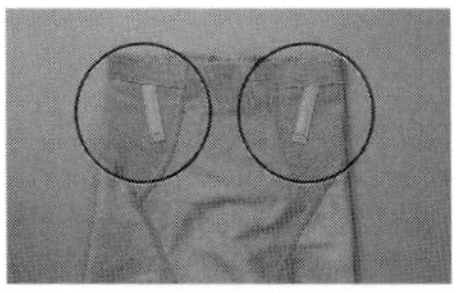

ボーン：内部にボーンを埋め込むことで、安定させながらシェイプ。

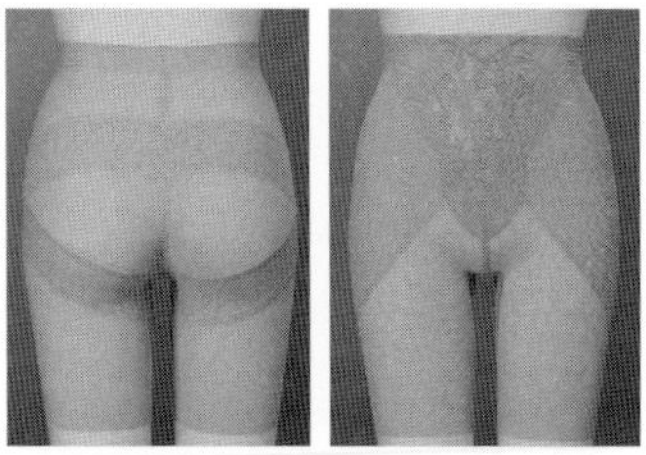

当て布：別布を当てることで、その部分を強化させる。

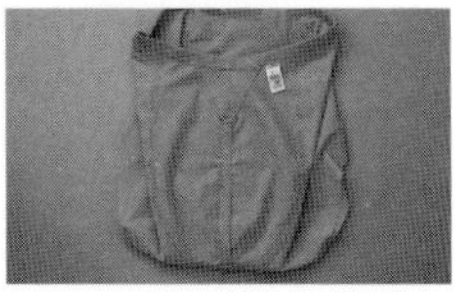

ダーツ：縮ませた状態で縫製し、それが伸びることにより持ち上げる。

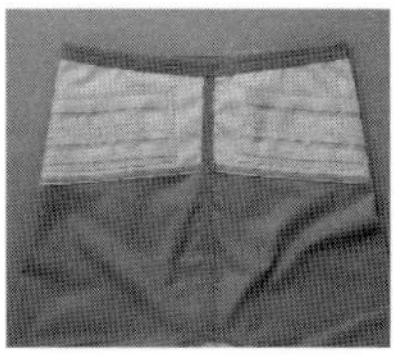

特殊加工：メーカー独自の滑りづらいテープで、着用する動作とともに下がった脂肪を持ち上げる。

ほんの一例ですが、
ガードルの目利きができるようになりましょう。

くびれ　脇肉も押さえ込む。

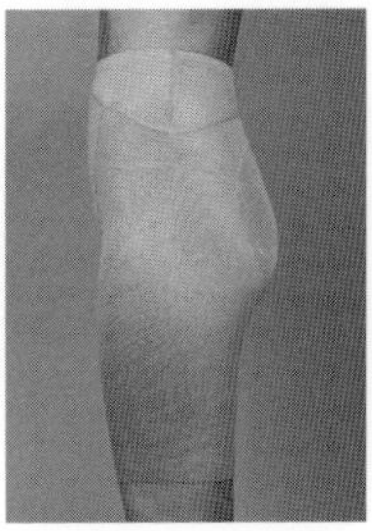
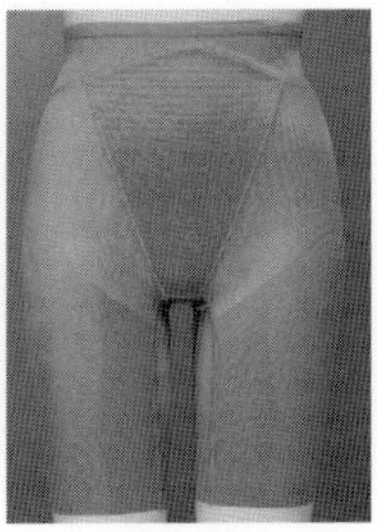

前っ腹をぺたんこにしたい

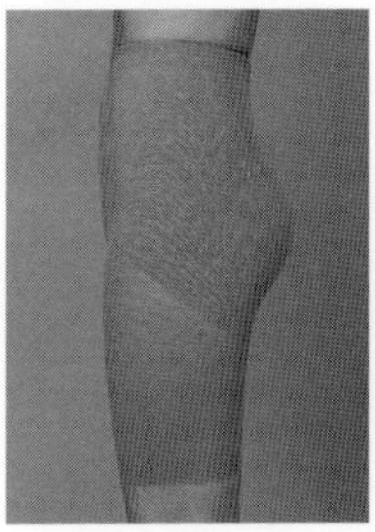

あて布でおさえる、ダーツが伸びることでおなかのポッコリが平に広がる。

お尻を小さくしたい／細腿にしたい

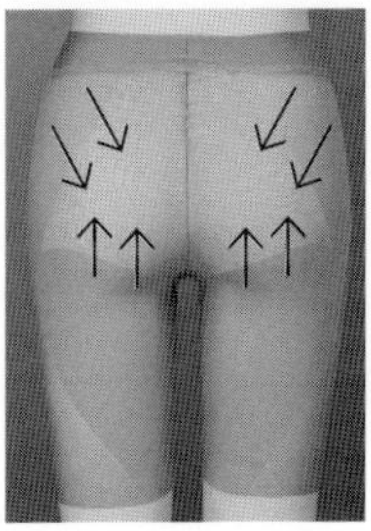

ヒップ中央よりも強いパワーでコンパクトに集める。

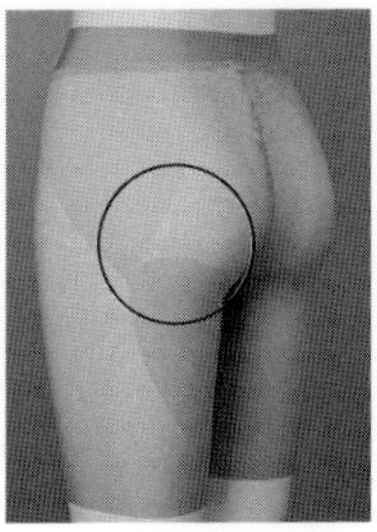

パワーをかけて太腿をヒップに持ち上げ、更におさえてスリム化。

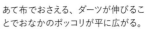

垂れ尻 ヒップアップさせたい

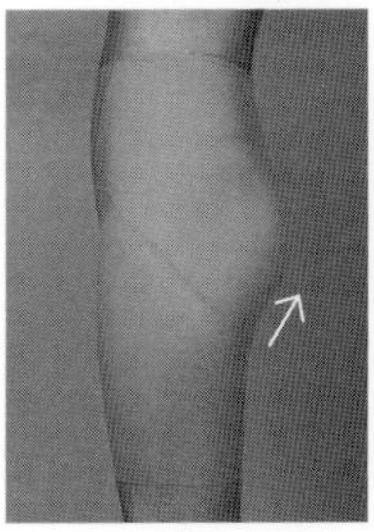
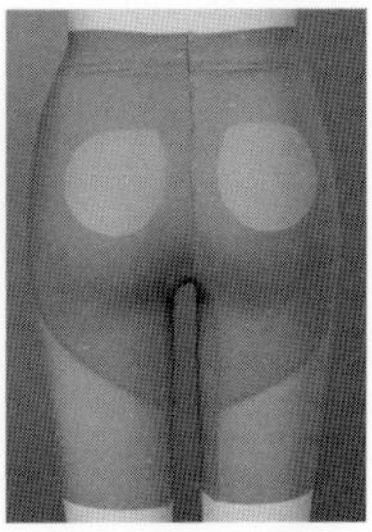

あて布のない中央へとヒップを持ち上げる。

「お腹のはみ肉」の悩みは、ハイウエストのガードルを

ボディサイズより小さなサイズの下着を身につけると、下着圧に押されてはみ肉ができます。きつい感覚が、さほどない下着でも肉もれする場合があり、これは、太った／痩せたに関係なく、加齢により肉質が柔らかく変化したことによるものです。

ガードルの場合は、ウエストと裾部分にはみ肉がないか確認しましょう。ウエスト上辺にお肉がのってしまう場合は、ハイウエストのガードルを選ぶと、平坦に整えられるのでおすすめです。

さらにそこにウエストニッパーを重ねると無敵です。

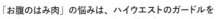

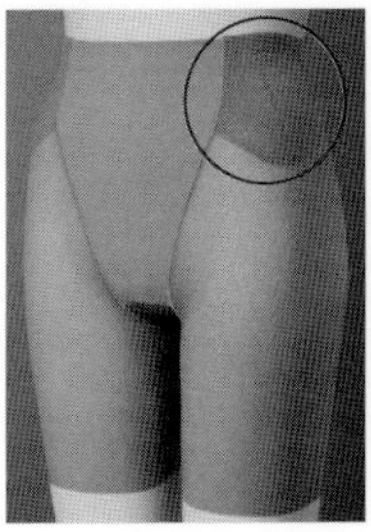
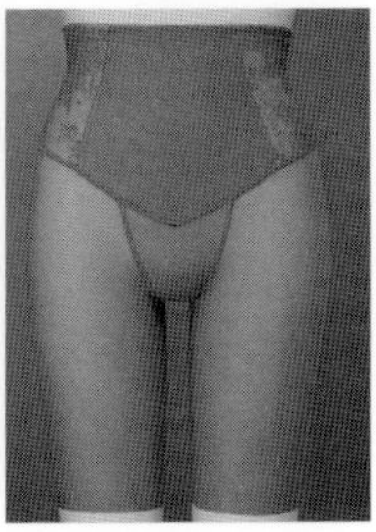

＋

骨盤の歪みを整えたい

パワーを変えて骨盤をホールド。

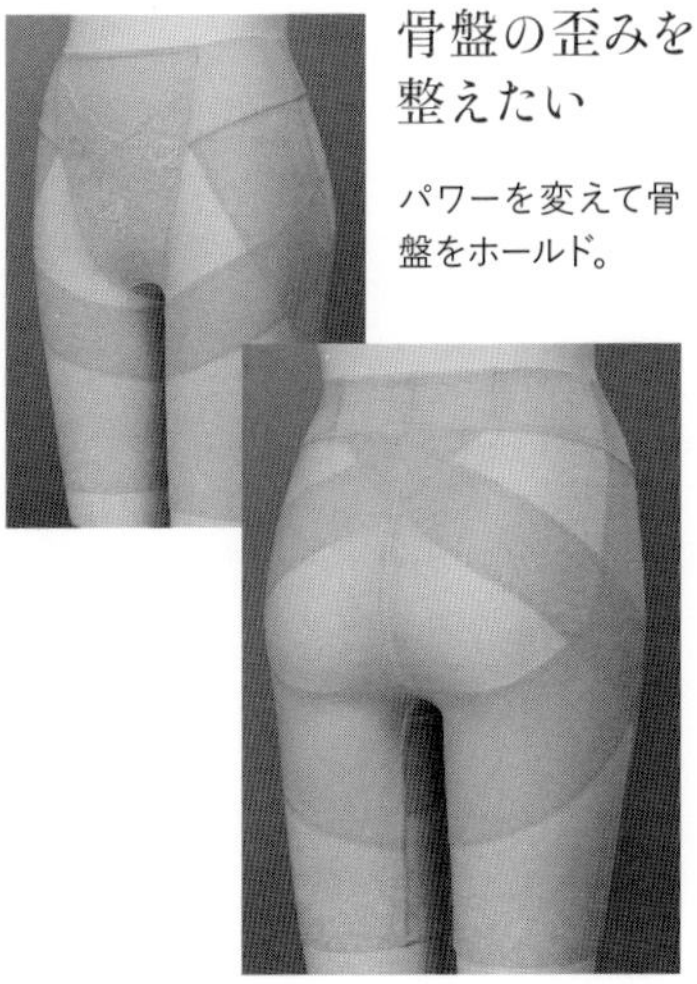

正しいガードルの履き方

ソフトな素材のガードルの場合はそこまで負担に思わないかもしれませんが、パワーの強い（伸縮性のしっかりした）ガードルの場合、履くときにガードルのウエスト部分がヒップを通過するのに一苦労！なんてこともあります。勢いよく引っ張り上げようとして、爪でガードルを破いてしまうなんてハプニングも起こり得るのです。

着用するときは、**ウエスト部分を外側にひっくり返して足を入れます。**腰の位置までガードルを持ち上げてから、折り返した部分を戻すと楽に履けます。ウエストの方がヒップより細いので、こうすることで圧が逃げて履きやすくなるのです。

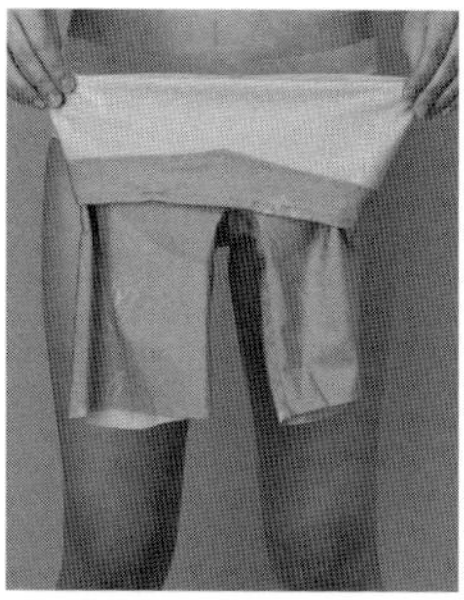

①ヒップトップあたりから半分に折り返し、両サイドをつかむ。

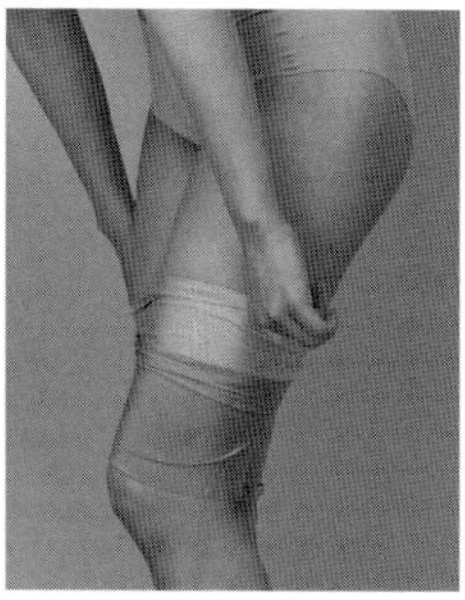

②裾がめくれないようにして、両足を入れる。

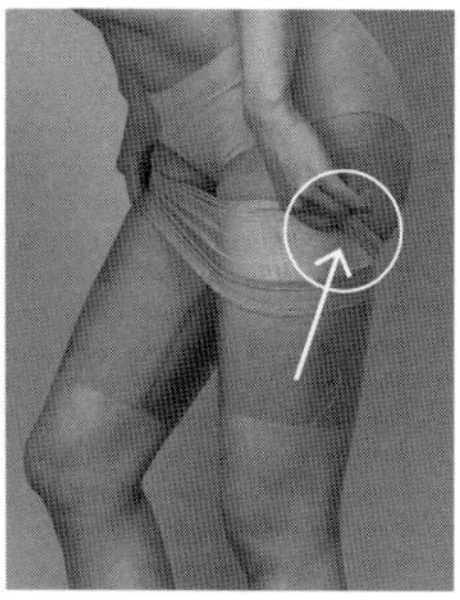

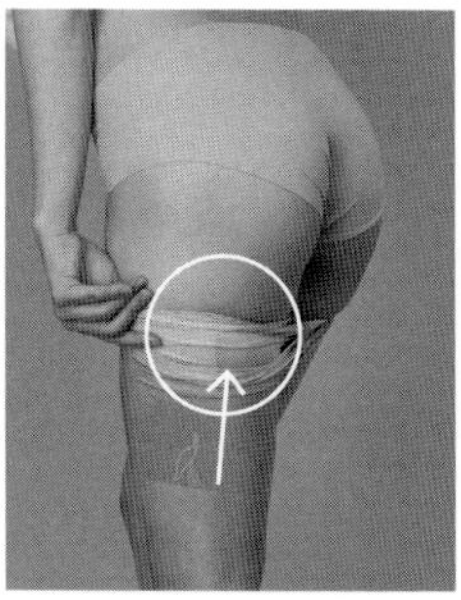

③ガードルを体にすり合わせながら持ち上げる
太腿のお肉をヒップアップさせるように、ガードルの生地でおさえ込みながら持ち上げる。

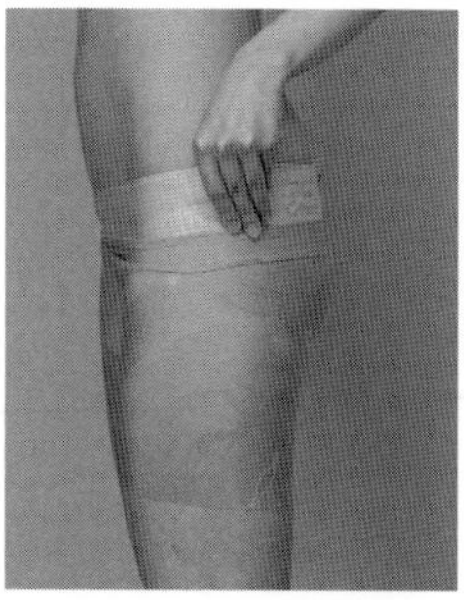

④ヒップトップ位置まで持ち上げたら、折り返しを戻す。

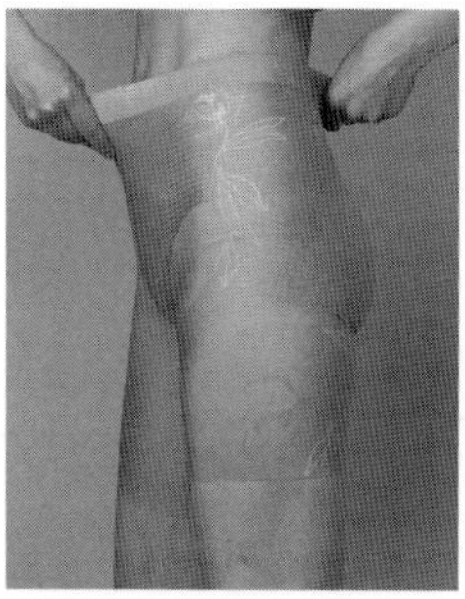

⑤前後に持って、クロッチ部分に隙間ができないよう、鼠径部に馴染ませる。

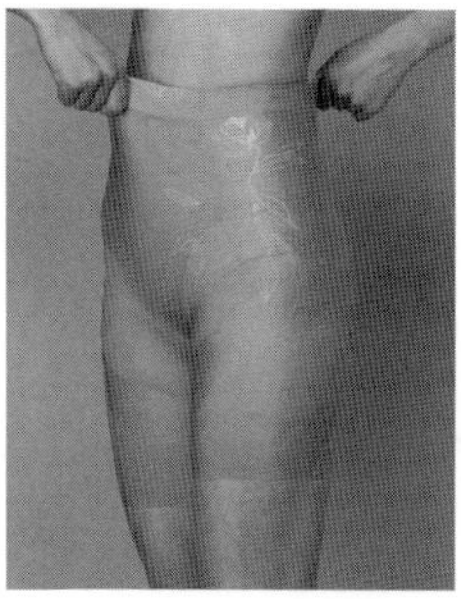

⑥中心を合わせながら、ウエスト位置を整える。

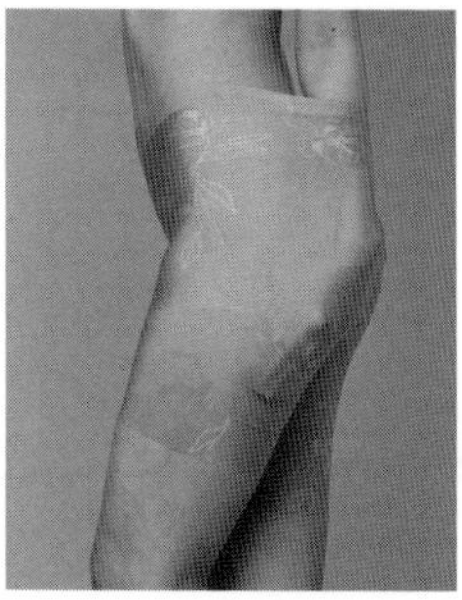

⑦手を入れてヒップを持ち上げ、後ろ中心を引き上げる。

《ガードルのチェックポイント》

ウエストと裾は床と平行、前面と後面は水平に！

着用したら、ガードルの中に手のひらを入れて肉を誘導させてこそ、
ガードル機能をフル活用できます。
ベストポジションにセットして、「肉もれ」があるようでしたら迷わずサイズアップしましょう。

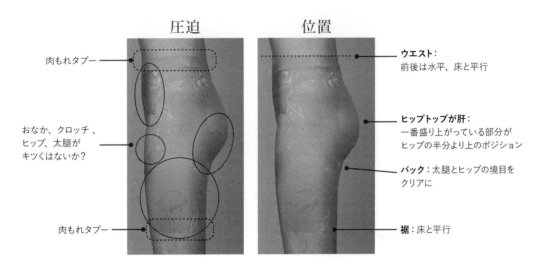

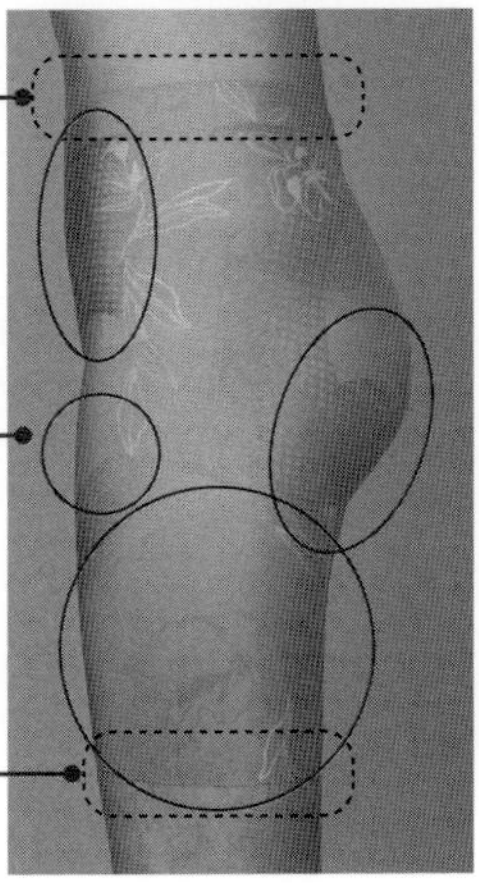
圧迫
肉もれタプー
おなか、クロッチ 、
ヒップ、太腿が
キツくはないか？
肉もれタプー

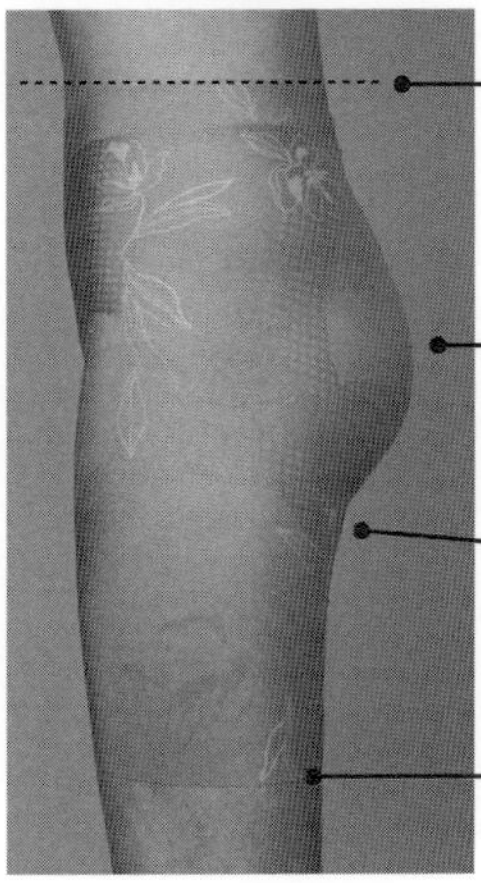
位置
ウエスト：
前後は水平、床と平行
ヒップトップが肝：
一番盛り上がっている部分が
ヒップの半分より上のポジション
バック：太腿とヒップの境目を
クリアに
裾：床と平行

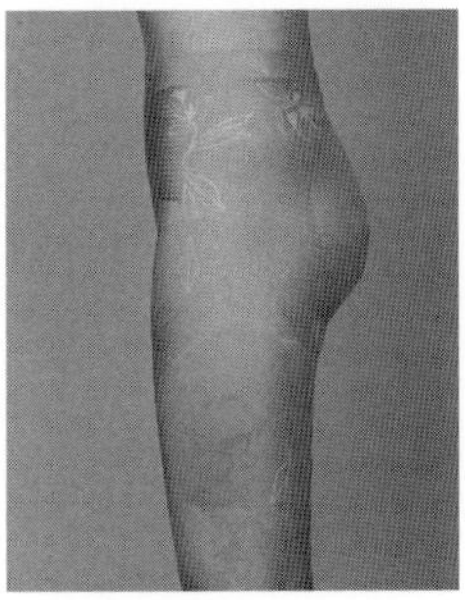
⑩美ボディ完成。

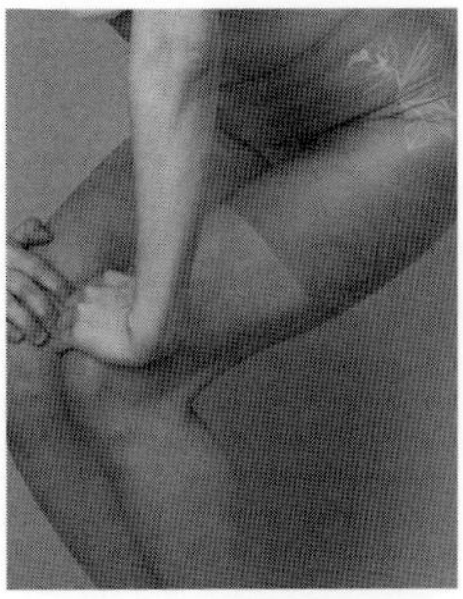
⑨2～3回、屈伸して窮屈な箇所がないかを確認。

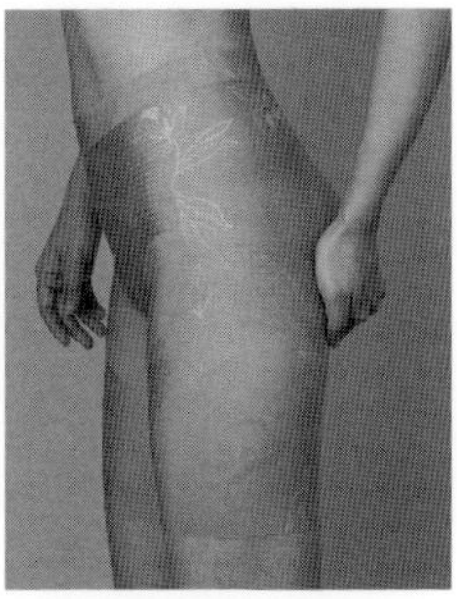
⑧ヒップ下部から太腿にシワがよらないように整える。

”ショーツは履くの？ストッキングはガードルの上か下か？“

ガードルのほとんどは、ショーツなしで直履き（じか）をしてもいいように、クロッチ部分の素材への配慮がなされています。ただ場合によっては、皮膚を刺激してしまうこともあり、衛生面を思うと、おりもの対策のシートをセットしたいところですが、ショーツよりも安定してくれないことが多くあります。

そこで、私はTバック＋ガードルをおすすめしています。Tバック専用のおりものシートを、Tバックショーツに貼り付けて、その上からガードルを履く。こうすれば、ガードルが肌に寄り添う面積はほぼ保ったままで衛生面もカバーできます。

ストッキングがマスト、というルールの会社も多いと思いますが、**ストッキングはガードルの上に履くのがおすすめです。**ストッキングがほどよくプレス効果として働き、ガードルのライン浮きを軽減させてくれます。

シームレスのTバックショーツ

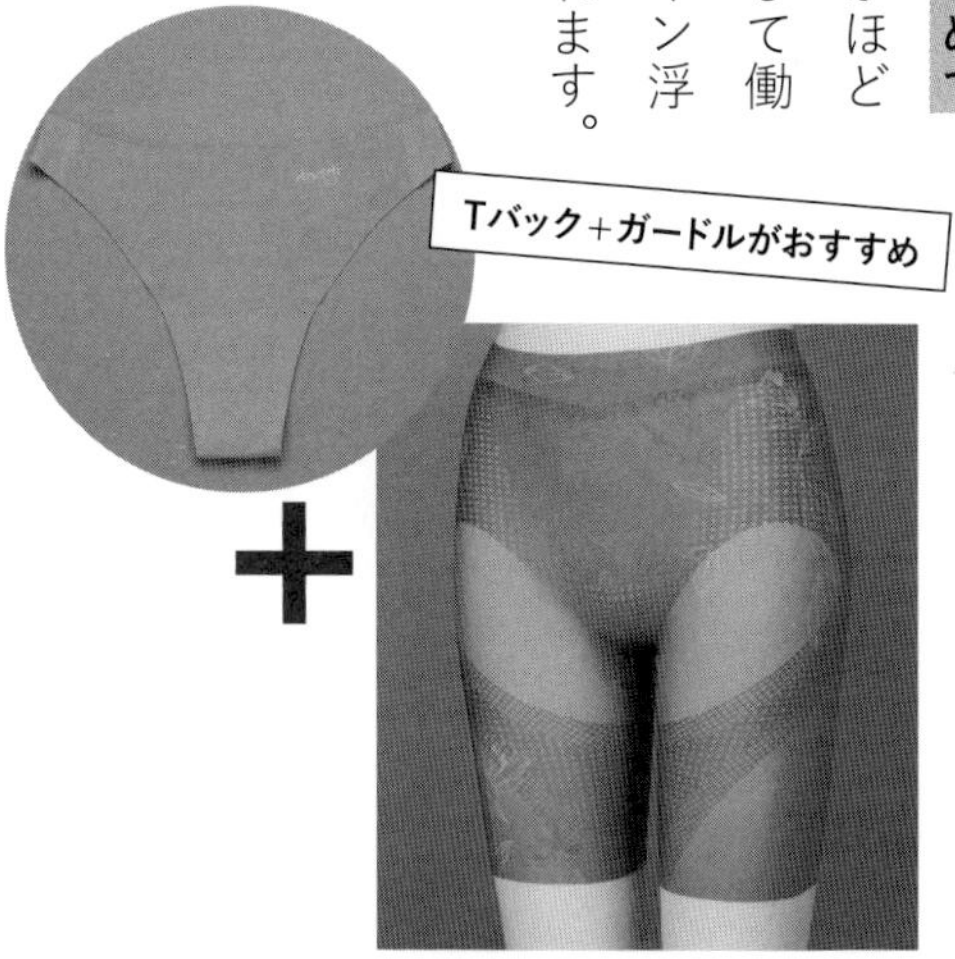
Tバック＋ガードルがおすすめ

裾シームレスのガードル

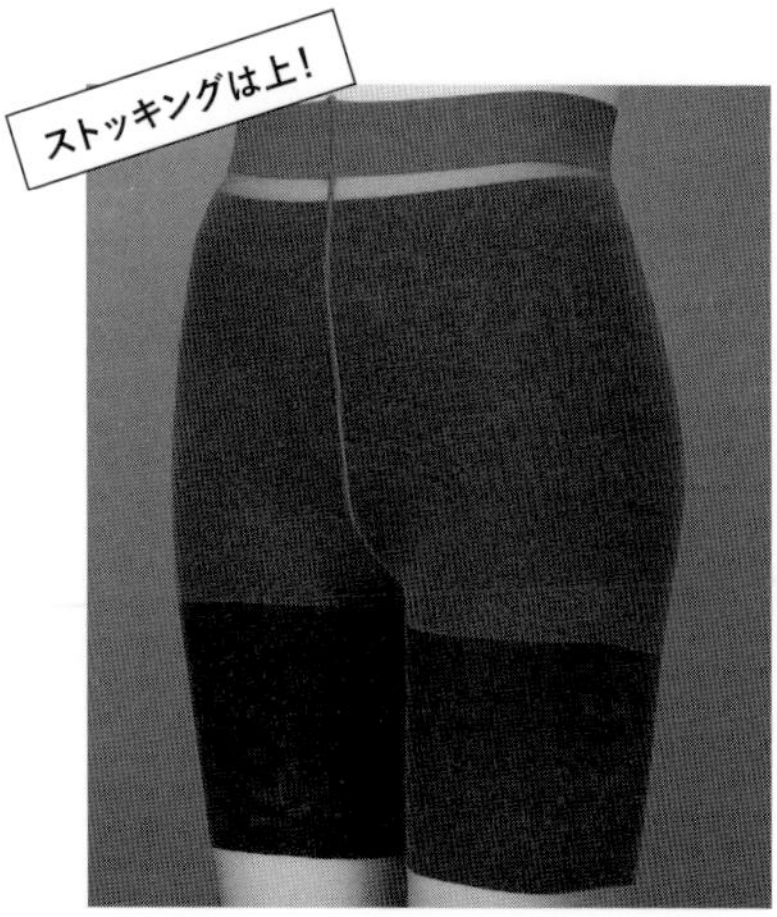
ストッキングは上！

ヒップ運命はガードル次第！ 一途に履き続ける

女性のヒップ老化は、誰でも一様な過程を経て崩れていくそうです（P70参照）。但し、その速度は、どんな下着をつけているかで、激しく差がつきます。

日中はガードルです！ 私のガードル着用歴は、早20年。そんな日々を積み重ねてきました。ガードルの世界は、日々進化しています。昨今、デザインもおしゃれになり、エイジレスで幅広い世代の女性に支持されるアイテムとなってきました。「ガードルはおばさんのアイテム」という先入観がなくなってきた証です。

ヌードボディでいるよりも、一発逆転、着用するだけでそのヒップアップ効果は歴然です。また、リフトアップが期待できるクリームを塗ってからガードルを着用すると、ガードルがパック効果をもたらして、お肌はぷるんとしてきます。そして、ガードルの補整機能によってヒップは調教されていく気がします。

一途にガードルを履き続けること。それがとかくシンプルで効果的なヒップの美容法なのかもしれません。但し、睡眠時はタブーです。夜は脱いでくださいね。

カービングとバストアップを同時に叶える究極のファンデーションとは？

く、び、れ×バストアップ
メリハリボディを一発でキメてくれる
ウエストニッパー愛用者が増えれば
スタイル美人の人口急増まちがいなし

ガードルをマスターした人は次に
ウエストニッパーに興味を持ちます！
なぜかと言いますと、よりスタイルが良くなるからです。
メリハリの極みを知ると、ウエストニッパーはスタメン入り！
そして、一生、カービングのある最強フォルムを手にできるのです。

”きっかけは寒さ対策、気がつけばウエスト70㎝→58㎝に“

きっかけは寒い冬でした。仕事を終え、その日は友人との食事会。待ち合わせ場所へ行こうと思ったのですが、外に出ると猛烈に寒い。このままでは風邪をひいてしまいそうと感じた私は、百貨店に立ち寄り対応できる物を買うことにしました。ややフォーマルなワンピースという装いだったため、重ね着できるアウターは合わないし、かといって厚手のインナーは着ているワンピからはみ出てしまう。そこで、仕事で出会った下着メーカーの人にすすめられていたウエストニッパーを買うことにしたのです。それが幸運の幕開けでした。

寒さ対策の腹巻代わり気分で買ったウエストニッパーではあったのですが、着けた瞬間、腰回りとバストがエリア分けされた感覚がありました。「あれ、メリハリができた?」という感じです。当時の私のウエストサイズは70㎝ぐらいありました。ローライズジーンズのブームもあり、あの頃の女性は、今よりもみんなウエストが太かったはずです。買ったウエストニッパーは70サイズ(ウエスト67~73㎝対応)。その後の食事会でご飯をいっぱい食べたかったのと、「窮屈な下着を選んではいけない」と先の下着メーカーの人に教わったばかりだったので、そうしました。

あれから20年弱、ウエストニッパーを使い続けた結果、私のウエストサイズは58㎝になり、今はSサイズです。中世ヨーロッパでは、鉄のウエストニッパー(コルセット)でウエストを30㎝台にしたというエピソードもありますが、それは健康に悪いので真似してはいけません。

でも、私のように全く窮屈ではないサイズのウエストニッパーを長年愛用するだけでウエストは細くなり、カービングもできたのです。急場しのぎの寒さ対策がニッパーデビューでしたが、今では一年中欠かせないアイテム。ウエスト、太る気がしません。

ファースト・ウエストニッパーはこれがおすすめ！

ウエストニッパーを躊躇する要因のひとつは「ホックが面倒くさい」からではないでしょうか？　ホックの数が多いのには理由があり、数が多ければ多いほど体にしなやかに寄り添い、美しいカービングが整うのです。ブライダルインナーと銘打っているウエストニッパーはホックがたくさんついています。ドレスのウエスト部分のカービングを美しく整えるためです。

私もフェミニンなお洋服や体のラインが目立つマーメイドワンピなどの時には、ホックつきのウエストニッパーを着用することが多いです。ブライダルブランドのものなのですが、普段使いしています。選ぶ時は、補整機能のみならず、長時間着用してもお肌が嫌がらないテクスチャーか否かもポイントにしています。

ホックなしの腹巻きタイプのものは着脱が楽なので、初心者さんにはおすすめです。蛇足ですが私が最も愛用していたものが廃盤となってしまい、同じようなものがないか探しています。

ウエストニッパーは、窮屈ではなく、お肌との相性がよく、着脱がスムーズを重視して選ぶことが大切。無理しないで着用できるものからなじんでいく事が長続きの秘訣です。

ブライダルインナーをデイリーユースにする

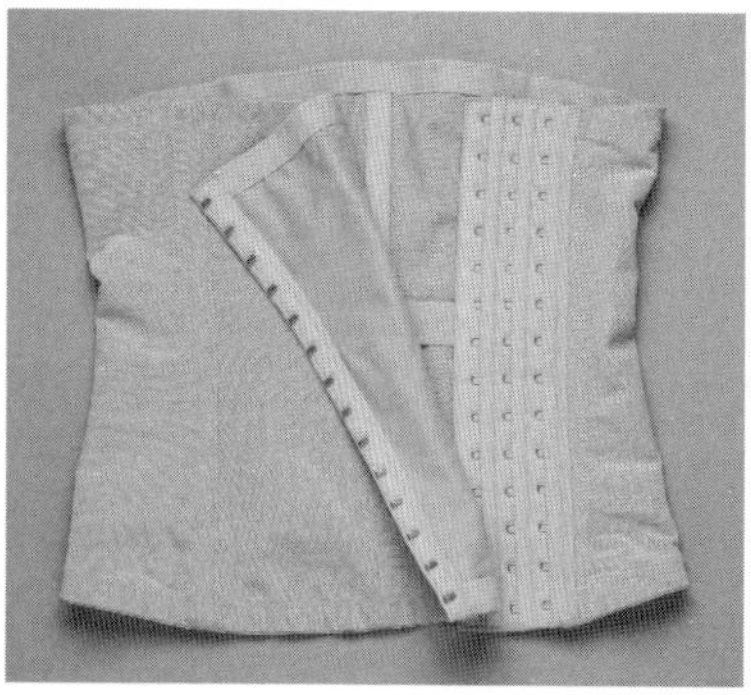

腹巻タイプニッパー

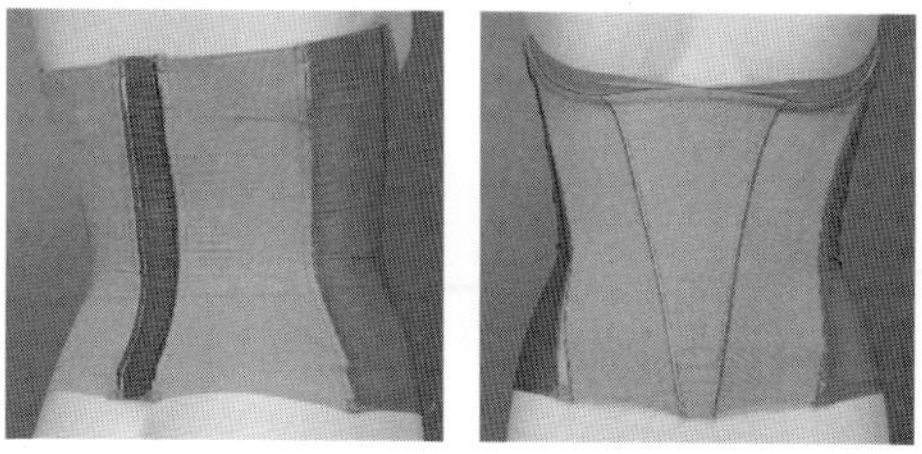

”ウエストニッパーは、国内メーカーを選ぶべき理由“

ウエストニッパーを買う時は日本のメーカーのものをおすすめします。

実は、**骨格の違いから欧米人の胴回りはほぼ正円で、アジア圏の人は楕円の人が多いのです。**

楕円形の胴回りの日本人に、欧米のアイテムはフィットしない可能性が高いのです。

ブライダルインナーも然りで、海外挙式の際、海外でドレスを選び、インナーも現地で調達しようと計画すると、失敗することが多いのです。

機能下着＝ファンデーションガーメントはジャストフィットしてこそ、その機能の恩恵を受ける事ができます。

同じウエストサイズでも、
平胴と丸胴ではシルエットが異なります

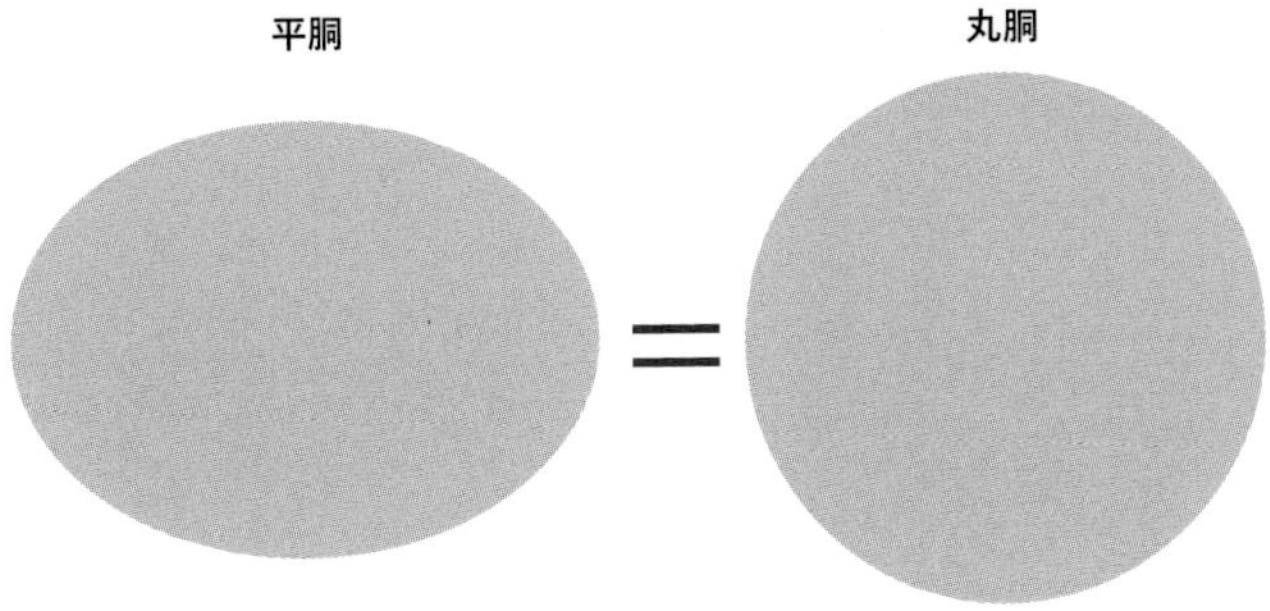

繊細なボディカーブにも寄り添うファンデーションガーメントは、胴回りのフォルムに合わせて緻密なパターンで作られているため、ウエストニッパー 、スリーインワン 、ボディスーツ等を買う時は、胴フォルムとの相性も留意して選びましょう

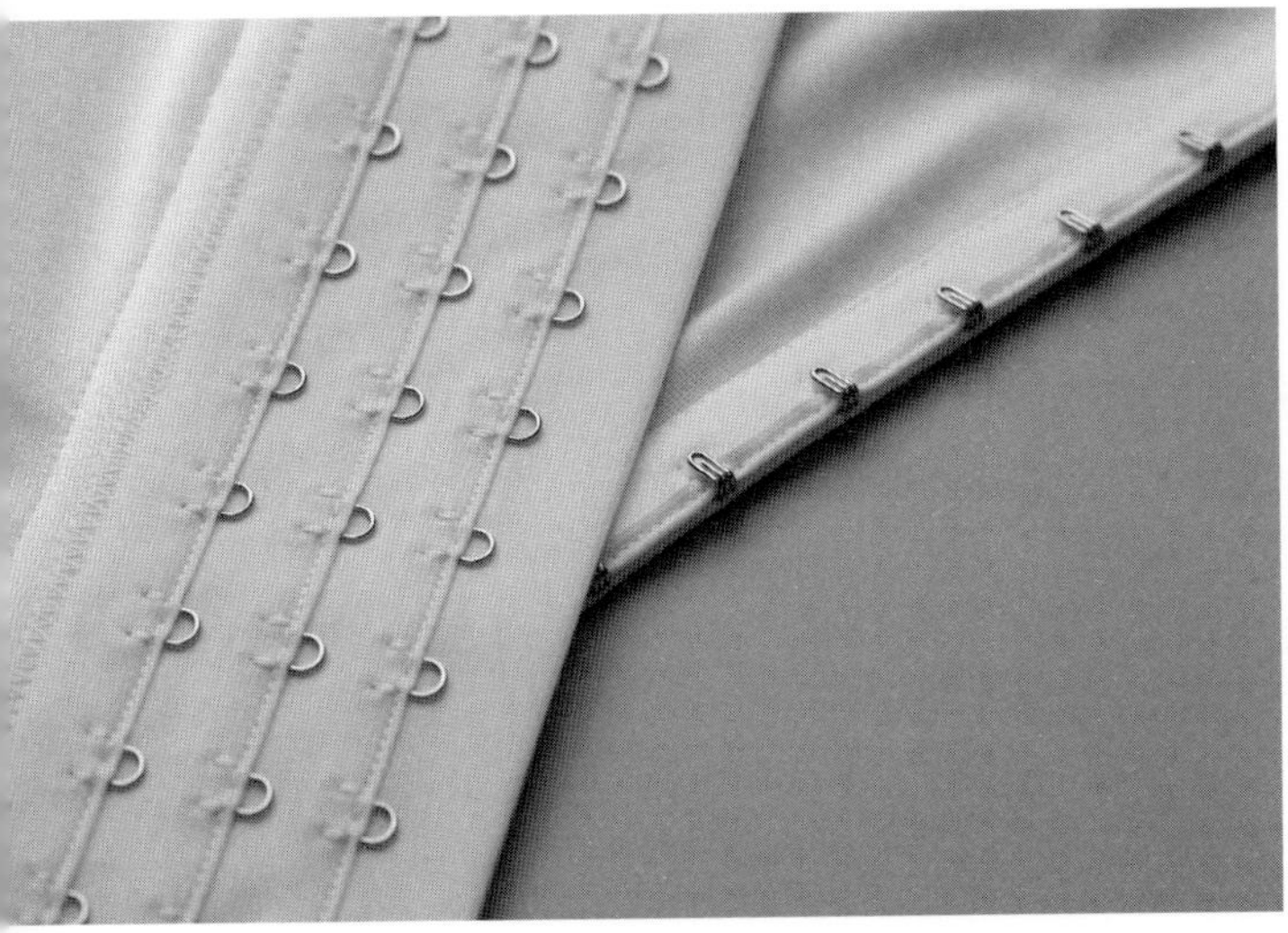

秒でバストアップ可能！ウエストニッパーの正しい着け方

その呼称から、ウエストに特化したアイテムに感じますが、ウエストニッパーは、実はバストアップ機能もかなり期待できます。言わばブラジャーが下がる防波堤のような役目です。

ブラジャーのアンダーからバストを持ち上げてくれるので、ウエストニッパーなしの時よりも、ブラジャーは安定しバストトップの位置も上がります。**正しいセットの仕方は、ブラの土台ベルトの上にウエストニッパーを！** さらに「はみ肉」も、正しい位置へ誘導してくれるので、バストアップとカービングの一挙両得というわけです。

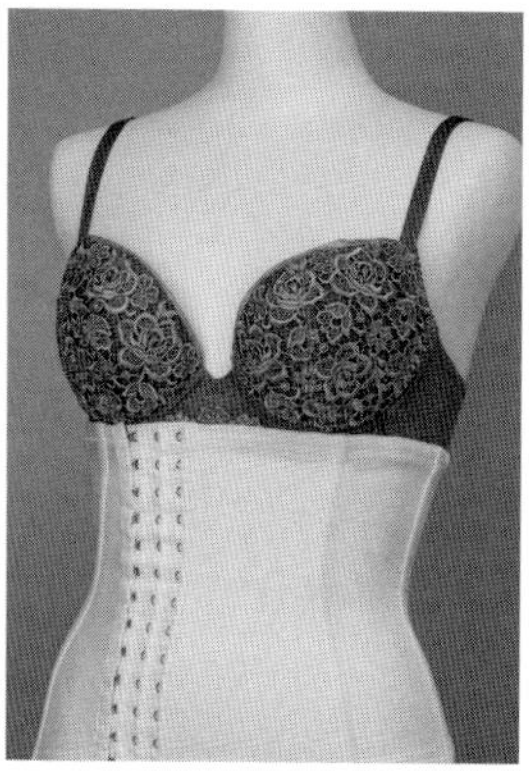

ブラジャー下部の上にウエストニッパーを重ねることでバストアップ効果も増す

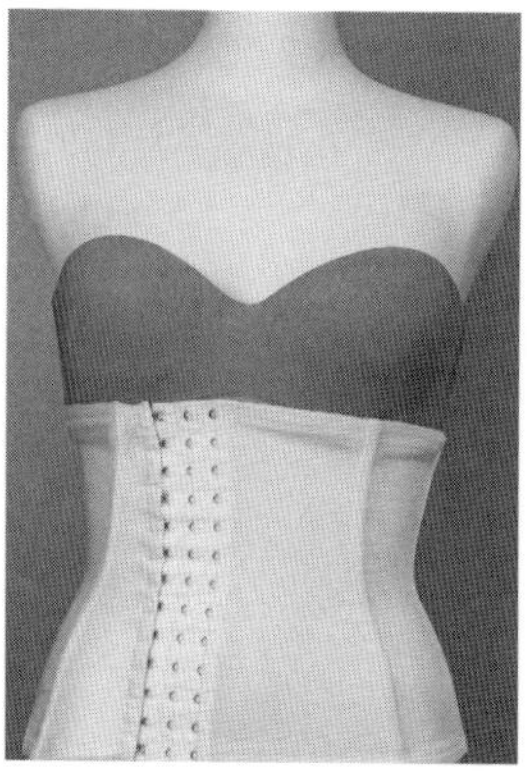

ストラップレスブラの時はズレ下がり防止にもなり、安定する

ファンデーション ガーメント

～下着の進化が スタイルアップに貢献した史実～

きっぱり、言いきれます。ブラジャーはブラジャー、ガードルはガードル、
ウエストニッパーはウエストニッパー……

ファンデーションガーメント個々の美点を生かすだけでボディは確実に輝いてくれます。

ヌードよりも確実にプロポーションを整え、見た目の印象を良くしてくれます。

着用することで動きも楽になります。外部の刺激からボディを守ってくれます。

着け続けることで、エイジングの速度がゆるやかになるのです。

使い続けることでボディが洗練されていくファンデーションガーメント
ボディメイク機能は年々、進化する
素直にそこに身を委ねた者が、一生 旬のボディになれる

第4章

自由自在

Bodyレスキュー

「下着痛」と「コンプレックス」にケリをつける

With freedom

ボディの悩みは下着美容で解決できます。
下着の悩みは選び方次第で解決できます。
ボディと下着の悩みから解放されると、より自由に毎日を過ごせます。
しかも、綺麗で健やかに。

“「はみ肉」ブラジャーはUバックを”

ブラジャーからの「肉もれ」は、セクシーでしょうか？　いいえ、太った印象を与えてしまい、エレガントではありません。

お肉がはみ出してしまう要因は、ボディサイズよりも小さなブラジャーを着用している場合がほとんどなのですが、ジャストフィットサイズでも稀に肉もれすることがあります。それは、エイジングに関連します。30代中盤頃から肉質が柔らかくなってくるのと共に、サイズの合うブラジャーでも、お肉がはみ出しやすくなってしまうのです。

サイズが合うはずのブラジャーでも肉もれが気になる場合、ブラジャーのバックのパターンに注目をしましょう。「U」もしくは「V」字になっているブラジャーは、肉もれしにくいのです。ブラジャー圧はU字（V字）の中央へ向かいます。

一方、専門用語ではT字バックというのですが、この場合、ブラジャーの生地から肌（真下）に向かってブラ圧がかかるので、柔らかい肉質の場合はブラの外枠からお肉がはみ出してしまう可能性があります。

同じサイズのブラでも
バックの形状でこんなに違う！

Uバック

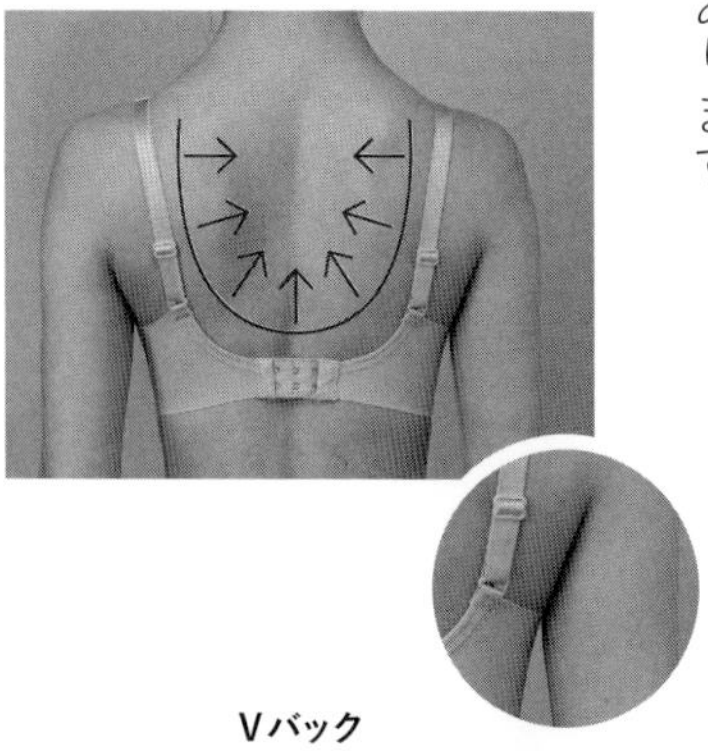

Vバック

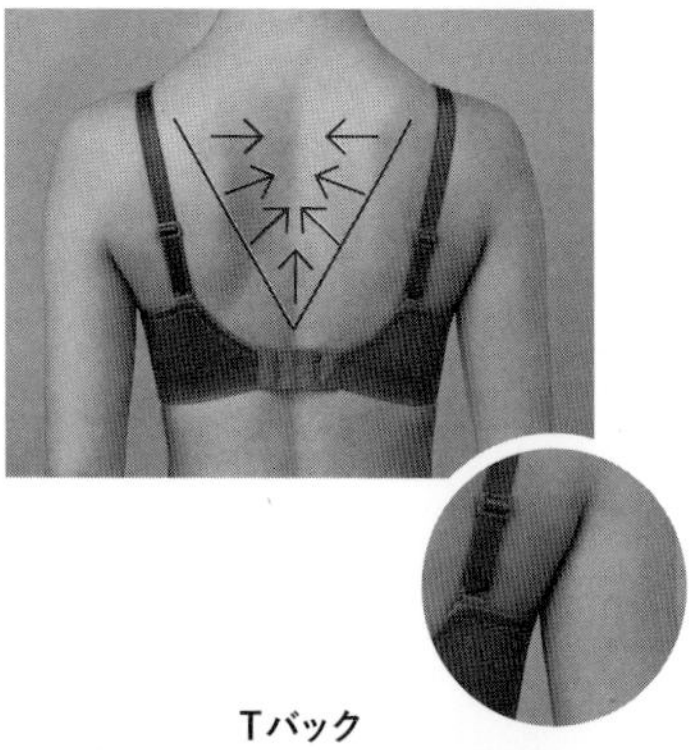

Tバック

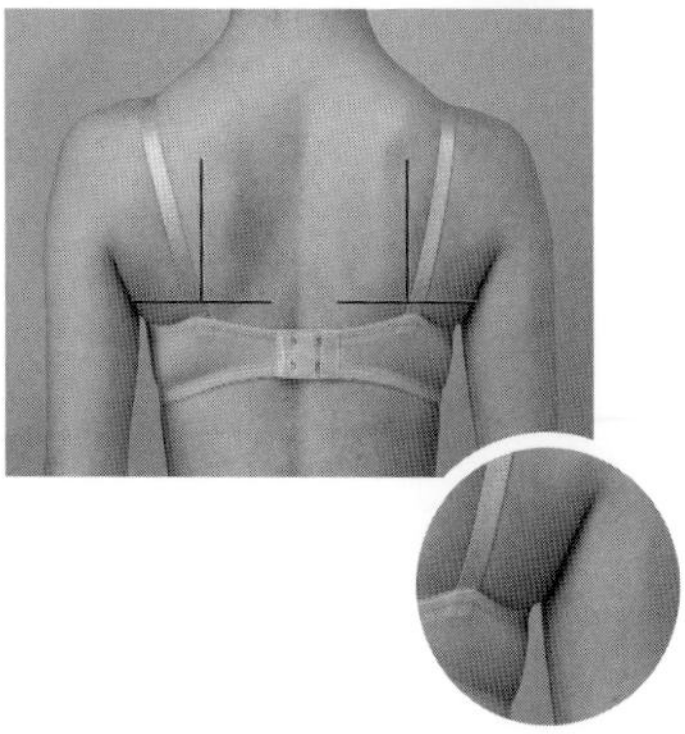

"「そげ胸」には当て布付きブラジャーを"

「そげ」の要因はバストの下垂です。バストの力だけではそのボリュームを支えられず、バスト自体が楕円形になり、上部がそげてしまうのです。

ブラジャーの章にてブラカップ裏には美乳貢献の仕掛けが施されていることに触れましたが、**極めてほしいのがカップ裏の「当て布」です。**

下がったバストを持ち上げるにはカップ下にもりもりのパッドを忍ばせれば、押し出し効果で上がりますが、パッドの嵩高でボリューミーな印象になり、嫌がる女性も多いです。

ところが、当て布は自胸を手のひらですくったかのように持ち上げてくれます。大抵、サイドから下辺にかけてセットされているので、バストを上げるのみならず、よせる効果も期待できます。結果、自然とデコルテへ向けてバストアップされます。バストの質感が大きく変化する30代後半からは特に、このタイプのブラジャーの着用を習慣化させると良いですよ。

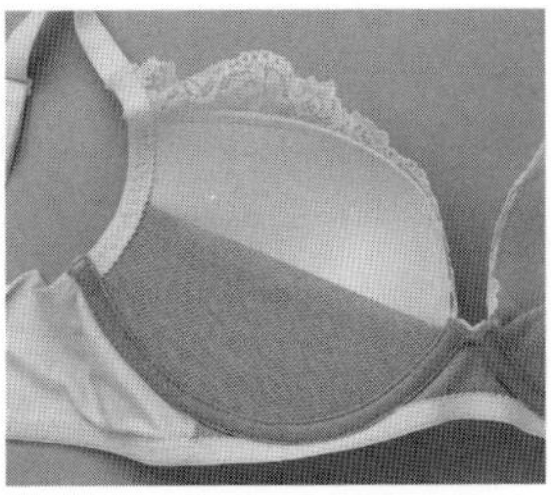

"「離れ胸」にはサイドの生地パワーの強いブラジャーを"

エイジングに伴いバストが両サイドに流れてしまった人、はたまた、元々の丸い胴の形状でバストトップが正面より横向きになっている人など、離れバストの人はブラジャーのサイドに注目してください。

カップの中によせる仕掛けがあるのみならず、土台ベルトでもしっかりと脇流れを阻止するようになっているブラジャーは、見事にバストを中央に運んでくれます。

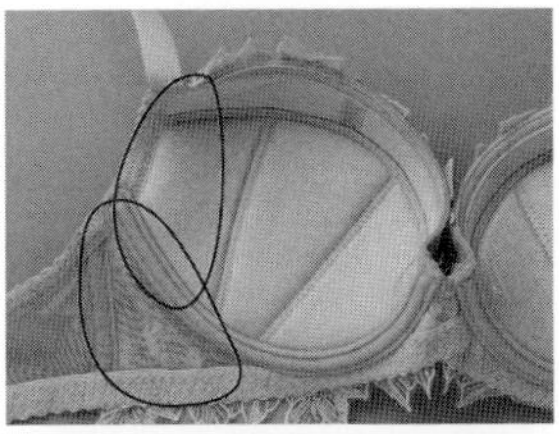

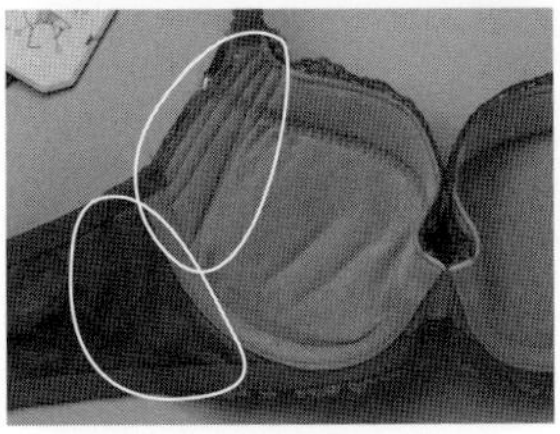

カップ内：よせる仕掛け。
土台：他よりパワーの強い生地で脇流れを食い止める。

「太った！」「痩せた！」……ブラを捨てる前にやるべきこと

持っていると便利なのが、ジョイントホックです。ホックのみでパーツ販売されています。サイズスライド（P100参照）つまり、ブラジャーサイズ表記を容量で考える策を応用します。仮にD70は、実はE65とも、C75ともカップの中の容量（バストボリューム）は同じなのです。

＊アルファベットを一つ上げたら、アンダーを一つ下げる

＊アルファベットを一つ下げたら、アンダーを一つ上げる

※アンダーサイズは5cm刻み表記

つまり、太ったことにより愛用のブラジャーがはみ肉ブラになってしまった場合、アンダーサイズを広げると合う可能性があります。

一方、痩せてしまった場合、ホックを一番細いところで留めてもカップがパカパカとするのなら中にパッドを入れてみましょう。別売りのパッドにも、様々な形があります。おすすめなのは、バスト全体をボリュームアップしてくれる正円タイプ。

また、毎日の着用は面倒かもしれませんが自胸に似たシリコンブラもおすすめです。ブラカップの中に隙間があるとバストが揺れてしまうので、微調整してみてください。それでも合わないようでしたら、別のサイズのブラを買うことをおすすめします。

《太った》

ジョイントホック

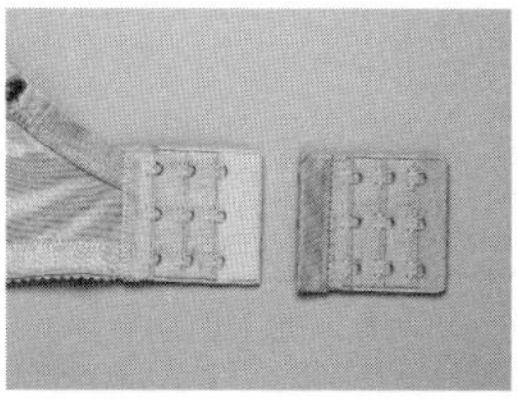

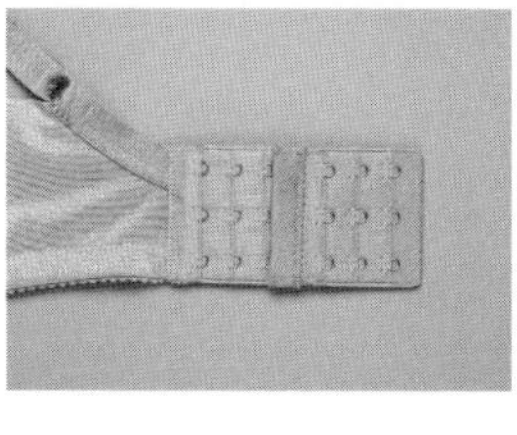

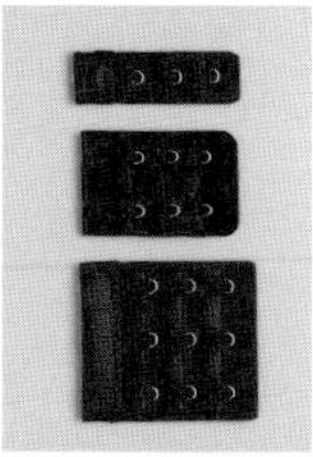

一段、二段、三段と、ブラに合わせてジョイント

《痩せた》

フルカップパッド

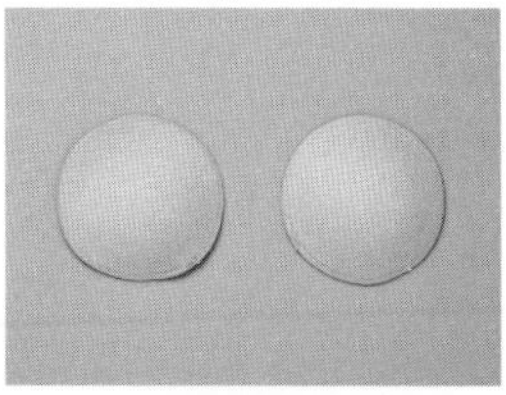

ブラの中に忍ばせる

ヌーブラ

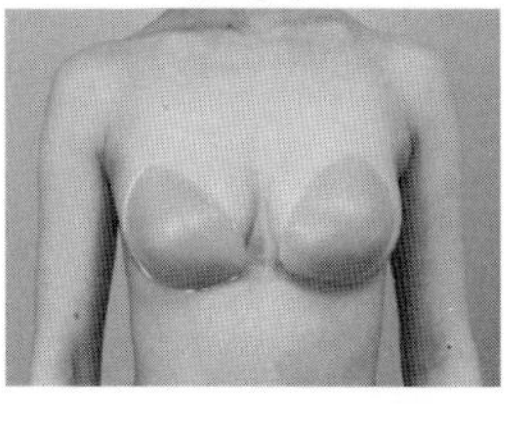

❝「小胸」ボリュームアップは、カップの忍ばせテク、「グラマー」ボリュームダウンは、ミニマムブラを❞

バストは大きさよりも形だと思うのですが、大きさにコンプレックスを感じている人は多くいます。そもそも、**痩せているのにバストが大きい人や、太っているのにバストが小さい人がいるのはなぜでしょう？**

バストの大きさは、乳房内の脂肪組織の量が関連しています。全身の皮下脂肪と乳房内脂肪の量は比例しないので、スリムなのにバストが大きい人や、その逆の人もいるというわけです。

ボリュームダウン

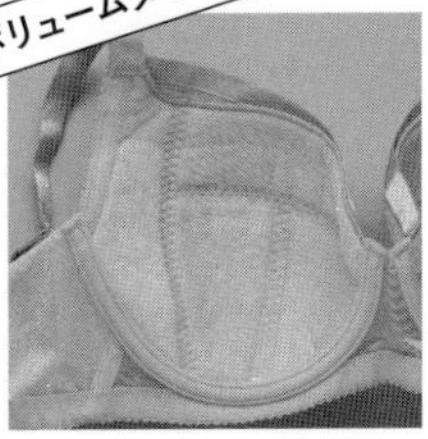

大きいバストを小さく見せたい

・パッド内蔵のブラの場合、パッドを抜くことでボリュームダウン可能。但し、カップ内に隙間ができないように留意。

・バストボリュームを平坦に造形することでミニマム化を叶えてくれるブラジャーもおすすめです。

ボリュームアップ

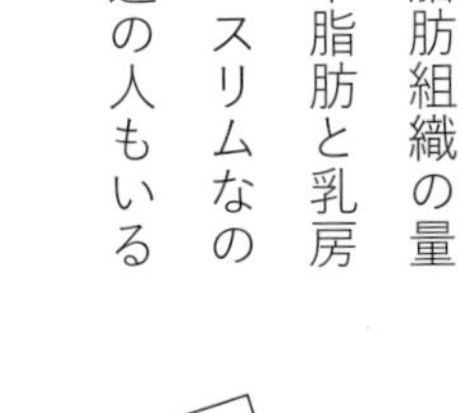

小さなバストを大きく見せたい

・ボリュームアップさせてくれるブラジャー。

・別売のパッドを重ねて、バストメイクを。全体にボリュームアップできるフルカップ（右下写真）。

・下部からバストボリュームアップのレモンパッド（左下写真）。

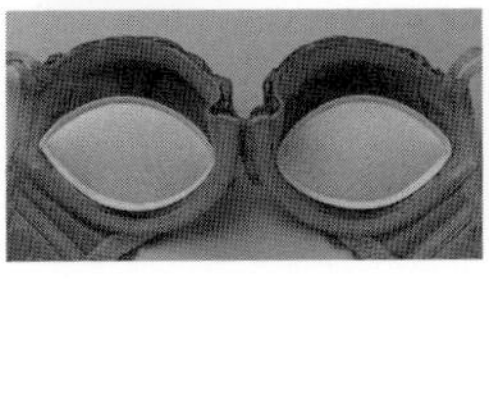

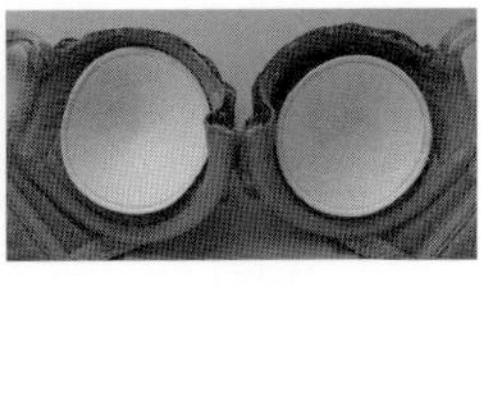

パッド使いの匠になって、
バストメイクを楽しみましょう。

《パッド使い、応用編》

いろんなタイプのパッドを上手に利用して、バストメイクを楽しもう

重宝するレモンパッド
→よせ技、ボリュームアップ

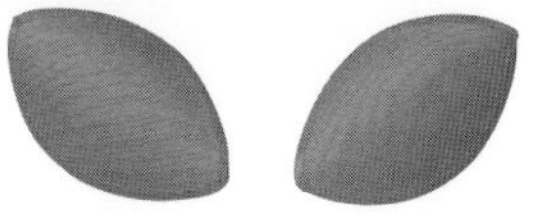

プッシュアップパッド→バストアップ

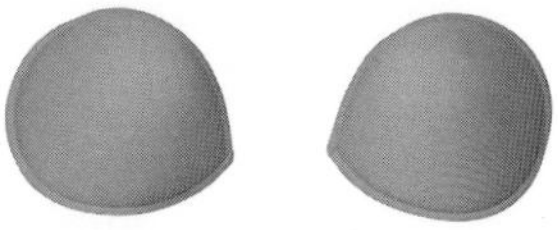

パカパカする

・バスト上部にパッドをセット。

・下部に厚みのあるパッドを入れ、上にレモンパッドをセット。

谷間が欲しい

・ウルトラマンの目のような角度でレモンパッドIN。

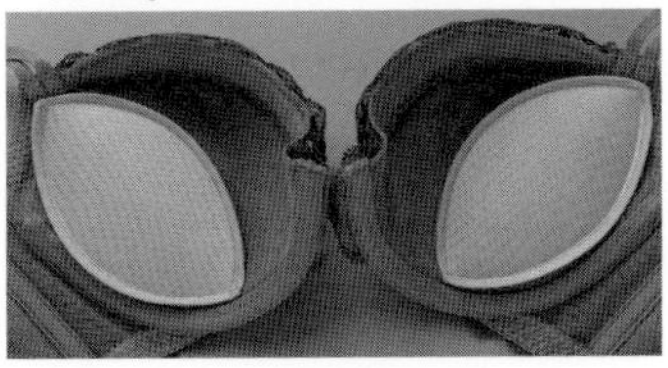

”左右のバストの大きさが違う“

この悩み、貴女だけではありません。ほとんどの女性がそうです。**ブラジャーを買うときは、大きい方のバストに合わせて選んでください。**そして、小さい方のバストに薄いパッドを忍ばせましょう。こうすることで見た目も美しく整いますし、ブラジャーの補整機能も生かされます。以前、私もサイズ差が顕著だったので、サイズオーダーブランドで片方だけパッドを購入し、それを他のブラジャーにも使用していました。隙間をしっかり埋めることで、バストのエイジングスピードをゆるやかにすることができますし、今では左右差が気にならなくなりました。

小さい方のバストのカップに合わせて
ブラジャーを購入した場合

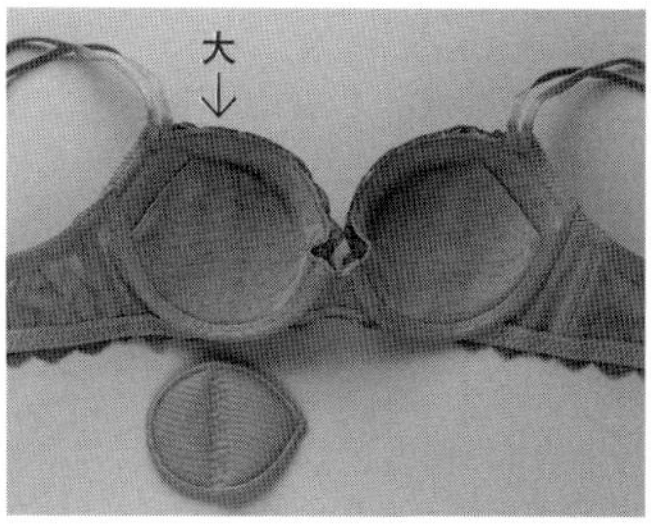

パッド入りのブラジャーは、
大きいバストの方の
パッドを抜いて試してみる。

大きい方のバストのカップに合わせてブラジャーを購入した場合
小さい方にパッドIN

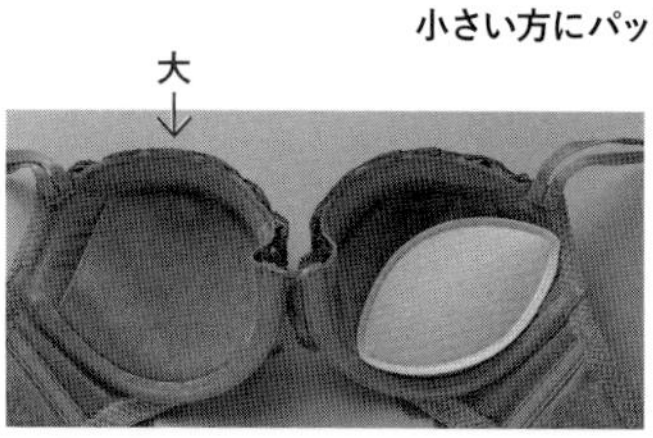

寄せながらボリュームアップ
のレモンパッド。

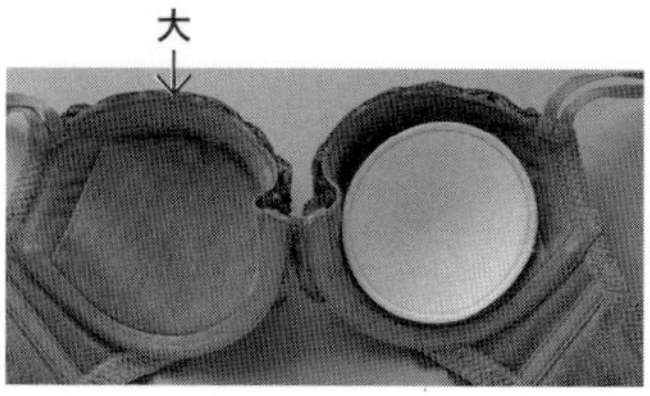

全体的に自然にボリューム
アップのフルパッド。

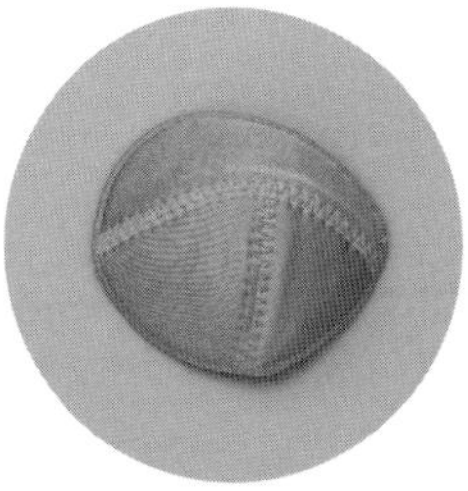

サイズオーダーで
購入したブラパッド

「肩こり」「猫背」はストラップの伸縮度と太さをチェック

ストラップを短くしているとバストの重さを肩が背負ってしまいます。その結果、肩が前方へ引っ張られるので、猫背（ハンガー肩）になりやすいです。

ブラジャーをはずしたときに肩にストラップの食い込み痕がある人はその疑いが……。

「ストラップは添え木」と私はいつも言っています。ストラップでバストを持ち上げるのではなく、ブラジャーの土台部分でバストを持ち上げる。ストラップはあくまでも保険なのです。

ですから、調整するときは肌とストラップの間に親指を1本入れて、親指がスムーズに動かせるぐらいの余裕を持たせるのがベストです。

また、バストボリュームのある人も重さで肩への負担がかかりやすいので、安定感のあるフルカップがおすすめです。肩こりがものすごくつらいときは、ソフトタイプのブラジャーで過ごしてみてください。但し、補整機能は劣るのでコンディションに合わせて使い分けすると良いでしょう。

どれくらい調整すれば良いの？

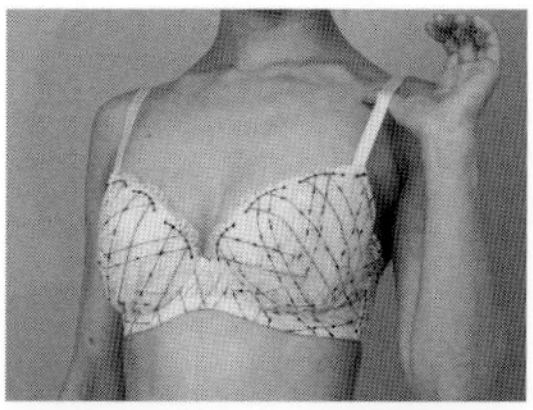

OK 親指がスムーズに動かせるくらい

フルカップ

ソフトブラ

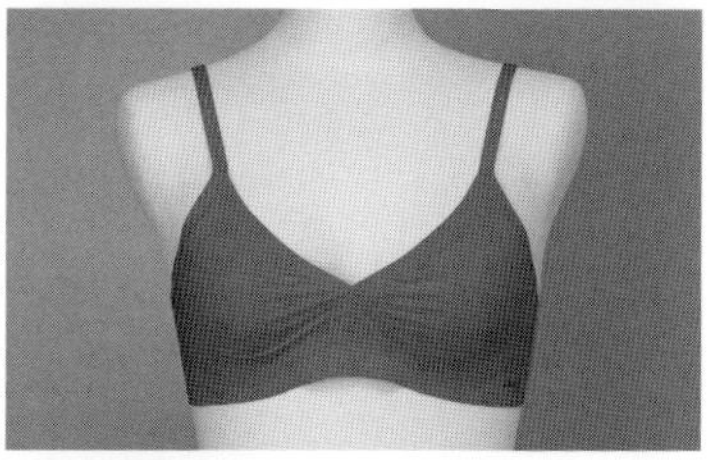

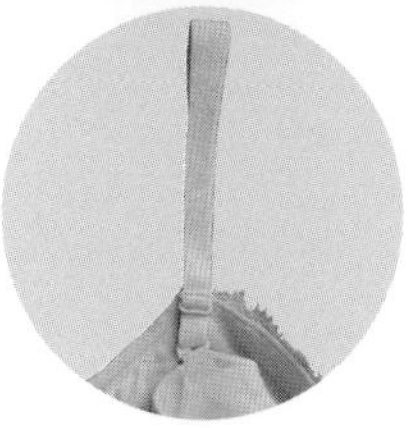

幅太ストラップもおすすめ
ボディにストレスをかけないように、ストラップの伸縮性もしなやか。

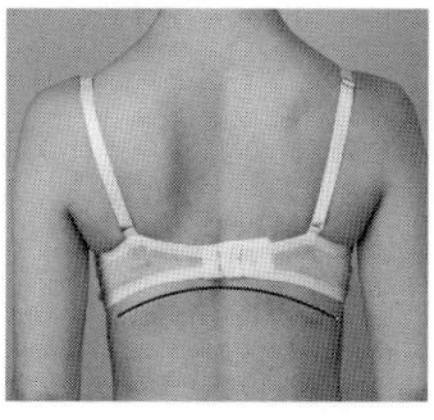

NG ストラップを短くしすぎるとバックがひっぱられてしまう。

ワイヤー痛は、おっぱいからのSOS！すぐにブラ変換を！

ノンワイヤーブラがここまでヒットしたのは、ワイヤーに対してネガティブな印象を持っている人が多くいた証でもあると思います。ワイヤーが痛いというお悩み、多くの女性の共通案件です。下着痛の原因は、ボディと下着の相性のみ！　痛さをもたらすために作られている下着などないので、下着痛のほとんどは違うタイプの下着に替えれば解決します。しかも、**ワイヤーはただバストの輪郭を区分けしているのではなく、体の動きに応じて3次元に角度や開閉幅を変えながらバストを支えています。**見えない場所で柔軟に開いたり、ねじれたりして、体に寄り添っているので、本来、さほどストレスを感じないはずなのです。

年齢を重ねるほどにバストの輪郭は曖昧となり、肉質も柔らかくなるので、実際の幅よりも狭いワイヤーのブラをセットすると当然、痛みを伴います。キャリア世代のバストに応じて、ワイヤーも柔らかく幅広にしているブランドに変換すれば、劇的にワイヤー痛は改善されるはずです。また、骨が当たりフロントにストレスを抱く人はL字ワイヤーを試すのもよいでしょう。

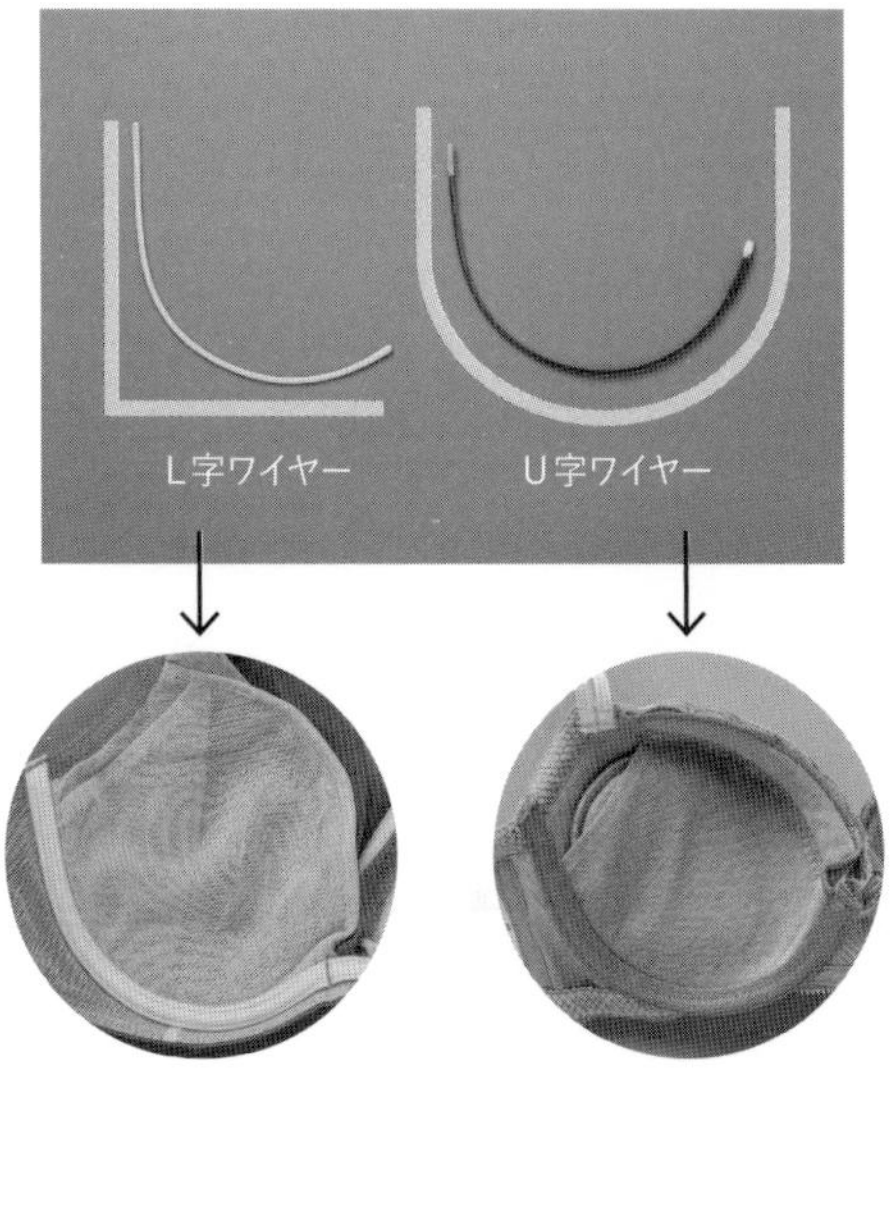

”ノンワイヤーは、バストが垂れるの？“

ワイヤーは、バストの変形を遅らせるためにサポートしてくれる防波堤のようなパーツです。美乳延命のためには、かなり重要なミッションを担っています。ワイヤーが、正円バストの円周の一部になるようにブラジャーを着用することで、バストは美しく整います。ここはバージスラインという名称で、バストはバージスライン下部、つまりワイヤー位置から崩れていくのです。それを遅らせるためにも、バストが正円であるように、日々、意識することが大切です。

バストフォルムをクリアにしてくれるのが、ワイヤーです。ですからノンワイヤーブラは毎日ではなく、1日着けたら翌日はワイヤーありを着用するなど、メリハリをつけるのが得策です……と以前は申しておりましたが、**最近のノンワイヤーの進化は目覚ましく、ワイヤーの代わりとなる機能を備えているものも増えました。**

重要なのは、この「ワイヤー代わりになる機能を備えている」という点。ただのノンワイヤーブラなのか、ワイヤー代わりになる機能を備えているノンワイヤーブラなのかでも、かなり違ってきます。輪郭をクリアにできるか否か、その見極めが肝となります。

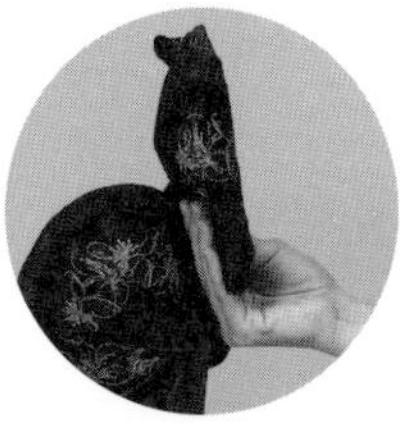
でもノンワイヤーです

バストメイクもこの実力

ノンワイヤーとは思えないカップ裏

「ショーツが食い込む！」クロッチ幅を見直そう

ショーツのVラインに多少の違和感があっても「こんなものだろう」と見過ごしてしまいがちです。でも、それを放っておくと黒ずみとなります。これは、摩擦黒皮（こくひ）症というもので、摩擦や刺激による色素沈着です。

肘や膝は骨の構造上、周囲より突起している分、お洋服の摩擦などの影響で黒ずみやすい部位ですよね。それも摩擦黒皮症です。Vゾーンはショーツという物理的な摩擦を受け、メラニン色素が沈着し、ぼんやりと黒ずみ、いつのまにか摩擦黒皮症となってしまうのです。

この場合、ショーツを選ぶときS、M、Lなどのサイズだけではなくクロッチ幅に着目すると良いです。同じMサイズでもクロッチ幅はショーツによって異なります。**ボディの変化の宿命なのですが、年齢と共に鼠蹊高（そけいこう）（クロッチ部分）は広がり、丸みを帯びてきます。**同時にクロッチ幅の広いショーツ選びに変換させていくことでVラインの圧迫から解放されるはずです。ショーツは試着ができないので、合うサイズに出会えたときにクロッチ幅を自分で測って、次に買う際の参考にすると良いですよ。

また、圧迫のソフトなシームレスやゴム圧のないショーツなどもおすすめです。

クロッチ幅

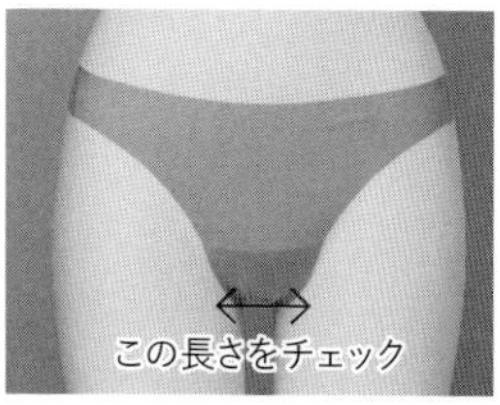

シームレス

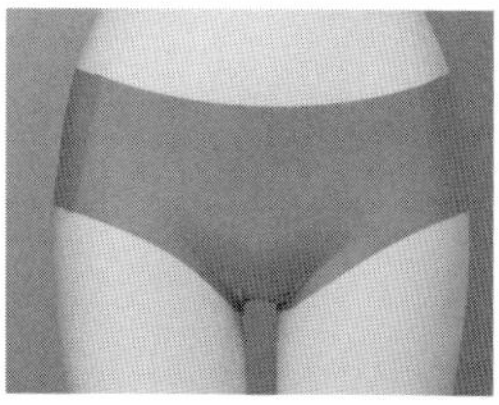

Vラインにゴム圧のないショーツ

”Vラインの黒ずみは、夜のメンズパンツに秘策あり“

ショーツ圧を感じないためには、履かないのがいちばんですが、ショーツはデリケートな部分を保護するためにも大事なアイテムです。

そこで、**夜だけでも圧迫感のないタイプを着用するのをおすすめします。ポイントはゴム圧のないパンツを選ぶこと**です。Vラインにゴムのないヘム（シームレス）加工のものを着用するのもおすすめですが、私は長年、メンズパンツを愛用しています。驚かれるかもしれませんが、かなりの女性が私の後に続いています。

さらに、鎮静効果の期待できるスキンケアをしてからパンツを着用すると、ゴム圧からの解放と同時に、ショーツがパック効果となってくれます。黒ずみ対策のみならず、ぷるんと、お尻のコンディションも良くなります。

メンズパンツ

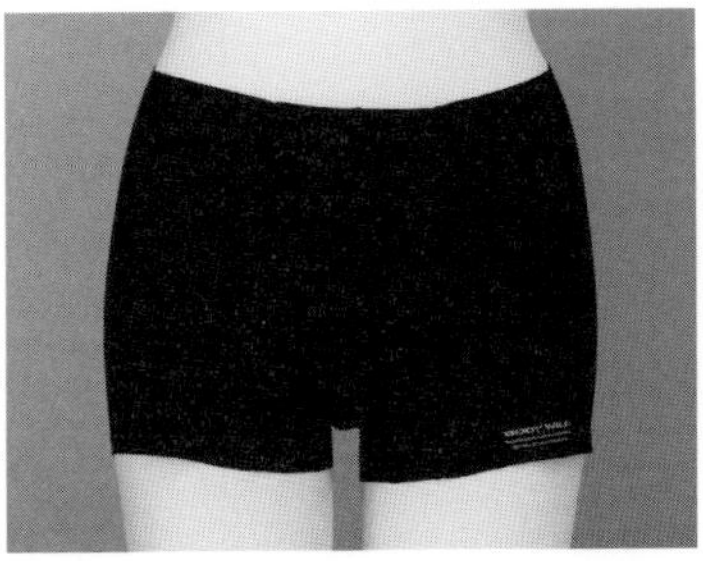

スキンケアも欠かさずに

”悩ましい痒みは、顔と同様のスキンケアを！“

成人の体を覆う皮膚は、表面積にすると全体で1・5～2㎡もあるそうです。凹凸はあれども、皮膚は1枚。当たり前ですが、地続きになっています。つまり、全身がお顔の延長なのです。

バストやヒップをお顔と同様にケアしてあげることは贅沢に感じるかもしれません。でも、顔と同じく自分が一生お付き合いをしていくのですから、どんなに構ってあげても過ぎることはありません。

アレルギーや虫さされなどを除いて、日常的に痒くなる要因は、主に乾燥と圧迫です。スキンケアで乾燥は緩和できます。但し、皮膚トラブルは内部の病気が異変として現れている可能性もあるので、症状によっては専門医に診てもらうことをおすすめします。

痒みのもう一つの要因である圧迫ですが、下着サイズの見直しはもちろんのこと、素材にも気を配りましょう。保湿効果のあるシルクの肌着やパジャマを愛用するのもおすすめです。とはいえ、お肌に良い＝天然素材と思い込むのはタブー。

化学繊維は、天然素材に欠けている難点を研究して生まれているものもあります。美容アプローチを研究して開発された生地もあります。正しい情報を得て、体が受け入れる素材の下着を愛用することをおすすめします。自分が身に着ける素材について理解を深めるのは、大人のたしなみの一つではないでしょうか。

”不眠解消のために“

枕にはこだわるのに、寝巻きはTシャツ……。50代以下の世代は、帰ったらラフな普段着に着替えそのまま寝る人が多く、寝る前にパジャマに着替える人は少数派ということです。

もしも不眠に悩んでいて、アウターのまま寝ているのでしたら、寝巻きにしてみてはいかがでしょうか？**パジャマやナイティは、睡眠時のリラックス効果を促してくれる構造になっています。**快適さが違います。1日の疲れを癒すリラックス感を推重し、満ち足りた休息を得るお手伝いをしてくれます。インナー業界では、パジャマやナイティのようなくつろぎ着を、ホームパーソナルウェアと呼びます。くつろぎ、着やすさ、汗や汚れを吸着させるのを目的とし開発されたものです。

そして、睡眠時用のブラやショーツも必須アイテムにすることをおすすめします。

ナイトアップブラ

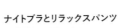

ナイトブラとリラックスパンツ

おやすみパンツ

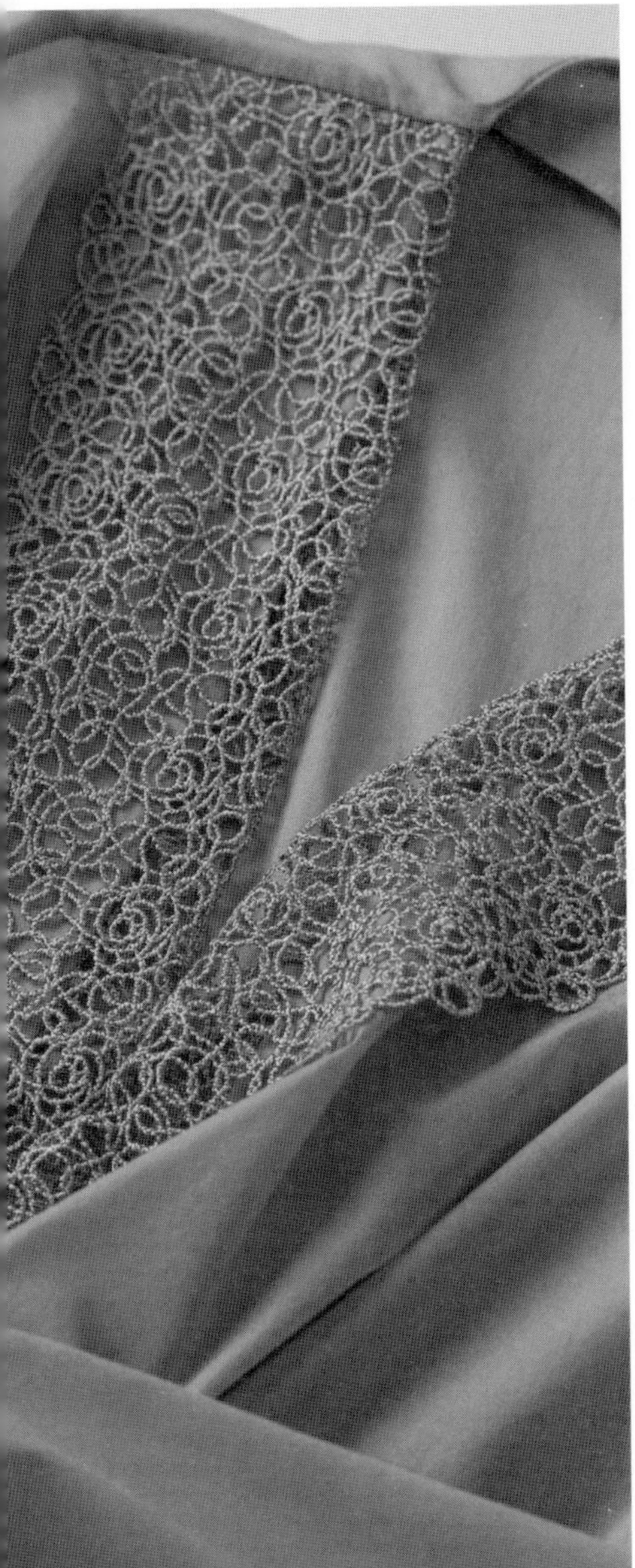

おりものシートで健康管理を

ショーツが最も汚れるのは、デリケートゾーン。衛生面のフォローとして、おりもの専用のシートを貼っている人も多いと思います。フェムテックの時流を受けて、デイリー用の吸水ショーツの愛用者も増加していますが、その選択は目的によって変えてはいかがでしょうか？

おりものシートは、ショーツの汚れを防いでくれるのみならず、健康管理にも役立ちます。女性特有の病気は、おりものの色や状態にも反映されるため、白いシートだと異変に気が付きやすいのです。**取り替えるときは、経血以外の不正出血がないか、おりものの色などに変化はないかを確認**してください。1日中つけっぱなしではなく、こまめに変えることも怠らずに。

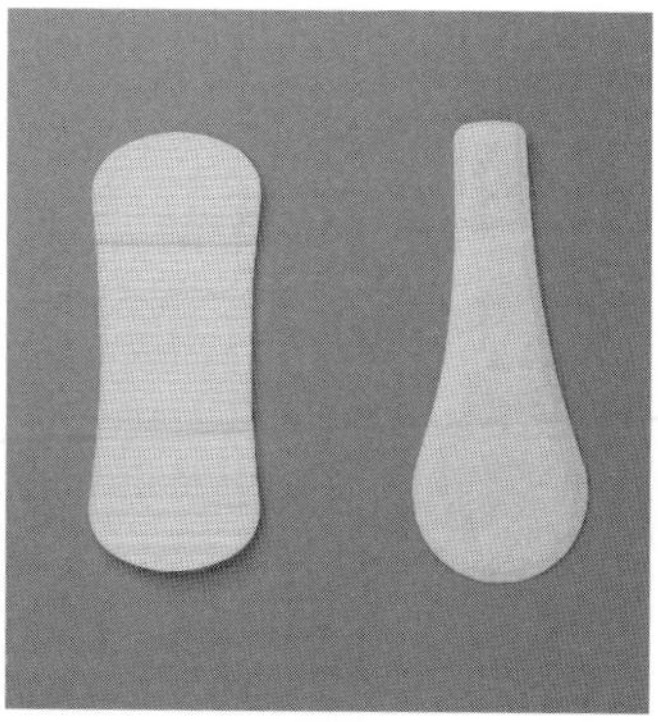
おりものシートの形状も豊富。

生理日の下着を改めて確認

生理は大切なセレモニーです。憂鬱ではありますが、上手につきあうしかありません。この時期はむくみやすいので、ブラジャーを着けるのもストレスに感じるかもしれません。しっかり支えてくれるフルカップや、ブルーデーのボディを思いやって開発されたブラジャーを取り入れましょう。

ショーツは、機能性を備えたサニタリーショーツがおすすめです。経血を漏らさない加工やナプキンをセットしやすいパターン、アモスタイルなど、おしゃれなブランドはブラジャーとのセットアップでサニタリーショーツも豊富に展開しています。**デザインが気に入ったサニタリーショーツを買うと、メンタル面では生理の苦痛が少し軽減されるでしょう。**

そしてその上に、ソフトガードルを是非、着用してみてください。先にも述べたように、ガードルはパワー（伸縮性）の強度によってハードからソフトまで分かれています。ソフトガードルはほど良い補整機能は備えていながら、素肌感覚で着用できますから、生理時のむくみを自然に補整しつつ、しなやかにボディに寄り添ってくれます。経血の漏れ防止にもおすすめです。

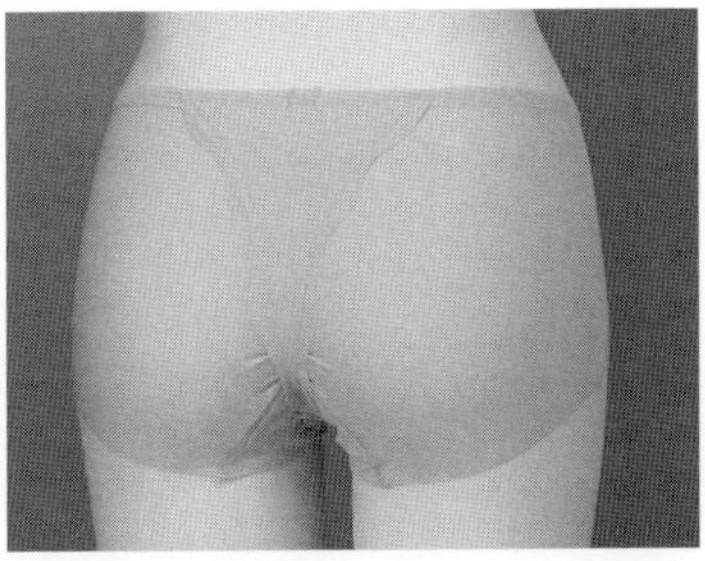

ズレないようにストッパー生地が重ねられているサニタリーショーツ。
透けないシームレスなのでスッキリした印象になる優れもの。

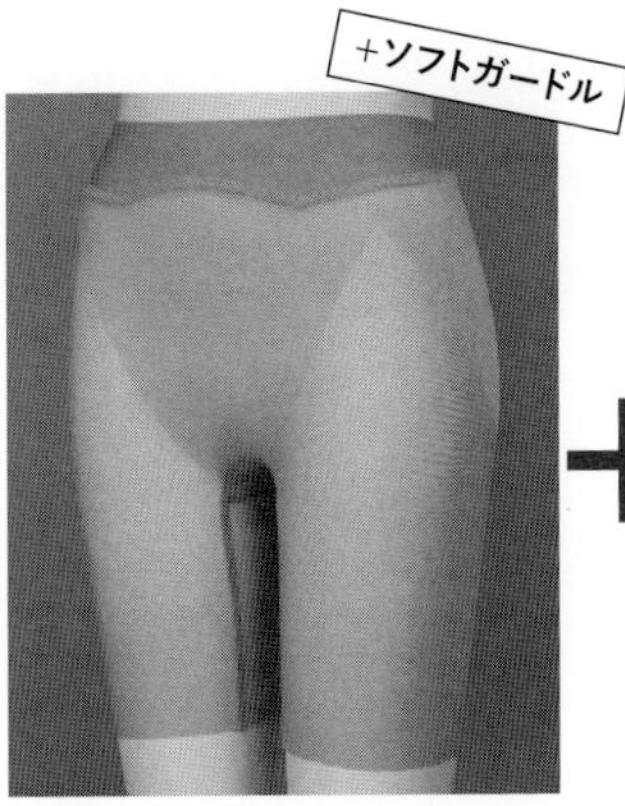

スタイルアップ＆漏れ対策の用心棒。

クロッチ 裏はW素材で羽付きナプキンをセットできる。

生理時のバスト想いのブラジャーも開発されている。

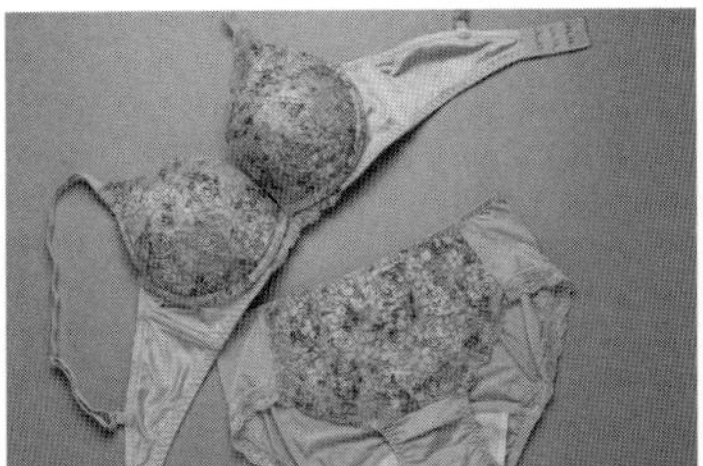

デザイン性のあるブラとセットアップのサニパン。

さまざまなメーカーが吸水ショーツを販売。選択肢の幅が広がっている。

「妊娠しました」産前産後はマタニティ専用インナーを

ドラマティックにボディが変化するのが妊娠、出産の時。妊娠と共に女性のバストは約7カ月で2倍近くにボリュームアップします。また、出産、産褥（さんじょく）期、授乳期、卒乳期に応じて、バストはサイズのみならず内部組織にも変化が見られます。よりデリケートとなり乳頭や乳輪は色素沈着が激しくなります。

腹部と臀部（ヒップ周り）も大きく変化します。お腹は前方に突き出したようになり、胎児の成長とともに背骨は大きくカーブします。臀部も出産に耐えられるように脂肪がつき、骨盤はグッと広がります。

神秘的なことですが、ボディへの負担は大きく様々な体のつらさを痛感する時期でもあります。そのサポートをしてくれるのがマタニティ専用の下着です。子どもができると出費も多く、いつもの下着でなんとか乗り切ろうと思うかもしれませんが、マタニティインナーを着用して、少しでも楽な心地を手に入れてほしいです。

〈妊娠時の体形変化図〉

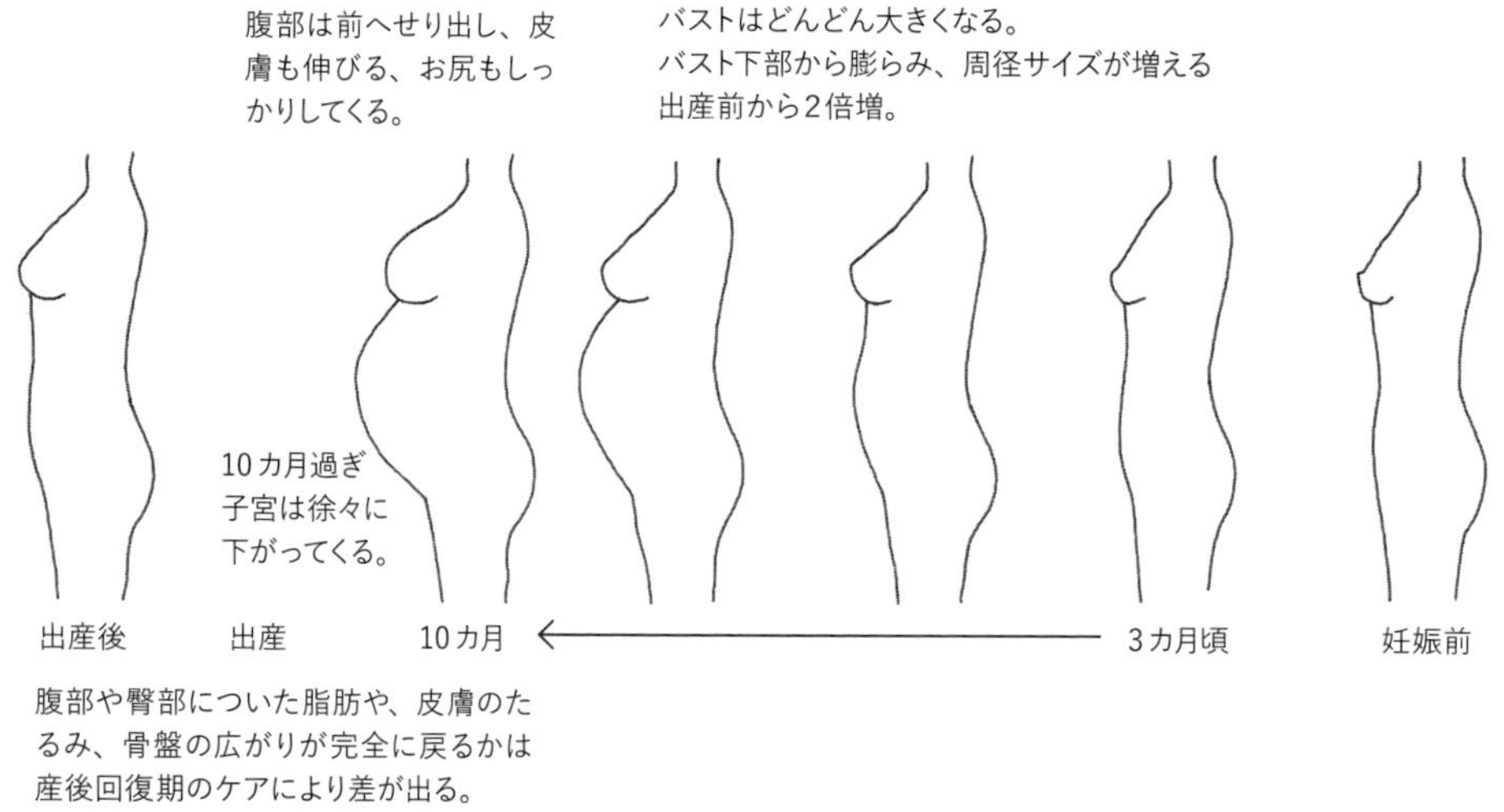
腹部は前へせり出し、皮膚も伸びる、お尻もしっかりしてくる。
バストはどんどん大きくなる。
バスト下部から膨らみ、周径サイズが増える
出産前から2倍増。
10カ月過ぎ
子宮は徐々に
下がってくる。
出産後
出産
10カ月
3カ月頃
妊娠前
腹部や臀部についた脂肪や、皮膚のたるみ、骨盤の広がりが完全に戻るかは産後回復期のケアにより差が出る。

「二人分の健康管理」赤ちゃん下着とママの下着

愛おしい我が子の誕生。子育ての幕開けです。ベビちゃんの肌着は、素材の心地よさと通気性、そしておしっこやうんちの不快感軽減や、衛生面を配慮したものを選びたいものです。

出産と共に、赤ちゃん優先で自分のことは後回しになりがちですが、出産直後のママの体は赤ちゃん同様にかなりデリケートです。労わりましょう。

バストは乳口が開いて雑菌が入りやすくなっています。ブラ選びと搾乳（さくにゅう）が大切です。授乳しやすい開閉ブラもあります。また、出産で開いた骨盤や股関節を戻すアシストをしてくれる産後用のガードルもあります。

とはいえ、あれこれお金がかかるのも現実です。代用ブラとして、伸縮性の良いソフトブラなら、ブラをはずさずに授乳できます。但し、そのままずっとソフトブラばかり着用し、数年後にバストの劣化にハッと気づいて私のところに駆け込んでくる女性は多くいます。

美しいフォルムを求めるのなら、**卒乳頃からは、バージスラインをクリアにできるブラ選びにシフトすること**をおすすめします。肉質も出産前と比べて変化しているので、ブラジャーは特に慎重に選びましょう。

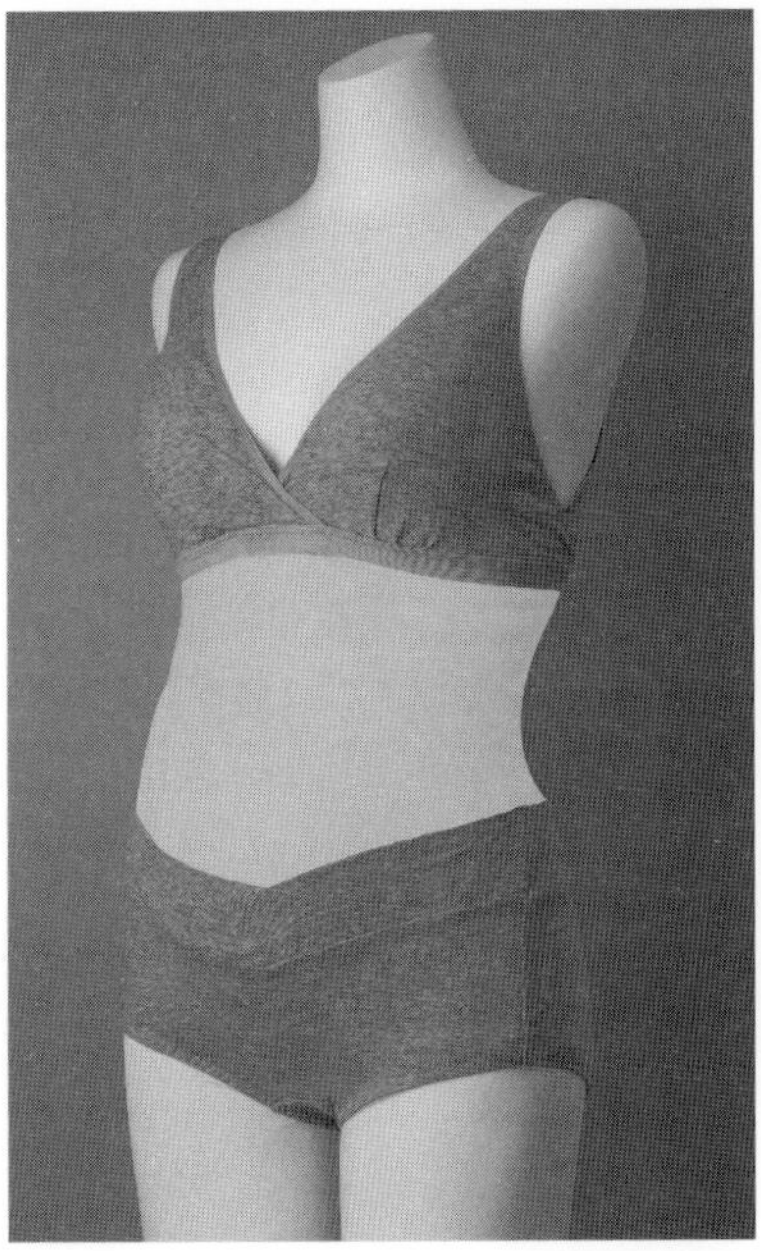

"愛しい娘に、ブラを選ぶとき"

娘さんの発育は、その環境によって将来にも影響が出ることになるので、親は責任重大です。思春期は、変化する自分のバストのスピードに、心が追いつかないこともままあります。バストトップが少しふくらんできた段階から、さり気なく気にかけて、段階に応じた子ども用ブラを娘さんと一緒に、選びに行きましょう。

まず、**子ども用ブラと大人用ブラは全く別物であることを知ってください。**

成長期は、成長を妨げない子ども用ブラをチョイス。小学校から中学校でダンスが必修科目の今は、子ども用のスポーツブラも品揃えが充実しています。

そして、大人バストになった後は是非、バストのメカニズムを教えてあげてください。学校の教科書には載っていませんが、ブラ選びが美容と健康にどれほど影響するのか、この本を通じて貴女が得た「下着学」を、娘さんに是非受け継いでください。

バストは、一度崩れると元通りに戻すことは困難です。崩れる前に、先手先手でケアすることが本当に大切なので、子どもに任せず、親がリードしてあげてください。

E65サイズのジュニアブラ
大人サイズでも成長過程のバストにはジュニア用ブラを。

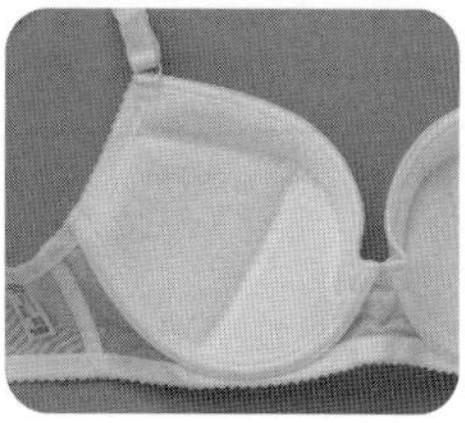

成長期のバストに配慮したカップ裏。

ジュニアブラ
成長段階に応じてブラジャーの作りも異なるので、まめに更新を！

ジュニアスポーツブラ
成長期のバストの運動時を考慮して開発。

”からだ想いのシニアインナーで心も楽に“

シャツのボタンが閉めにくくなった。肩が上がらない。生地が皮膚に当たるのがつらい……年齢を重ねると、体は些細なことにも敏感になっていきます。

そして、いつしかブラジャーも苦痛となり、ノーブラ人生に……でも、着けた方が快適になるとしたら、どうでしょう？　ストレスを軽減してくれる、**シニア世代のボディを癒すために開発された下着があるのです。**伸縮性の良さ、肌あたりのソフト感はもちろん、着脱のしやすさにまで配慮されています。

特に、バストから腰回りまでを包むブラキャミソールは、年下世代のそれとは用途が異なります。シニアのボディスーツは、ボディラインを軽～く整え、体形コンプレックスを軽減させてくれます。何よりも、腰や背中を支えてくれたり、骨盤をサポートしてくれるので、下着を着けた方が動きやすいと実感する人が多いそうです。私も70代、80代になったら愛用する予定です。

Senior inner

第5章

メノポーズケア
～更年期を控えたボディへの下着美容～

前途洋々

good prospects

生理が来なくなった。
婦人科へ行ったら、更年期の入口で閉経へ向かっていると言われた。
更年期が来るのは正常なことなのかもしれないけれど、
寂しさを覚えた。
いつまで続くの？　このしんどさ。
……一緒に変化の時期を乗り越えていきましょう。

”プレ更年期ボディを思いやる下着変換とは“

私の体、今までと何かが違う、いつもしんどい……下着は、そんな貴女の変化にも対応してくれます。つらい症状を年だから仕方ないと我慢するのではなく、過保護にしてあげませんか？

プレ更年期と呼ばれる時期からは特に、体の状態に合う下着選びを優先してあげましょう。

年齢に応じて洋服や化粧品は変えていくのに、下着はずっと同じブランドを愛用しているという人は多いかもしれません。長年愛用し続けているブランドの下着がボディに合っているのなら問題ありませんが、**多少でも違和感を覚えた場合は、下着変換を試みてはいかがでしょう。それだけで、えっ、今までのつらさはなんだったの？　と思うほど、快適になることがあるのです。**

大手下着メーカーは、複数のブランドで商品を出しており、それぞれのコンセプトに合わせて下着の作り方を少しずつ変えています。ブランドの違いは、デザインの方向性だけではなく、女性の体の変化に対応して「からだ思い」に配慮されているのです。

とはいえ、下着は病気を治すものではありません。つらさを軽減させてはくれますが、根本の解決までは至りません。生理周期など体に異変を感じた時は、迷わず医療機関へ。婦人科へ行くと、血液検査でホルモン量、卵子の数など項目別に数値が出て、それで更年期か否かを知ることができます。

＼ 更年期の不調はまず婦人科へ！ ／

女性ホルモン検査（採血検査）でわかること

エストラジオール（E2）主に卵巣から分泌される卵胞ホルモン。肌を美しく保持するなど、女性らしさをつくる。分泌量は20代でピークを迎え、45～55歳あたりで急激に減少する。骨量保持の役割も担っており、このホルモンが減ることで骨粗鬆症が起こりやすい。

プロゲステロン（P4）排卵直後から分泌量が増え、受精卵が着床しやすいように妊娠の準備を促すホルモン。乳腺を発達させる、子宮内膜の増殖を抑える働きも担っている。

黄体形成ホルモン（LH）卵巣に働きかけて排卵を誘発するホルモン。プロゲステロンの分泌を促す働きもしている。子宮内膜の調整も行う。高値だと排卵障害の原因や、多囊胞性卵巣症候群の可能性がある。

卵胞刺激ホルモン（FSH）卵胞を成熟させるホルモン。エストロゲンの分泌を促す働きもしている。極端な高値では排卵障害や早発閉経、卵巣機能不全などが疑われる。更年期などで卵巣機能が低下してくると高値に。

プロラクチン（PRL）別名乳汁分泌ホルモンとも呼ばれ、妊娠後期から授乳期に増加する。卵巣機能に影響を与え、高値だと排卵障害や、卵子の質も低下すると考えられている。月経不順や不妊の原因となる。

”多汗・ホットフラッシュは、夏用インナーで対策を“

ほてり、のぼせ、ホットフラッシュ、動悸、めまい、そして多汗。個人差はありますが45歳あたりから、エストロゲンの減少により引き起こされる症状は更年期の特徴のひとつです。一日に何度も顔がかーっと熱くなり、頭部と胸部にどっと汗をかく人もいます。

更年期が引き起こす症状は、抗えない部分もありますが、汗はできれば人に知られたくないですよね。お洋服の汗ジミもそうですが、そのままにしていると臭いも気になりますし、冷えの要因にもなります。

エイジングの汗を蹴散らす策は、猛暑対策が活用できます。夏用の肌着で対応してみてください。接触冷感、吸水速乾などが期待できるので、**冬場でもあえて夏用の肌着を着用することで、多少なりともカバーしてくれます。**

脇汗対策には、使い捨て脇パッドもおすすめです。ブラジャーのサイドにセットして、汗をかいたら付け替えます。ブラジャーに染み込んだ脇汗は、黄ばみの原因にもなるので、ブラを長持ちさせるためにもおすすめします。

ブラ+使い捨てパッド

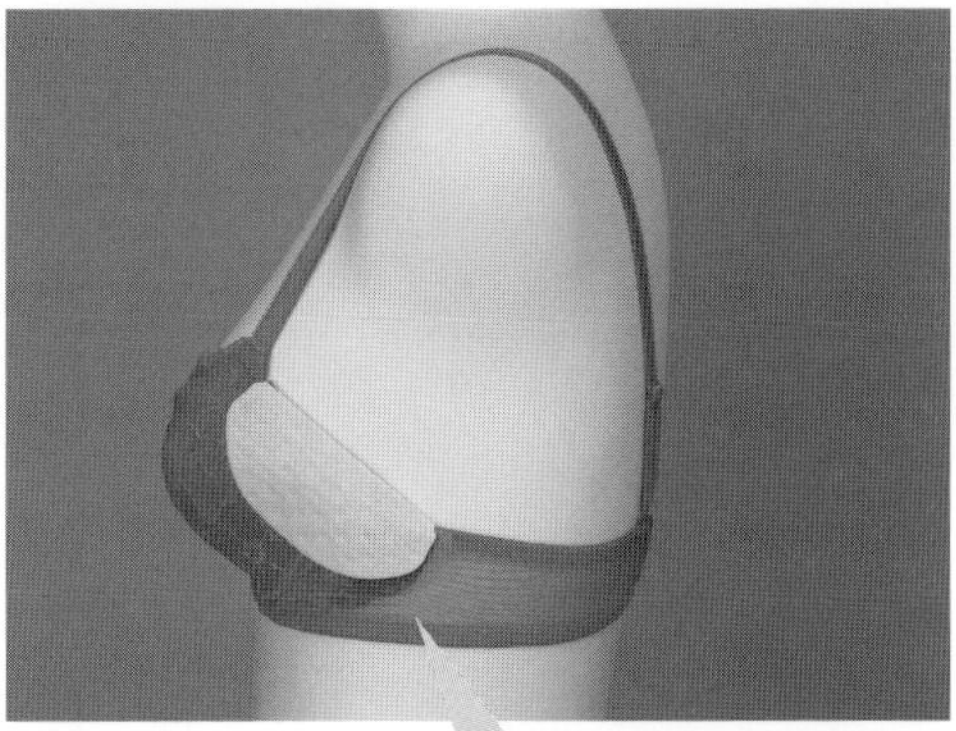

パッドのみ
白や黒などがある。
下着のカラーに
合わせて選んでも。

まさかの加齢臭？ ニオイを残さない下着テク

もしや私、臭っている……？と不安になるお年頃。そう、女性にも加齢臭があります。前頁で触れた多汗もその一因ですが、年齢と共に皮脂の中にノネナールという成分が溜まり、それが古い油のような臭いを発するそうです。もちろん個人差はありますが、ノネナールは20代～30代はほとんどないのに、40代になると男女問わず増え、加齢臭を発生させるのです。

臭いが出やすいのは、頭や耳や首の後ろ、さらに胸、背中、お腹です。胸、背中、お腹といえば下着のエリア。**それならば、下着で消臭という手もあるはずです。**皮脂を圧迫しないブラ選び、そして、消臭加工された肌着を着用することが臭い対策につながります。

ホルモンバランスの影響で、デリケートゾーン臭も強くなる場合があります。パンティライナーをまめに取り替えて、いつもフレッシュなショーツ環境を整える！ そして下着に臭いがこびりつかないように、着用後はすぐに洗う！ あたりまえのことを丁寧にすることが、嫌な臭いとおさらばできる得策なのです。

頻尿、尿もれは、誰もがいずれ通る道

プレ更年期は生理周期の乱れのみならず、夜間の頻尿などの症状が出る人も多いです。エストロゲンなどの女性ホルモンの分泌低下によって、骨盤底筋がゆるむことが原因と考えられています。尿に関することは恥ずかしくて、みんながどうしているのか聞けない……という人も多いでしょう。下着はあくまでもアシストアイテム。**頻尿を改善してくれる下着はありませんが、頻尿の心配を軽やかにしてくれるものはあります。**

吸水速乾パンツ、消臭パンツ、尿もれパッドを付けやすいポケット付きショーツ。ナイト用のサニパンも代用品として使えます。

閉経前は夜間に、閉経後は日中でも顕著な頻尿を伴うのが女性の体の摂理です。かと言って、水分を控えるのはいけません。女性の自尊心を傷つける現実ですが、誰もがいずれ通る道。大丈夫。貴女だけではありません。

ゲリラ生理「サニパン×パンティライナー」の用心棒を

閉経前に周期が乱れ、**予期せぬタイミングで生理がくる。これはプレ更年期の特徴です。**私はこれを、ゲリラ生理と呼んでいます。経血が洋服に漏れては大変です。かと言って、年がら年中ナプキンをセットしておくのも現実的ではありません。

まず、常日頃からパンティライナーを愛用することをおすすめします。デリケートゾーンを清潔に保つアイテムですが、吸水力が優秀ですので、ある程度の経血でしたら受け止めてくれます。トイレに行く都度、パンティライナーを確認すれば、生理になった瞬間にライナーからナプキンにバトンタッチすれば良いのです。

ちょっと不安な時期は、ナプキンなしでサニタリーパンツや吸水ショーツを着用するのも良いでしょう。漏れ対策や消臭機能もあるので、万が一のゲリラ生理のときでも通常のショーツよりははるかに頼りになります。デザインが可愛いものでしたらテンションも下がりませんから、遊び心を出して若者向けブランドでサニパンを買うのもいいでしょう。

但し、不正出血は病気のシグナルの可能性もあります。医療機関へ行くことが大切です。

吸水ショーツ

ゲリラ生理時もフォローしてくれる

使い捨てパンツ

旅行や出張などの睡眠時も安心

デカサニパン

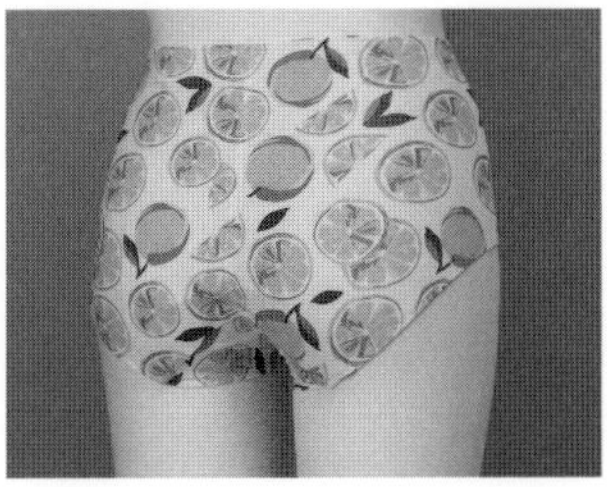

ポップなデザインでマインドアップ

”お肌は色を感知する——下着の色が肌にもたらす効果を知っておきましょう！“

冷えをどうにかしたい！

赤

冷え対策は赤い下着！
あったかインナーに赤が多いのは、実際、赤色が体温アップに貢献してくれるからです。（前述したように、目が色を感知するタンパク質オプシンは皮膚にもあるのです）。イタリアでは、新年に赤い下着を恋人に贈る習慣がある地方もあります。赤は愛を象徴するランジェリーカラーでもあるのです。そう思うと、冷え対策しながらエレガントな気分を味わえますよ。

イライラを解消したい
優しくなりたい！

ピンク

ピンクの下着、特に淡い色のものを身に着けると優しい気持ちになります。女性の下着の色は30代になるとぐっとブラックの占有率が増えます。ピンクってしばらく買っていない。もう気恥ずかしい。そういう30代女性はかなり多いようです。黒には黒の美点がありますが、是非、ラインナップの1枚としてピンクの下着を仲間入りさせてあげてください。イライラする日、しそうな日にピンクを着用すると心が柔らかく塗り替えられていきますよ。

心の安定を図りたい！

ラベンダーやサックス

睡眠時、落ち着く色はラベンダーやサックス（水色）です。動悸、緊張など更年期に起こりやすいネガティブな状態をセーブしてくれます。また、集中力を高める効果もあるといわれているので、慌ただしい日々にもこの色を選んでみては？

心を清廉にしたい！
リセットしたい！

白

白は純粋な色、神職の方々の下着は白い襦袢。神様に会う時の下着のドレスコードカラーは白というわけです。精神状態を整えてくれるのみならず、着用すると新たな気持ちで物事に向き合えます。心を塗り替えたいとき、新しいことを迎えたいときには、白い下着ですね。

便秘解消！
腸の調子をよくする！

黄色

金運アップの色として認知されている黄色ですが、便運アップも期待できます。トイレのマットやカバーを黄色系にすると、お通じが良くなる効能があるという研究結果も。消化器系の機能を活発にするカラー効果があると言われています。

孤高の黒！
不安な日は避けるべし

黒

強さを与える心理的効果があるという黒。赤がアグレッシブな強さなら、黒は内に向かうパワーを秘めています。ですから、不安な時に黒の下着を着用すると発散できず、深みにハマる可能性も。一方、シェイプカラーでもあるので、引き締めたい時などにはやはり黒です。

今までと違う下着痛対策
〜タグが痛い、キツい、下着の痕がつく〜

下着のストレスは年代によっても変化します。当然、下着メーカーはそのことへ配慮した商品を日進月歩で開発しています。「年齢を重ねたのだから仕方がない」とあきらめずに、「今の私はね、下着のここがイヤなの！」というネガティブ要素を、下着売り場の販売員さんに打ち明けてみてください。下着ストレスを相談すると、その悩みを解決してくれる下着を必ず紹介してくれるはずです。**目にはリーディンググラスを追加するように、便利グッズの用途で下着に頼って良いのです。**

ほんの数例ですが、エイジングにより過敏になったボディを思いやる名品がこんなにあります。

《ソフトさ、太さ、楽さを追いかける！》

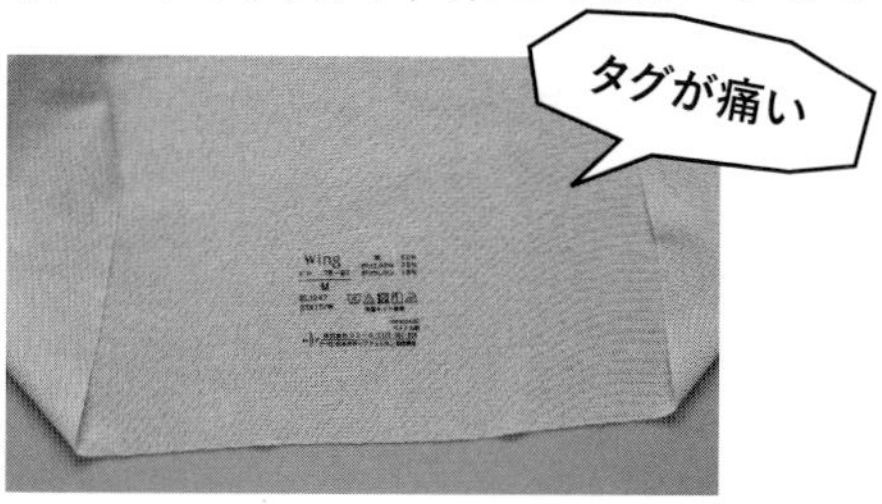

タグ、つまり品質表示は衣類の必要情報が記載されています。下着メーカーはタグの素材もかなりしなやかなものを選んでいます。それでもチクチクするという人は、タグの情報が衣類に直接プリントしてあるインナーが良いでしょう。

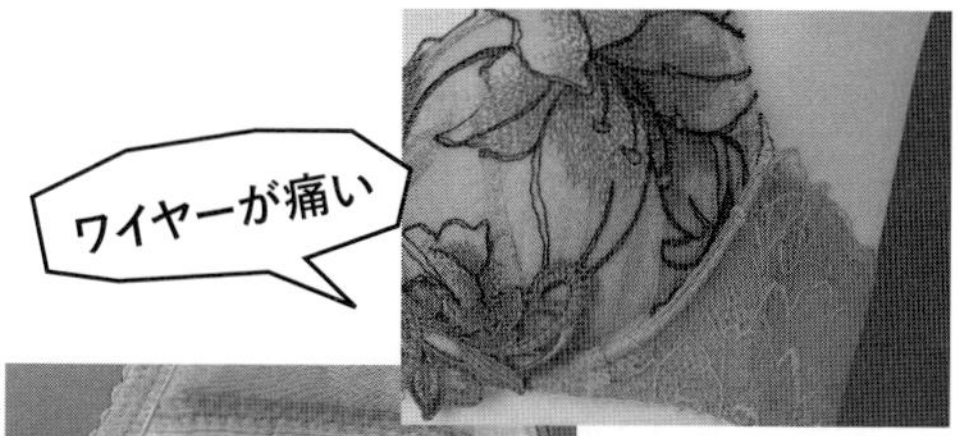

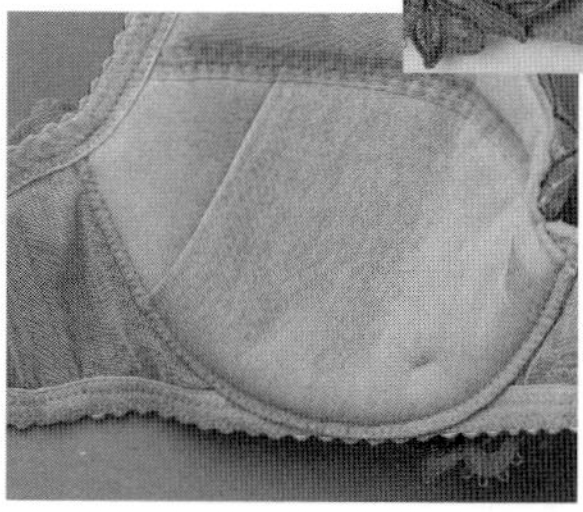

ワイヤーをカップの内側ではなく、カップの表側につけることで、ワイヤーの当たりを軽減させている。縫製もなるべく縫い目や生地重ねのないように工夫している。

見た目はオシャレなのに
着け心地は快適な仕掛けがこんなに！

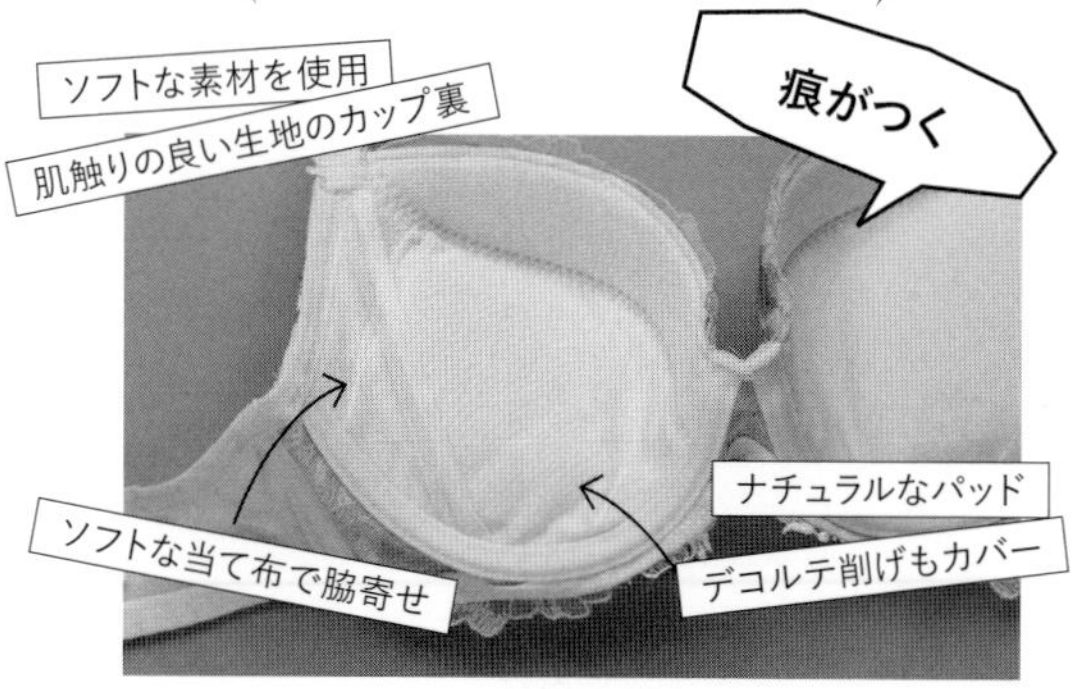

サイズを見直す。ブラジャーの場合はまずホック調整してみる。それでも痕がつく場合は、年齢によるボディ変化に配慮したブランドに変換！ ボディメイクは叶えるが、下着圧はソフトになっているので痕がつきにくい。

ストラップの太さ・伸縮性

肩にあたる部分を最も太くして、肩への負担を軽減。

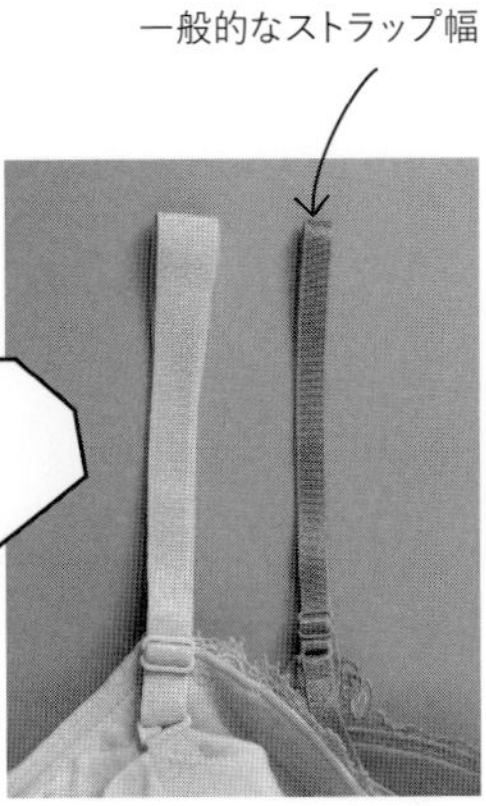

サイズは合っているのにキツく感じる

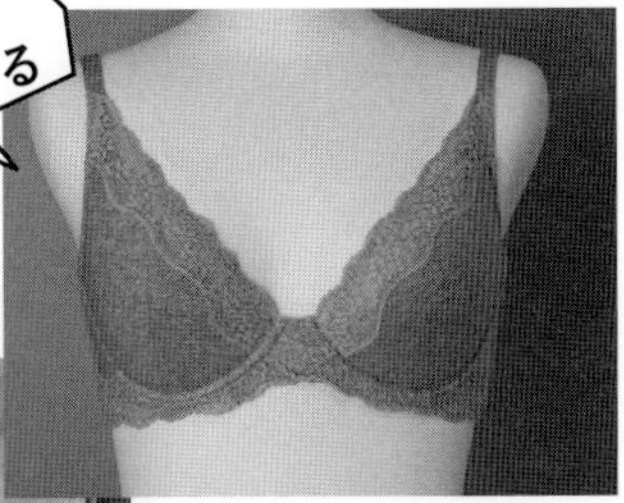

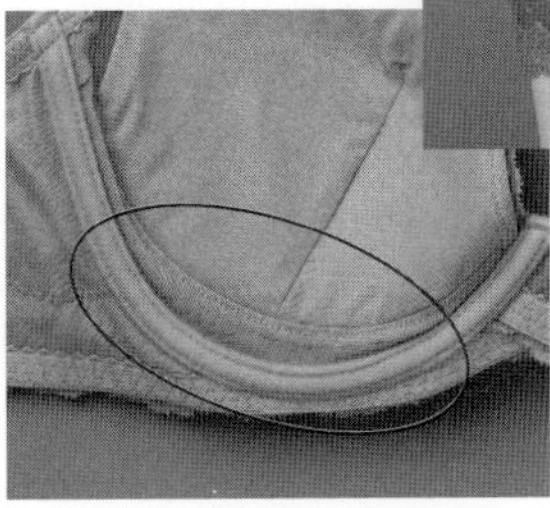

カップ下部に伸縮性を持たせたむくみ対策ブラ。

伸縮性の良い（ソフトな）素材のものをセレクトする。土台ベルトが太いもの、よく伸びるもの、朝晩でむくみ度が違う体質へも配慮したもの、色々とあります。

安定感のある土台

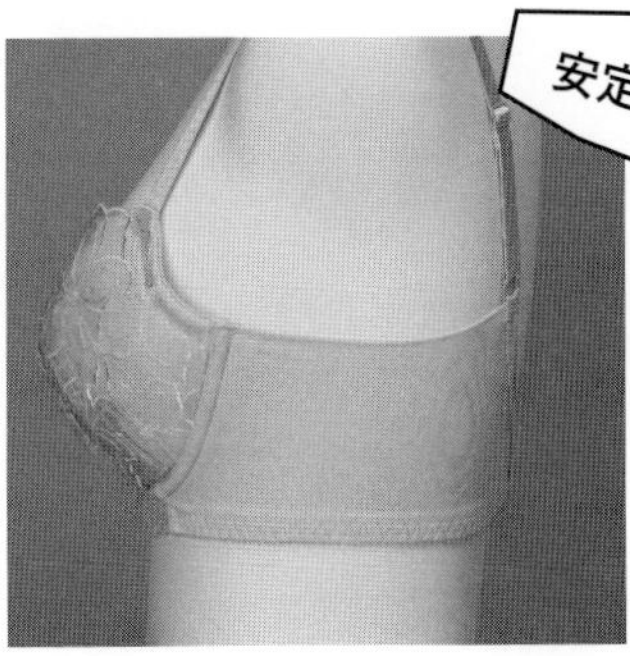

幅広で縫い目の少ない土台ベルト。伸縮性もあり、素肌のように肌馴染みが良い。

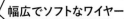

幅広でソフトなワイヤー

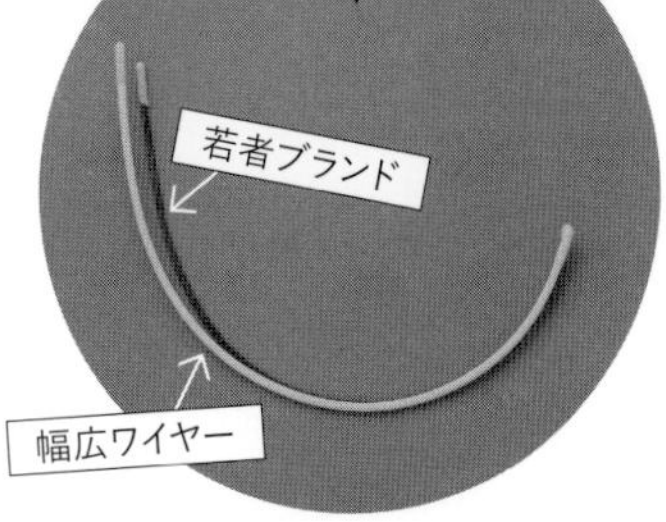

曖昧になってきたバストラインを広い範囲から包み込み、中央へ誘う。同じブラサイズでも若者ブランドのワイヤーと重ねると、幅広で長い。

幅広クロッチ

同じサイズでもクロッチ幅が微秒に広くなっている。
年齢を重ねると鼠径部にも脂肪がつき、丸みが増す。

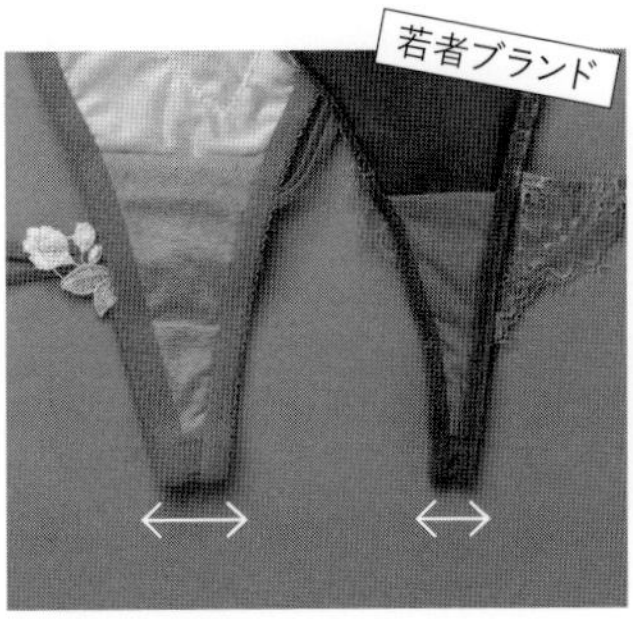

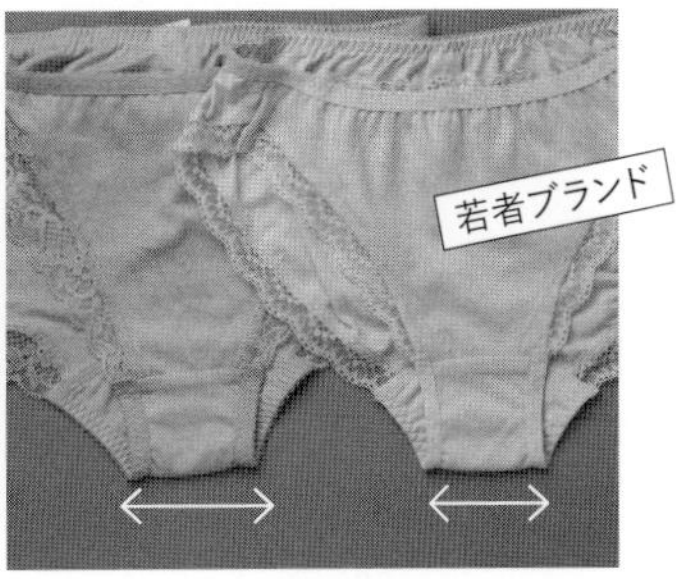

乳がん術後のボディケアインナー

乳がんの罹患率（りかんりつ）は30代後半から急増します。日本人女性の年間乳がん罹患数は、約9万5000人（2021年予測）。9人に1人が、乳がんになる時代です。早期発見の場合、10年生存率は9割を超え、命へのリスクは少ないがんと言われています。**早期発見のためにも、常に自分のバストを自身で触診し、さらに定期的に検診を行うことを心がけたいものです。**

9人に1人がなるとわかっていても、乳がんになってしまったらやはり不安ですし、下着選びなど、日常生活にも支障は出てきます。

ワコールを筆頭に、専任アドバイザーが適した下着を選んでくれるメーカーもあります。体にやさしい設計で、見た目への配慮も行き届いた下着にてボディケアを。

自分のボディを構ってあげる

バストに「触れる、見る」ことを習慣化し、体のささいな変化にも敏感になることが大切です。

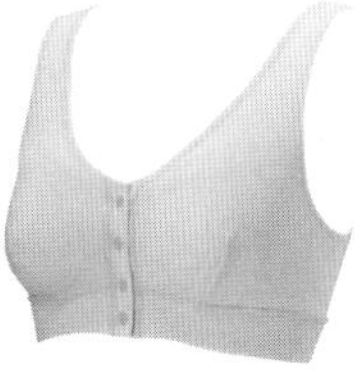

術後、着脱しやすい前開きスナップ。

サロン
相談や試着を無料で対応してくれるワコールリマンマルーム。

デザインも素敵な上、ブラとショーツのセットアップ商品もあります。

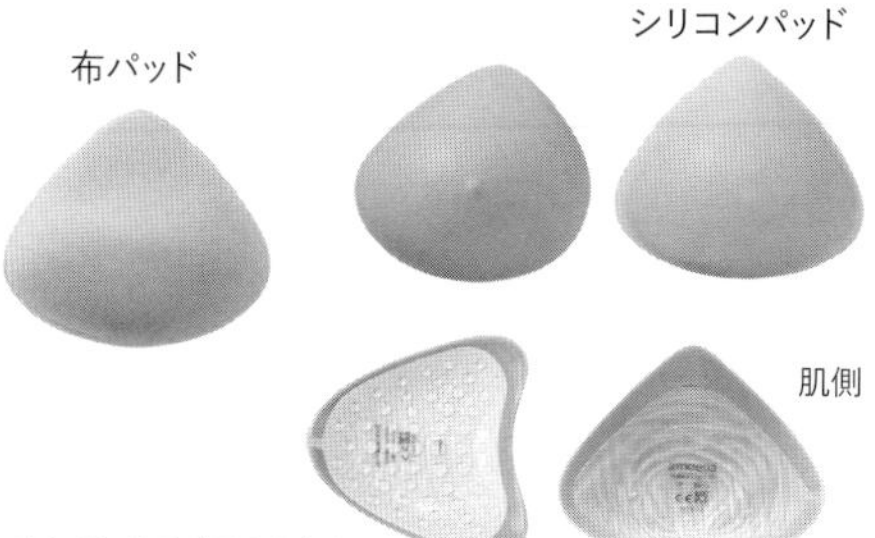

＊それぞれ品番が異なります

パッドバリエーション

写真提供：ワコール　WACOAL Remamma　商品に関するお問い合わせ　☎ 0120-037-056

《セルフチェック法（見る、触る、つまむ）》

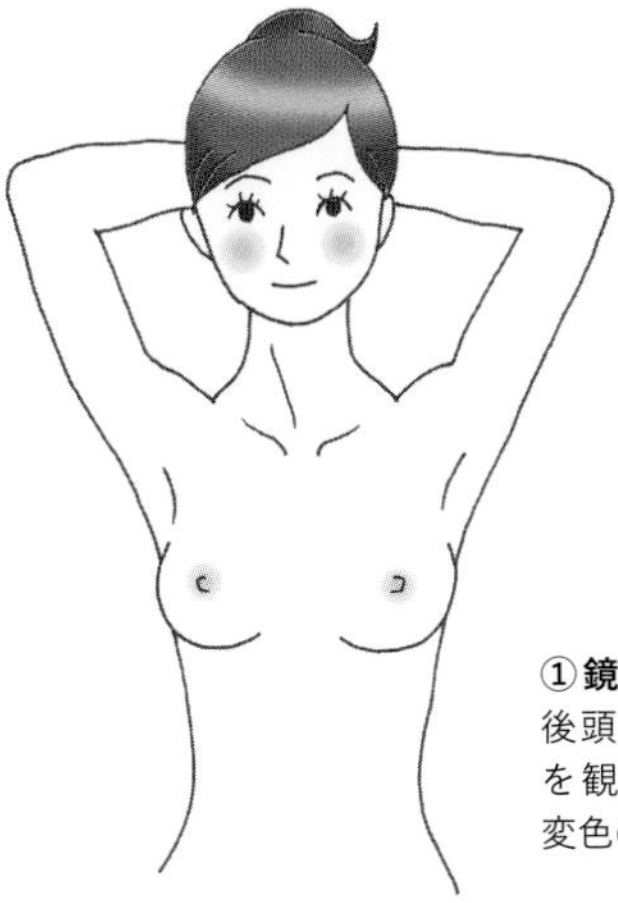

①鏡でヌードバストを見る。
後頭部で両手を組み、バストを観察。くぼみ、ひきつり、変色の確認を。

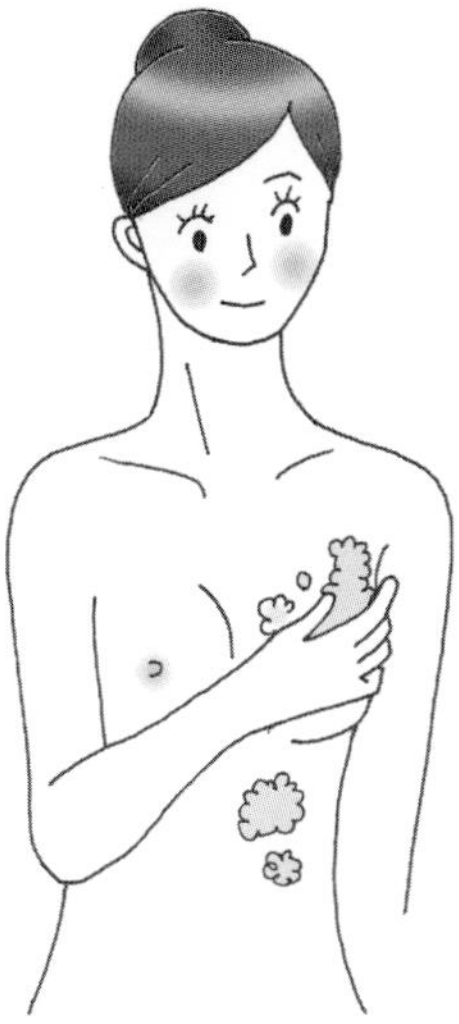

②くるくる触診
立ったままと、横になった状態で、バストに小さな「の」の字を何度も書くように触診。脇の下もチェックしましょう。自己触診で気がつくのはしこりが2cmぐらいからと言われています。しこりは5年で1cm、8年で2cmになるそうです。普段からバストをチェックして、少しでも異常を感じたら、婦人科検診を受けることをおすすめします。

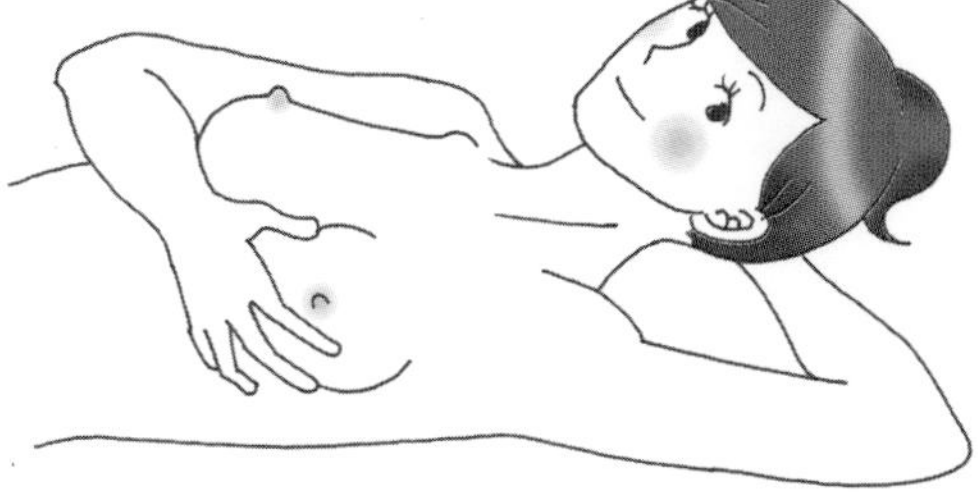

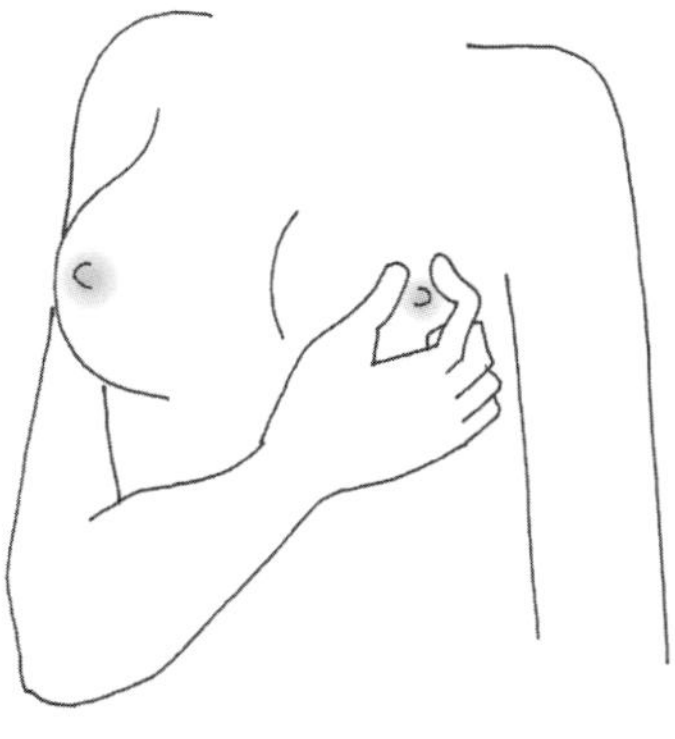

③バストトップを軽くつまむ
乳首の根本を軽くつまんで、分泌物が出ないかチェック。
脱いだブラジャーの内側に血液のような汚れがついている時も要注意です。

参考：日本乳癌学会 資料より

”肌の鮮度がアップする
〜インポートランジェリーを着こなす〜“

インポートランジェリーに包まれると、心が豊かになります。

インポートランジェリーにはハイクラスなものや、デザインが華やかなものが多く、着用すると理屈抜きで、なぜ高価であるのか、肌で納得できるはずです。手仕事による優雅さのみならず、素材が肌にしっくりと馴染んでくれる感触の良さ。

日本のメーカーのものでも素材の良いものは多数ありますが、インポートならではの特別感、気高さを感じるはずです。インポートのものはサイズ選びが難しい部分は否めませんが、根気よく試着することで相性の良いものに出会えるはずですし、ブランドによっては、貴女の体に合わせてお直しもしてくれます。

下着からガーリーな自分をチャージ！一生、旬な女性でいましょう

30代を過ぎると、ブラジャーの色は黒の比率が多くなるそうです。思い当たる人も多いことでしょう。黒には黒の美しさ、良さもありますが、気づけば無難を求めるあまり、**ベージュと黒の二択で下着選びをしていませんか？**いつの間にか「かわいい下着」「遊び心のある下着」から遠ざかっていませんか？

私は現在、更年期ど真ん中の年齢ですが、症状は軽く済んでいます。あまり実感がないのです。自己分析で恐縮ですが、それは下着によるところが大きいのでは？と思っております。アウターでは手が出ないような色やデザインのもの、キャラクターものなども、インナーでは冒険しまくっております。

しなやかな質感の素材は、心も潤してくれます。ナイティやベビードールなど、自分の中の女性が目覚めるようなアイテムや、かわいいモチーフ、ポップなデザインなどで心が弾むようなアイテム……ガーリーなテイストのものを着ればガーリーに、エレガントなテイストのものを着ればエレガントに、下着によって仕草まで変わる自分を発見するのも楽しいです。

遊び心でつらい時期を乗り切りましょう。

第6章

エチケットとマリアージュ

～大人の女性は、マナーを心得た下着コーデを

高潔無比

graceful and chaste

下着は、時には貴女を清潔な印象に、時には妖艶で魅惑的な女性に演出してくれるアイテムに。

しかし、度合いを間違えると下品ではしたない印象へ格下げにするアイテムに。

下着は個のためのみならず、社会へ出るときの身だしなみのためのアイテムでもあります。インプレッション（外見）の心象を良くすることは、大人のエチケットではないでしょうか。

社会と調和できる下着のマナーを心がけたいものです。

”素肌のように下着を洗う“

下着を大事に扱うことは、自分のボディを大事にすることと同義です。下着も自分の一部だと思って扱うとなると、さあ、貴女はどう洗いますか？

洗濯表示を見ると、ほとんどの下着が手洗いを推奨しています。**洗濯ネットに入れて洗えばOKという場合もありますが、通常の衣類とは異なる洗い方をおすすめしています。**確かに、下着を自分だと思うと、洗濯機に入って長時間グワングワンとされるのはイヤですよね。

私は、手洗いするのが面倒という気持ちを、綺麗になるための自己投資の時間と思い直すことで、下着を洗う時間が美容タイムに思えるようになりました。

好きな香りの洗剤を見つけて、入浴時に浴室で洗います。そもそも、下着はゴシゴシ洗うものではないので、まったく苦になりません。

買ったときの下着のフォルムを保つように意識して洗っていると、自分のボディも整うような気がして、嬉しいものです。

《洗い方メソッド》

中性洗剤／柔軟剤／おりもの・経血対応の洗剤を常備。洗濯表示に「中性」とあればおしゃれ着用洗剤を。綿、麻、合成繊維は弱アルカリ性洗剤（一般の洗剤）を使用。

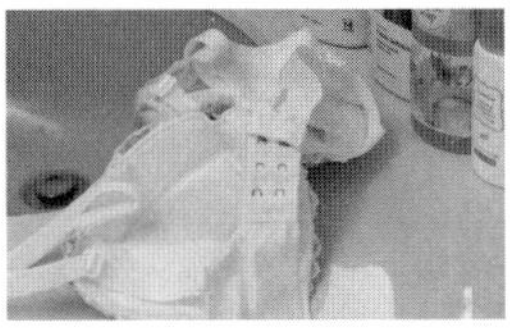

型崩れや生地へのひっかけ防止のために、ホックをかける。

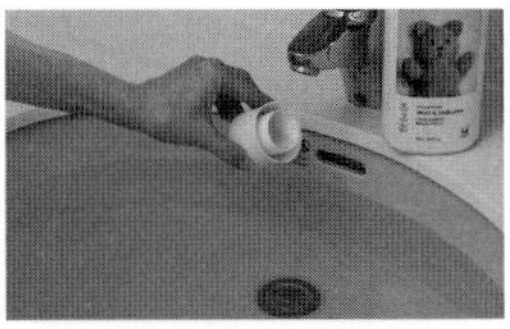

水、または人肌程度のぬるま湯に洗剤をよく溶かす。

もみ洗い、ねじり洗いは厳禁。型崩れしないようにさささと軽く振り洗いする。

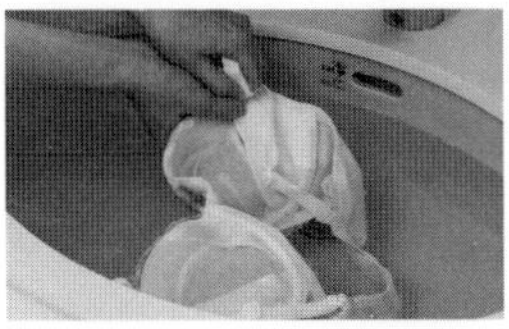

汚れが目立つところは優しく撫でるように指先でソフトに押し洗いする。

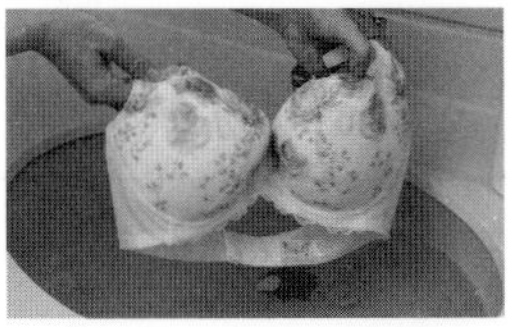

両手で軽く水気をきる。

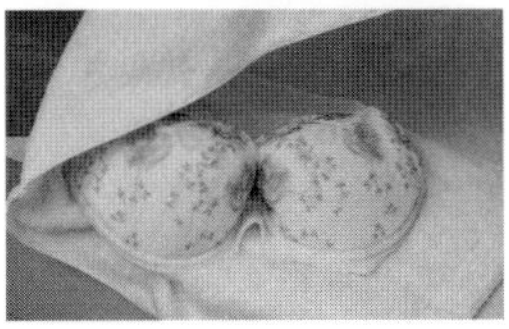

型崩れしないように形を整えながら優しくタオルオフ。

買ったままの状態を持続させる

ブラはホックを留めてから! ショーツはひっくり返してから! これが基本です。洗う時は型崩れと生地が傷まないように優しく扱うと、下着の寿命は格段と伸びます。

「毎日洗わないとダメ?」とよく訊かれます。汗や皮脂汚れは時間が経つほど落ちにくくなるのみならず、素材の機能も低下します。汚れたままにしておくと、素材の通気性、吸水性、保温性はじめ、肌あたりに配慮した下着素材ならではの柔軟性も失われてしまうのです。ブラジャーはダイナミックに汚れる印象はないかもしれませんが、過剰に汗をかいていない日でも皮脂汚れはついています。こまめに洗うことをおすすめします。

ショーツは着用時におりもの用のシートを付けていれば、デリケートゾーンの生地は汚れず、衛生面の保護と同時にショーツの生地も良いコンディションを保つことができます。

吸水ショーツやサニタリーショーツに経血がついてしまった場合はお湯ではなく、水または人肌程度のぬるま湯で洗いましょう。血液はタンパク質を含むので熱いお湯だと汚れが固まり、綺麗に洗いきることができません。経血専用の洗剤もあるので使い分けることもおすすめです。

《干し方》

直射日光タブー、干す時は下着の形を徹底キープ。
生地の変色を防ぐために風通しの良い日陰干しを。ブラのフロントも大切なパーツの一つ。折り曲げずに干すのがおすすめ。

乾燥機NG：回転パワーによる型崩れや、熱により素材が縮んだり傷む

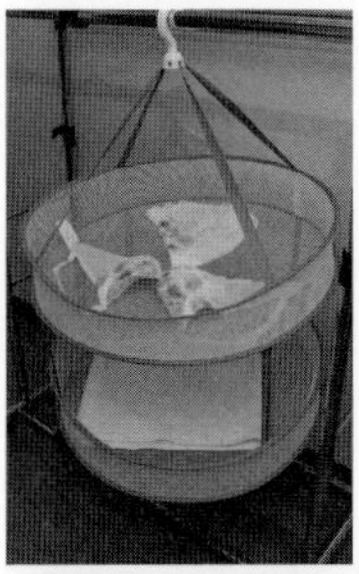

平干しは下着の形が崩れないのでおすすめ。形を崩さずに干せるネット（下にタオルを置くと水滴もフォローできる）。

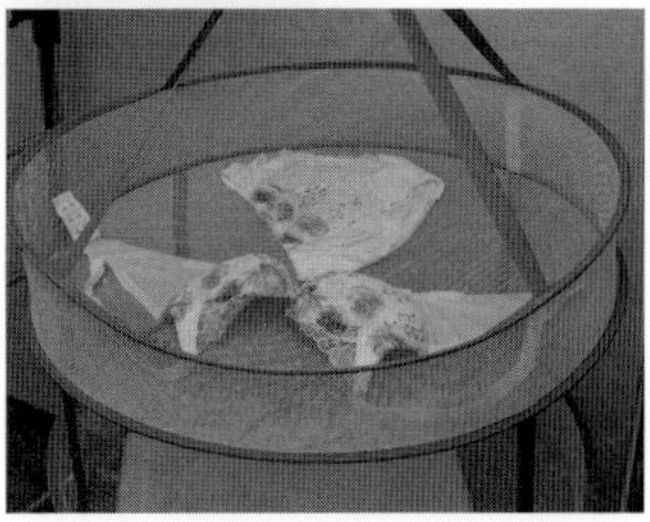

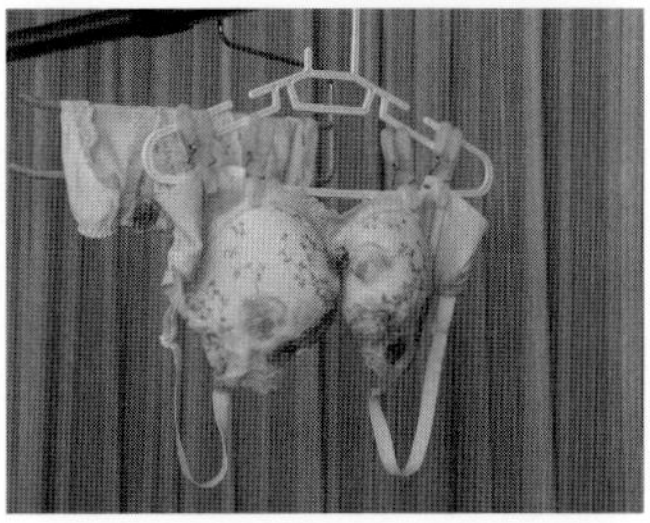

ハンガー干しをするときは土台を上にして生地の伸びを防ぐ。

”下着が呼吸できるスペースで、変形しないように収納“

下着は生きている！　そう思って丁寧に扱うと、生地も下着が持つ機能も長持ちします。窮屈にならず、型崩れしないようにゆったりと収納しましょう。

湿気はタブーなので洗濯後はしっかりと乾かします。新品でビニールに入っているものは、そのままだとムレやカビの原因となるので密封ビニールから出しましょう。

ブラジャーはカップを潰さないことはもちろんですが、フロントにも仕掛けがあるものが多いので半分にたたむことは避けましょう。ブラジャーも含めて**内部にワイヤーやボーンが入っている下着は、そのパーツを折り曲げないように配慮を。**

ショーツやニットインナーはシワを伸ばしてからたたみましょう。キャミソールやペチコートはハンガー干しも良いですが、素材がシルクやウール等の場合は防虫剤が必須となります。虫食いは天然素材に起こりやすく、虫は化学繊維は食べません。私は下着専用の引き出しにまとめて入れて、そこにはシルク素材も化学繊維の下着も混在しているので防虫剤と乾燥剤を忍ばせています。

《収納メソッド》

ブラはフロントを折らない。ホックをした方が他の衣類へのひっかけ防止にもなり、型崩れも軽減できる。ショーツはシワを伸ばしてから小さくたたんで収納。

ショーツのたたみ方

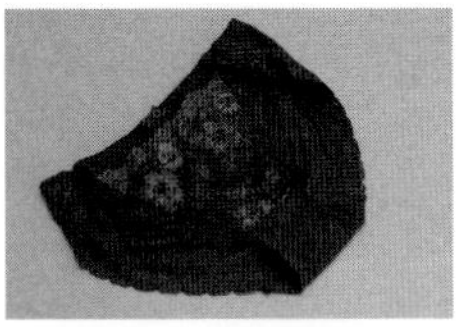

よく乾燥してから、手でシワを伸ばす。

クロッチ部分を折り返す。

両サイドを折る。

通気性の良い状態でゆったりと収納。

"下着の捨て時は生花と同じ！ 枯れる前に捨てましょう"

下着には、○年使用したから捨てましょうという目安はありません。洗い方も含めて、貴女がどのように扱っていたかで下着寿命は大きく変わるからです。

私は、下着を生花と同じ！ 枯れる前に捨てましょうと言っています。**枯れたお花をお部屋には飾りませんよね。枯れかけもやはり、飾らない。**同様に、下着も買ったときのパワーからかけ離れてきたら、それは捨て時なのです。

何年も前に買ったブラジャーだけど、数回しか使用していない。手洗いしていて、ほとんど傷んでいない。こういう場合は、まだ捨てることはありません。下着は年数ではなく、今の状態がどうなのかが、捨て時の判断基準なのです。

《捨て時チェック》

下着はセカンドスキン、第二の皮膚と言われています。自分のお肌のように下着を見つめ、くすみ（色の変化）、かさつき（生地の劣化）、ブツブツ（毛玉）、たるみ（生地の伸びやヨレ）を発見したら、お肌の入れ替えが必要です。

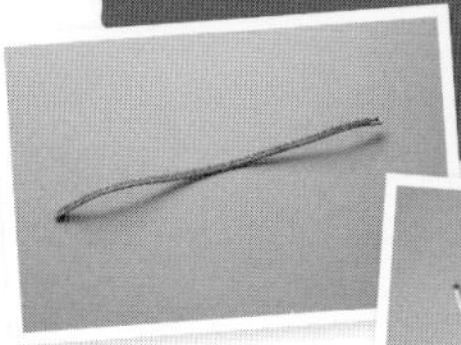

●劣化ポイント
生地は見た目の変化はもちろんですが、伸縮性による補整機能を備えているものはその強度が健全であるか否かもチェック！ パワーが弱くなっていたらボディメイクの力は軽減しているので、見極めポイントです。内部のパーツも変形していないか、生地の上から触って確認を。

●ブラジャーリサイクル
下着を回収してくれるメーカーもあります。中身が見えないように封をした袋で持参できるので恥ずかしさもありません。
ワコール：期間限定で古い下着を回収してくれるブラリサイクルキャンペーン。自社ブランド以外もOK。
UNIQLO：リサイクルリユースシステムは下着も対象で回収。
＊個々の回収ルールをご確認ください。

●燃えるゴミ
下着は燃えるゴミ、パーツも許容範囲。
＊地方により異なる場合があるのでお住まいの地域のゴミ出しルールを確認。

●捨てるか否か悩んだら
購入時と比べてどうか？

- 合うか
- 機能は健全か
- ときめくか

私はこの3点を大切にしています。

〝野放しの胸とお尻は、やはり放っておけません ～洋梨バストよりも、アップルバストのシルエット～〟

ブラジャーは、着ければいいというものではないということは、ここまで読んでくださった読者の皆さんはもうおわかりのはずですね。もちろん、**ノーブラより、ブラ着用の方がマナーパブリックな場では適してはいます。**とはいえ、ただの当て布状態では意味がありません。だらんと下がったバストシルエットは、しまりのない印象を与えてしまいます。

また、バストトップの位置が下向きなのは老けて見えるので、まんまるりんごのようなバストシルエットを意識してブラジャーをセットしましょう。

洋梨バスト

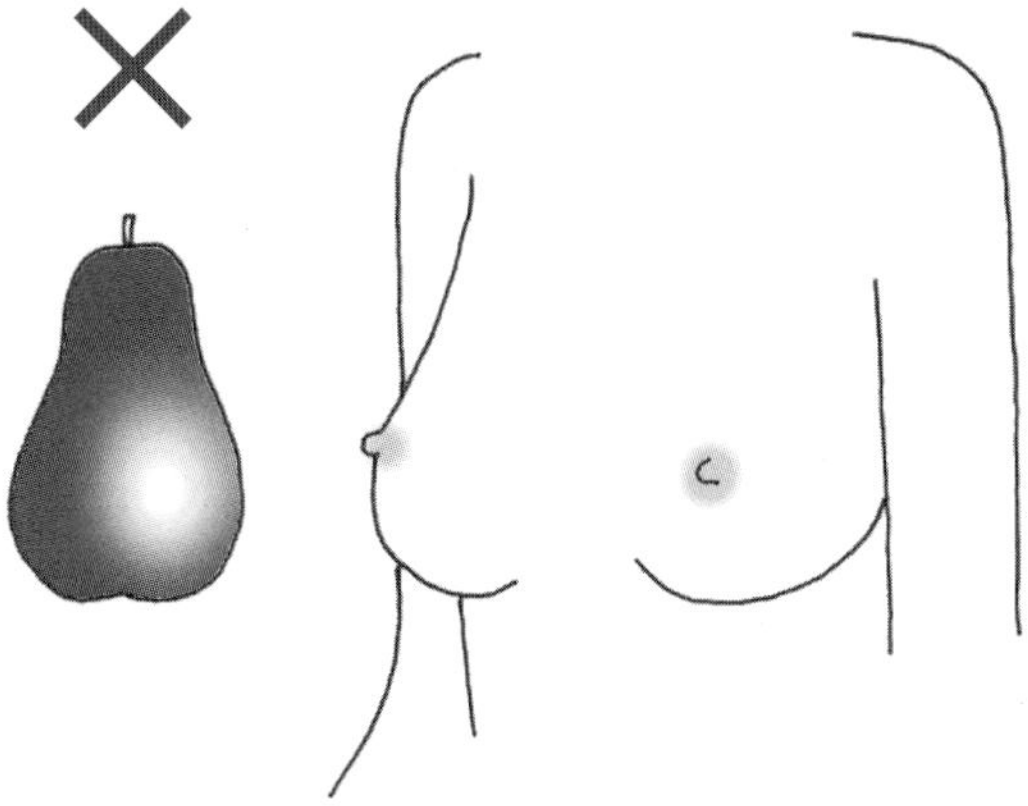

アップルバスト

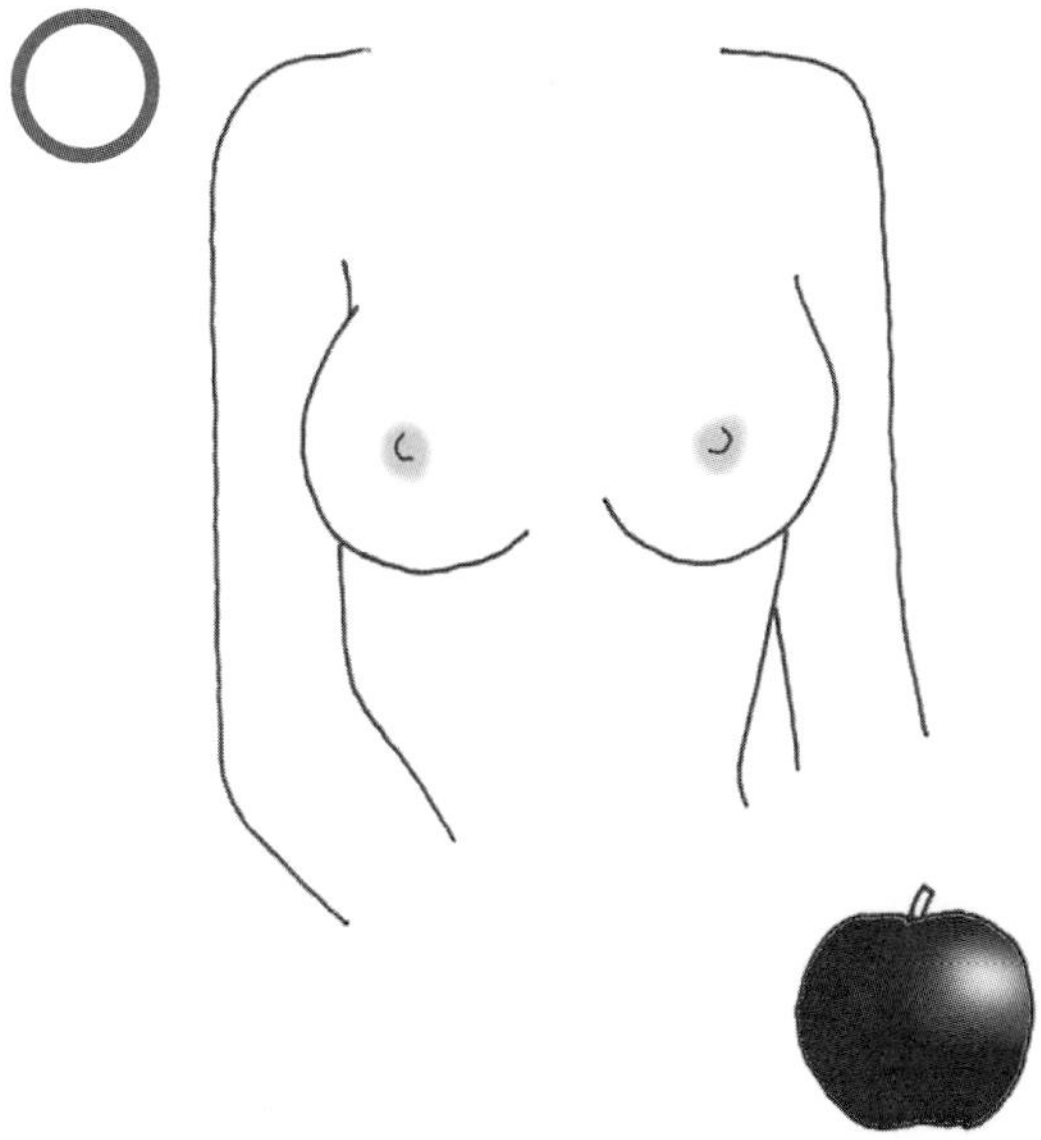

～ピーマンヒップは、ショーツ選びで劇的に変わる～

おそろしいことに、お尻は垂れ続けると、最終的に脂肪がお尻の穴の方にも移動します。垂れて、伸びて、中央にも落ちていき、結果、ピーマンのような形になります。そんな形のヒップラインを目にすると、私はすぐさまボディメイクしたくなります。ここ、ここをね、こうするだけでほら！　でも、赤の他人にいきなりそんなことをしたら……私、捕まりますよね。

気になるヒップラインの人が履いているショーツは、服の上からでもわかります。補整機能のないタイプです。**ピーマンヒップは自力では上がりません。補整下着の力、借りましょう。**

下着の中でもガードルやコントロールショーツは瞬間的かつ継続的に脂肪を操ることができます。先手必勝で垂れないように補整機能のあるコントロールショーツやガードルを愛用するのが一番なのですが、既に垂れてしまった場合でも大丈夫です。下半身はバストと違って、プチリフォームが期待できるパーツです。今、この瞬間から補整ボトムの愛用者になれば良いのです。

ピーマンヒップ　×

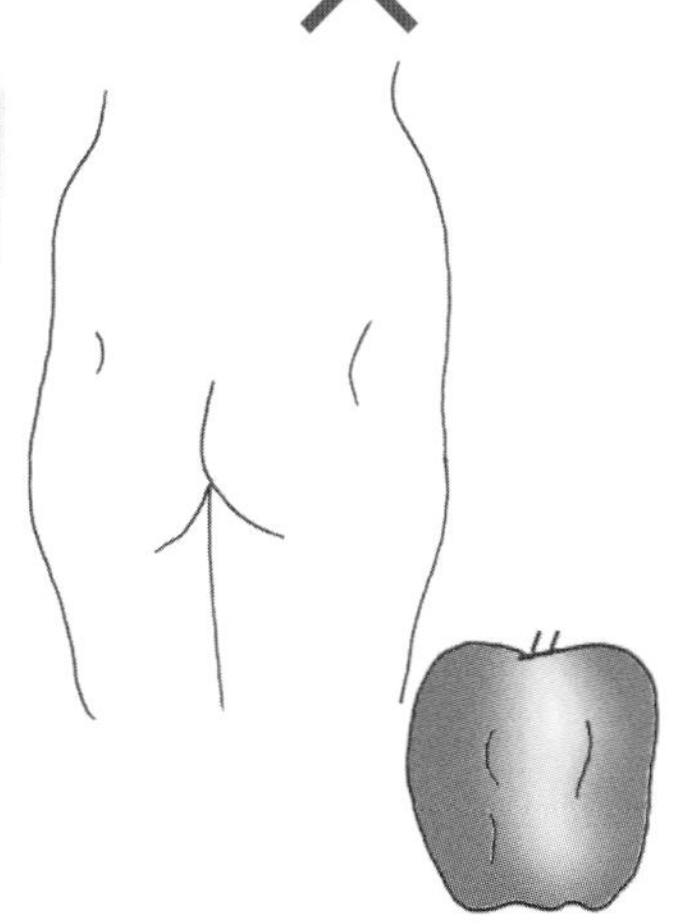

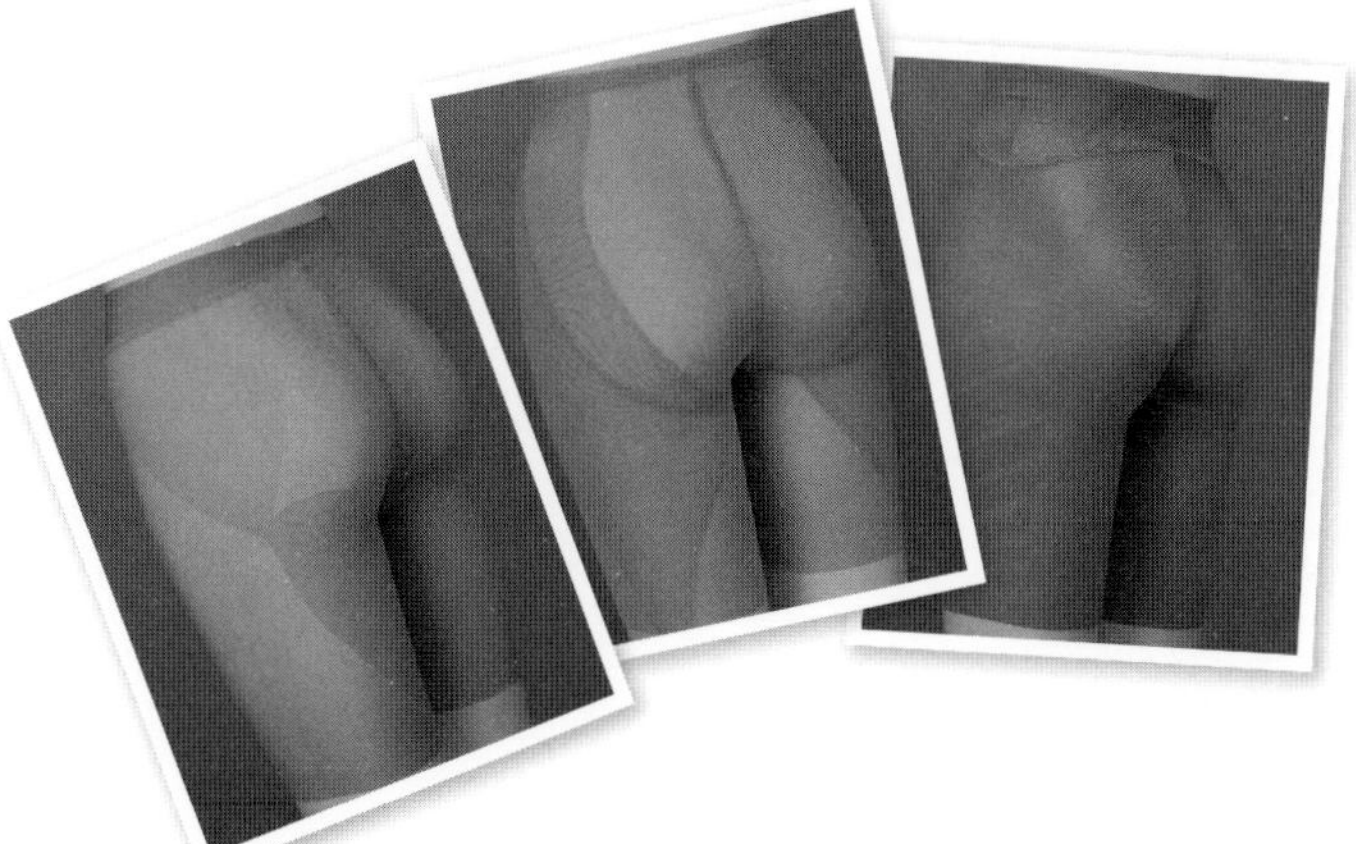

”セクシーな谷間と、ハシタナイ谷間の違いとは？“

バストの谷間を見せるのは善か悪か？

これは、TPOによると思います。TPOとはTime（いつ）、Place（どこで）、Occasion（目的）の頭文字です。オケージョンは、オフィシャルとプライベートに大きく分かれます。プライベートでは自分の願望（欲望）を優先しても良い場合もありますが、オフィシャルシーンではそうはいきません。職場、学校などの日常では、どのような関係の相手と、どんな用途で会うのか、そのシーンに応じたスタイリングが求められます。

理想のバストはお椀型でバストトップは真正面。

それを実行すると、バストはまんまるとなり、必然的に谷間も完成します。しかし、どんなに素敵なファッションであっても、谷間がチラッと見える洋服を着て職場や学校へ行った場合、どうなるでしょうか。見ていいのか、見てはいけないのか、と男女問わず相手に思わせてしまうのは、マナー違反ではないでしょうか？

冠婚葬祭やパーティーなどソーシャルなシーンでも、場所によって対応を変えるべきです。華やかな会である結婚式とパーティー。フォーマルなテイストの洋服を着るのは良いのですが、誰が主役であるかを考慮すると、結婚式の列席者がバストの谷間を強調するのは違います。

ファッションは自己表現でもありますが、他人様に対してどう映るのか？そのルールを侵さず、行儀良い下着マナーが大切なのです。

”ストッキングは、アウターか？ インナーか？“

気候温暖化が進むにつれ、20代〜30代の女性は、夏場は特にほとんどの人が素足でいるのがあたり前になりました。最近は冬でもそういう方を見かけます。しかし、マナーの観点から言えば、見直してほしいところです。パーティーなどの華やかな場での素足にヒールは、時にエレガントなファッションにもなりますが、オフィスや結婚式の列席時に素足は、非礼にあたります。また、ストッキングマナーがOKでも結婚式でつま先が見える靴はタブーとされています。サンダルは控えましょう。

正式な場では裸足はタブーだということを心得つつ、窮屈で嫌いという人も、**ストッキングの着用時間を日常から増やしてみてはいかがでしょうか？** それは、美脚にもつながるからです。

私は、四季を通して踵（かかと）がガサガサになったことがありません。ストッキングを結構な頻度で着用しますから、そのおかげだと思います。素足でいるより、生地を重ねた方が、それがパック効果となって保湿のアシストをしてくれます。但し、できる限り、ストッキングを悟られないよう心がけています。ストッキングは下着だと思っているからです。

《OKつま先》

つま先スルータイプのストッキング

《NGつま先》

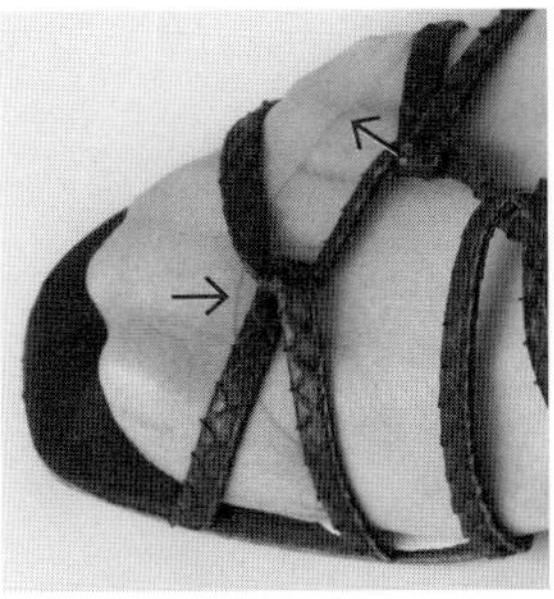

つま先補強部分が見えてしまうのは、下着を見せているのと同じこと

ドレスアップの立役者こそ ファンデーションガーメントです

「ドレスは胸で着る」と言われるほど、ドレスアップ時のバストポジションは重要となります。カップが深めのブラを選ぶことで美しい谷間が造形できます。さらに、ウエストニッパーを着用することでバストアップと同時に、ストラップなしでもブラは下がらずに安定します。

ブライダルインナーは1回しか使わないものなのに高い！という考えは捨てましょう。究極の補整効果を備えているので、挙式後も大活躍します。今後も重宝することを意識しながら、ブライダルドレスに合致するものを探してみてください。

総合的に見ると、大半のフォーマルウェアで活躍できる「ブラ+ウエストニッパー+ガードル」の組み合わせがおすすめです。でもバストを目立たせたくない人、マタニティウェディングの人、背中が広く開いたドレスを選んだ人……それぞれに事情があります。求める用途とのバランスを考えながら、適したブライダルインナーをピックアップするのがベストです。

アウターに透けない、ひびかない

レースなしのスリーインワンと裾も縫い目なしのガードル
マーメイドラインのドレスや生地の薄い夏用ドレスにもおすすめ。

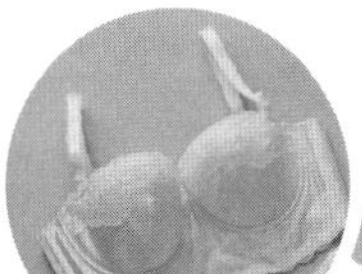

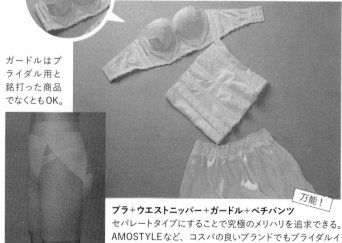

デイリーユースではストラップありでも使えます。ドレスの時はストラップレスに。

ガードルはブライダル用と銘打った商品でなくともOK。

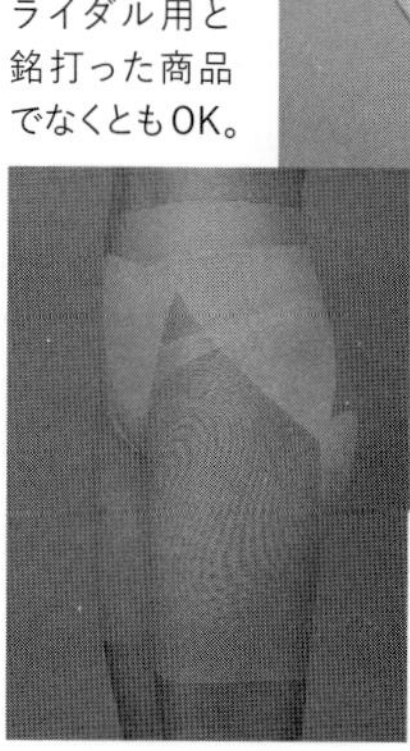

万能！

ブラ+ウエストニッパー+ガードル+ペチパンツ
セパレートタイプにすることで究極のメリハリを追求できる。AMOSTYLEなど、コスパの良いブランドでもブライダルインナーを発売！

何色を買う?
ブライダルインナーは白というイメージが強いけれど、ベージュやグレーを販売しているブランドも。 白は仮にドレスの隙間から見えそうになってもドレスと一体化するのでごかませる。ベージュやグレーはドレスからチラ見えしたら残念すぎるけど、普段遣いでも大活躍する。ドレスの試着の際に着用する下着をつけてフィッティングするべし！

背中あき

大きく背中のあいたドレスは、背中何センチ対応のインナーであるのかをチェック。バックレスビスチェ、背中あき33cmまで対応のものは夏のデイリーユースにも重宝する。

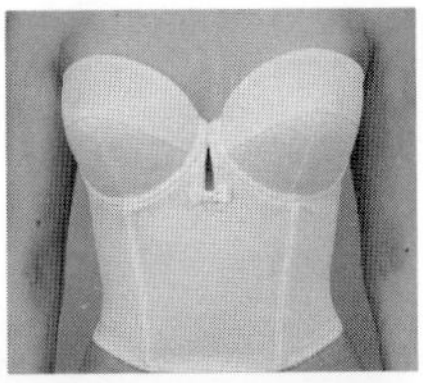

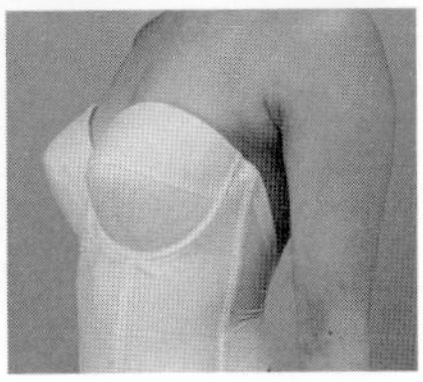

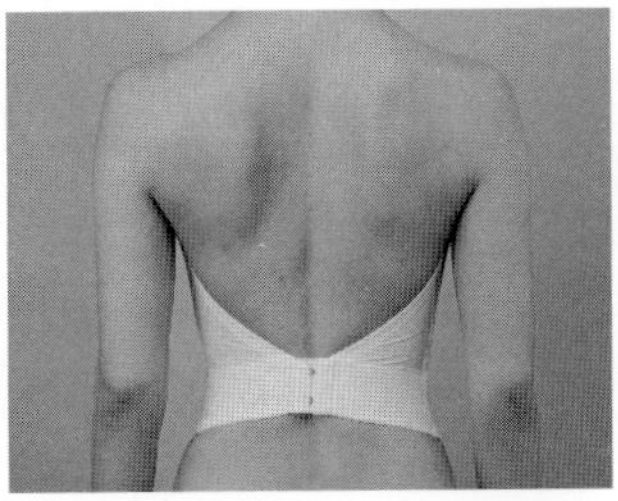

グラマー

バストボリュームをダウンさせるスリーインワン

大きな胸のお悩み解決とともに、自然なカービングも造形。

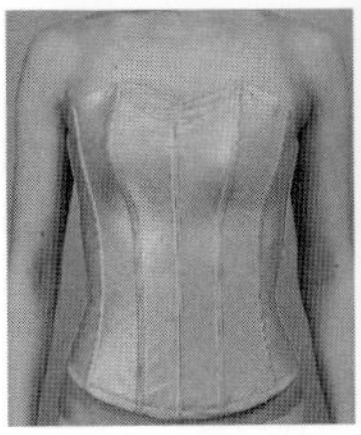

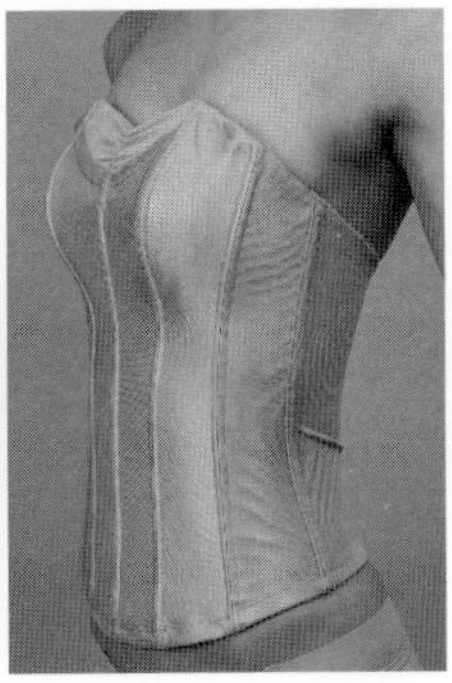

ヌーブラ

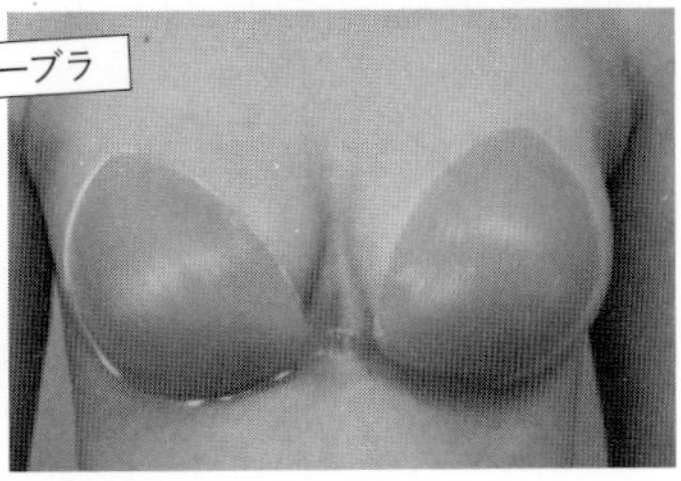

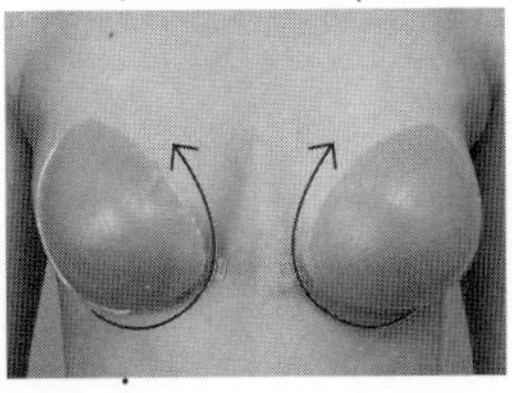

谷間に留意！
ウルトラマンの目のような角度にて両サイド寄りに貼り付け、両サイド下部から中央へ持ち上げるようにしてホックを留める。つり目にすればする程、谷間が強調される。花嫁さんは控えめな谷間の方が品があるので、これぐらいの角度がおすすめ。

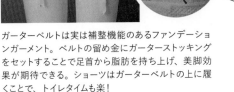

ガーターベルト

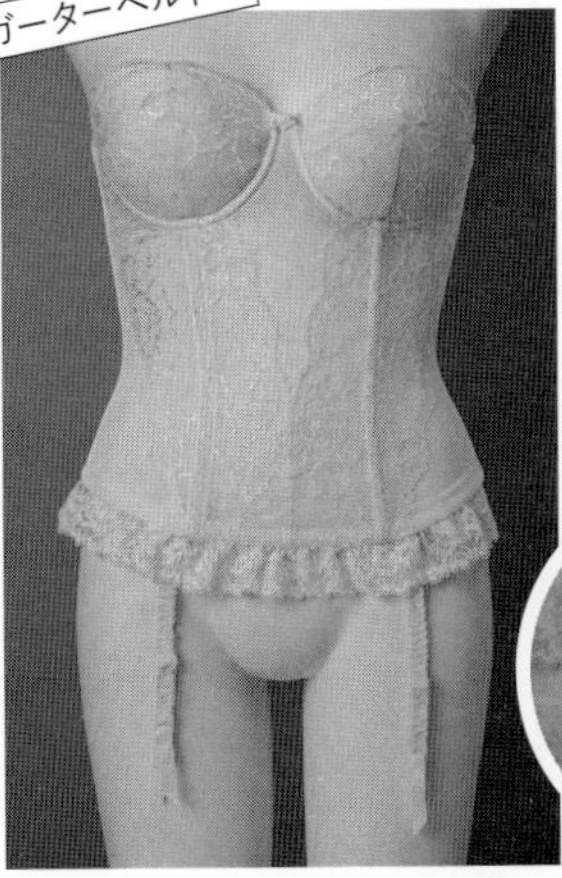

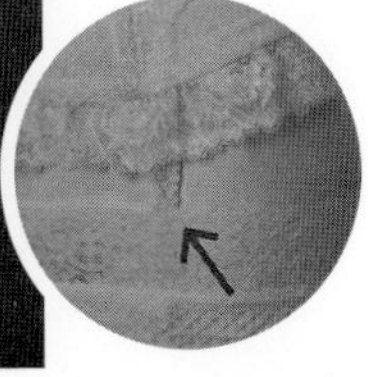

ショーツは
ガーターベルトの上！

ガーターベルトは実は補整機能のあるファンデーションガーメント。ベルトの留め金にガーターストッキングをセットすることで足首から脂肪を持ち上げ、美脚効果が期待できる。ショーツはガーターベルトの上に履くことで、トイレタイムも楽！

マタニティ

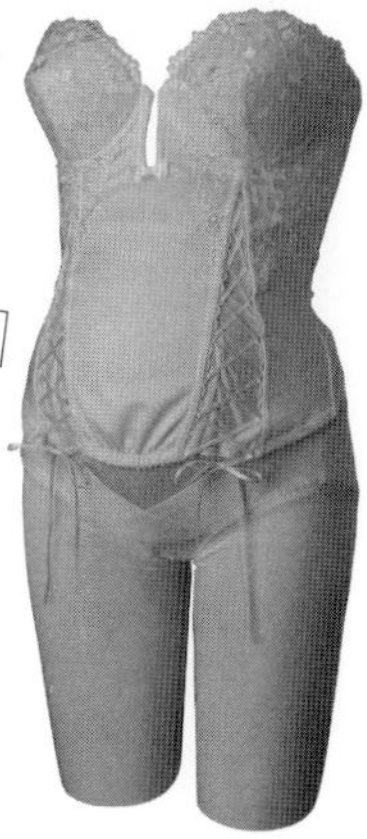

マタニティ用スリーインワン＋
マタニティガードル
伸縮性のあるガードルと、お腹の大きさに合わせてサイズ調整できるスリーインワン。

ブラックフォーマル〜TPOを重んじるのが、大人のたしなみ〜

ブラックフォーマルシーンの身だしなみがきちんとできてこそ、大人の女性です。マナー違反は自身の恥のみならず、相手に失礼になったり傷つけてしまったり、知らなかったでは済まないという事態にもなり兼ねません。

下着は見えるものではありませんが、こうした場では、派手な色や華美なものを避けるのがやはり、心のマナーだと思います。

また、冬生地は心配ありませんが、夏用のブラックフォーマルは生地が薄いので、透けない色の下着にした方がよいでしょう。ペチコートはスカートよりも短い丈にするのはもちろんですが、お辞儀をした際に裾が見えない配慮と、できれば、黒色にした方が良いです。

そして、喪服の際に見落としがちなのがストッキングです。黒であればなんでもOKということではなく、タイツでの参列は、マナー上はNGです。ストッキングは、黒は伝染するとかなり目立つので、伝染しづらいもの、そして、替えを1枚持ち歩くことをおすすめします。

これだけは持っていたい、和装下着と代替え下着

和装の基本は、こけし体形です。ウエストのくびれとお尻のでっぱりの差をいかになくせるか、おっぱいのふくらみを平面にできるか、そこが綺麗に見えるか否かの分かれ道となります。着物姿を美しく見せるように下着でボディメイク、更に動きやすいように下着でアシストしてもらいましょう。

《和装下着一覧》

普段から和装に馴染みがない場合、この一式を揃えるのは大変です。そこで、いつもの下着で代替えできるアイテムをご紹介します。

和装ブラ

ソフトブラ

ワイヤーなし、パッドは抜くのもおすすめ。

肌襦袢

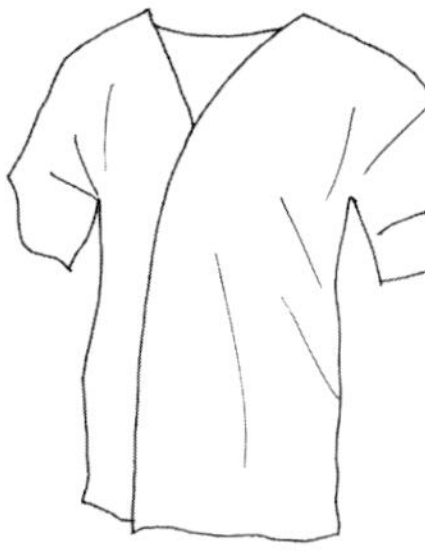

ストラップ調整可能キャミ

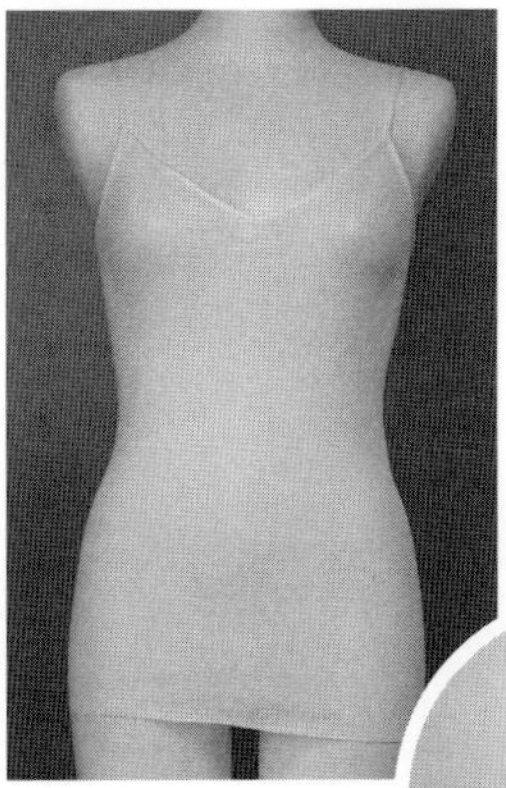

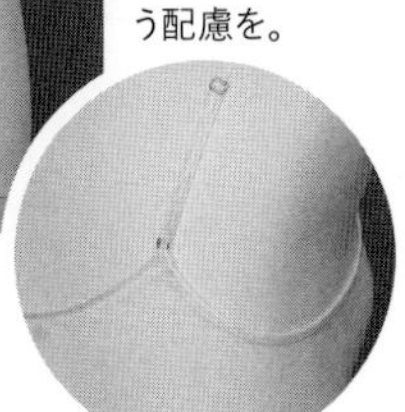

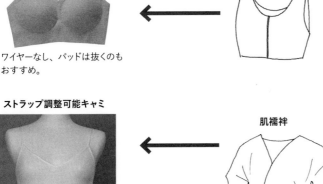

長さ調整できるものがベスト。長めにセットして、襟ぐりからキャミが見えないよう配慮を。

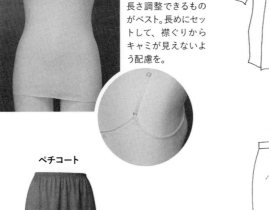

裾よけ

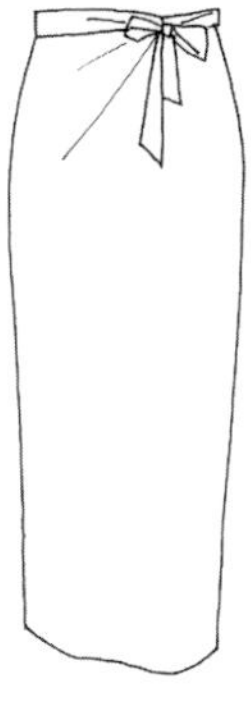

ペチコート

”アウターが輝く、下着スタイリングテク
～洋服とのマリアージュを習得してこそ、大人の女性の格が上がる～“

ブラウス
ドレープ性なら丸胸、他ならシャープ胸

ドレープ性があるか否かで、選ぶブラが変わります。シルクブラウス等、薄く柔らかい素材の場合は丸みのあるバストを造形する横ハギブラ（P99参照）を選びましょう。シャープなフォルムのブラを選ぶとドレープ感が損なわれてしまううえ、カップトップの縫い目がバレてしまいます。カップトップに丸みのあるブラを選ぶことで、なめらかな曲線が優しくフェミニンな印象へ整えてくれます。

しなやかな素材でない場合、そしてセクシーさを演出したいのならば縦ハギブラ（P99参照）です。エッジの効いたバストフォルムは、大人の女性ならではの色気を造形します。但し、このテクニックはかなり上級者向きです。高さのあるシルエットを意識しないと、かえって貧相な印象に。

ボートネック
～ストラップレス＆ボートネックインナーでチラ見せ厳禁

ボートネックの服は肩からブラジャーのストラップや肌着が見えがちです。肌着も襟ぐり別で色々と発売されています。私は一石二鳥を考慮して、率先してボートネックタイプのインナーを買っています。他のアウターのときにも使えて便利です。

前開きボタンのシャツ＆ジャケット
～前面ペタンコが理想的

あえて、ボリューダウンさせるとスッキリします。小さく見せてくれるブラを選びましょう。前面を平べったくするのです。ビジネスや学校行事などの場ではきちんとしたスーツコーデを求められることもあります。自分の好みよりもそのシーンに合う控えめバストでの着こなしの印象が大切です。

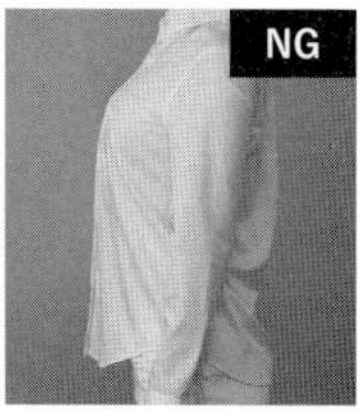

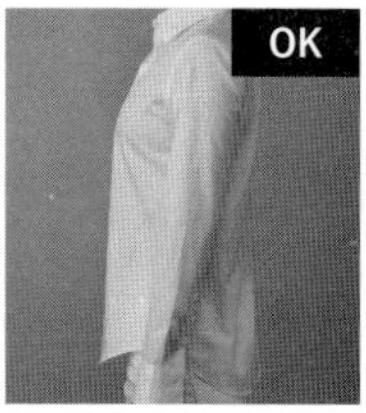

厚手のニットセーター
～下着の重ね着でスリム化させる

脇にボリュームがあると太った印象になってしまうので、縦はぎブラでシャープに。バストトップのポジション1／2の法則も意識しましょう。ファンデーションガーメントの「ブラ+ウエストニッパー+ガードル」にてバスト位置も上げて、メリハリのあるカービングを整えましょう。

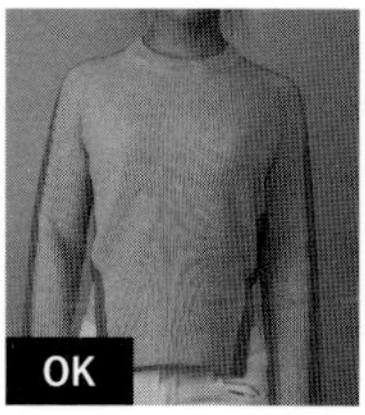

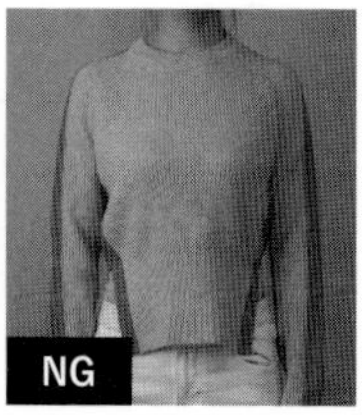

プルオーバー&ワンピース
〜寄せバストで着痩せサポート

ダボンとしたシルエットの服は、盛り胸にすればするほど太って見えます。さらに、高さよりもサイドにボリュームの出るブラジャーを選ぶと、ますます太った印象に。バストトップの下に広く空間ができてしまうのでぼてっとしたシルエットになってしまうのです。解決策はシャープな印象で脇がスッキリしたバストメイクのブラジャーを選ぶこと。また、離れバストにならないように留意しましょう。

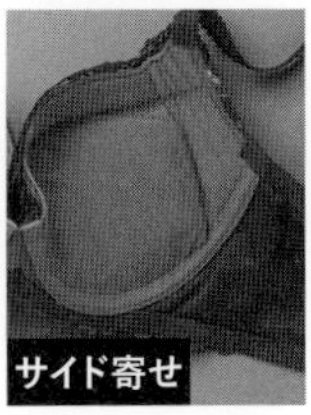

スカート
〜丈と素材を見極めた下着セレクトが肝

スカートの多くはウエスト部分から裏地を縫い付け、生地のしなやかさと動きやすさをアシストしています。より着映えよく見せるには、ガードルでベースを整えてからペチコートを合わせましょう。太陽の光によってスカートから足のシルエットが丸透けというのは残念です。少し濃い目のベージュのペチコートをINすると、足のシルエットが透けることはありません。スカートからガードル裾が見えるのもタブー。丈に合わせて、ミニの場合はショートガードルを使いましょう。

ガウチョ
〜トイレが楽なガウチョペチコート

中に滑りの良いパンツ用のペチコートをINすると洋服が綺麗に見えます。トイレでしゃがんだ時に、裾が床につかないようにペチコートをロールアップして裾にセットできるガウチョ専用ペチはかなり便利です。

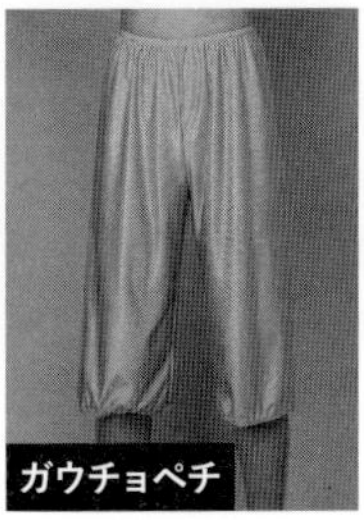

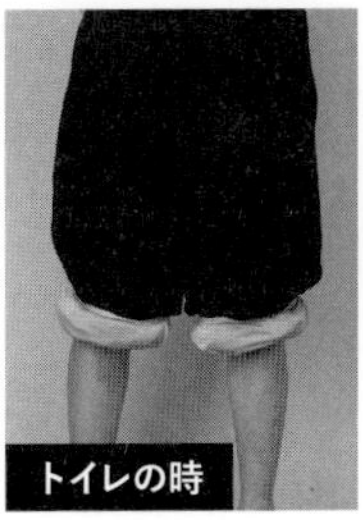

ジーンズ&パンツ
〜太腿のシルエットが決め手

ポイントは太腿の付け根とその下のフォルムです。太腿の付け根より中央が太くならないようなシルエットを整えるには、セミハードやハードタイプのロングガードルがおすすめです。ほどよい圧（生地の伸縮性によるパワー）が腿を平坦に整えてくれます。また、お尻が下がっていてもキマりません。ヒップアップ効果のあるガードルを着用して、太腿からグググとお肉をヒップの方へ持ち上げます。

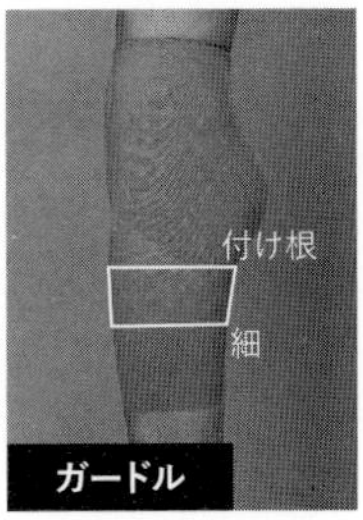

下着は秘め事
～はみ肉はもちろん、はみパン&はみブラも重罪～

お肉がはみ出るのもエレガントではありませんが、下着が見えてしまうのは、はみ肉よりもさらに重罪です。いや、素肌が見えるよりも、周囲へのドギマギ感は高いかもしれません。

ブラジャーの肩紐、ノースリーブの脇からのブラ、ガードルやショーツが透けていないかチェックするのはもちろんですが、腰からのはみパン、裾からのスリップやガードルが、見えていないのかも確認しましょう。

〈ノースリーブの下着テク〉

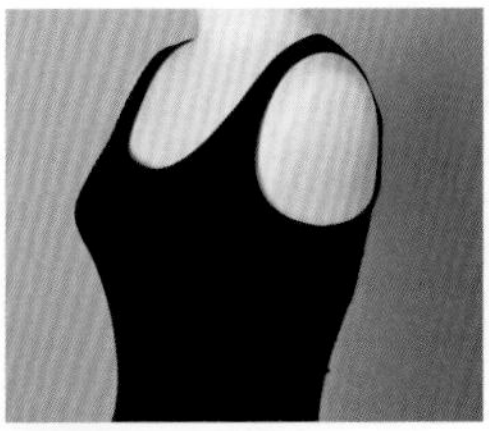

ストラップレスブラを持っていない場合は同系色のタンクトップインナーをブラの上に！

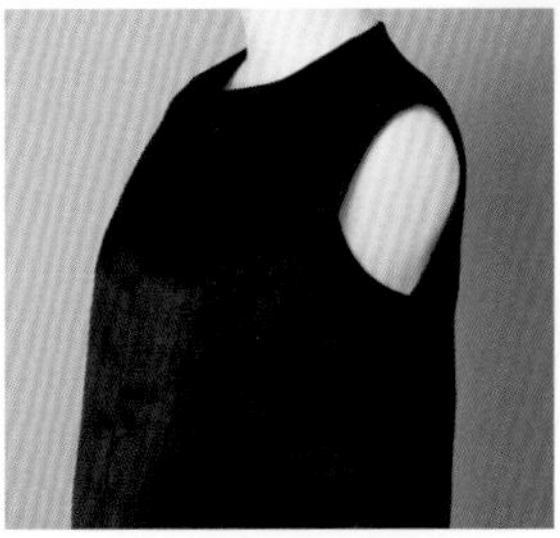

ブラジャー隠し、
成功

でも…

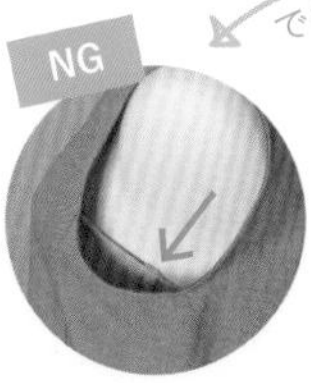

脇からブラのチラ見えがあっては大変（ここもチェック必須）

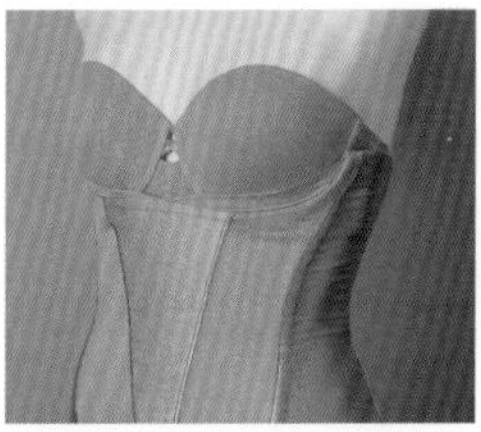

ならば、ストラップレスにしてしまえ！
ウエストニッパーを合わせて、ズレ落ちもセーブ

そこで

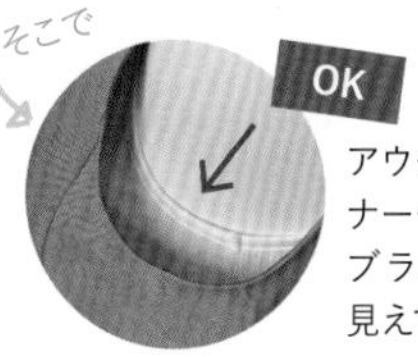

アウターテイストのインナーやチューブトップをブラの上に重ねれば、見えても安心

〈ライズ（履きこみ丈）を使い分けよう〉

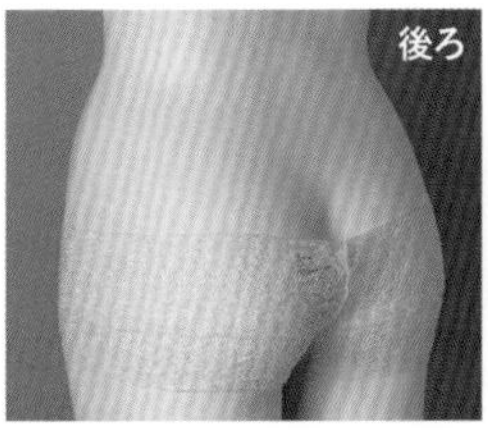

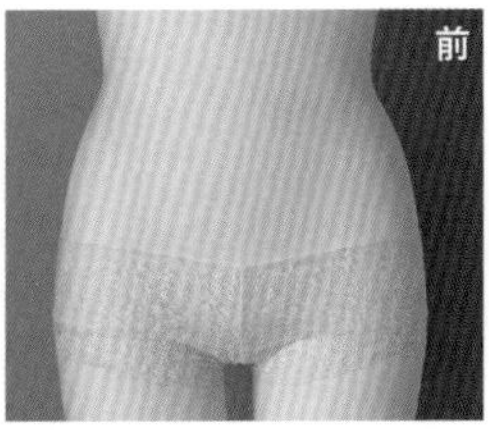

ローライズ（ヒップハング）：浅めな丈

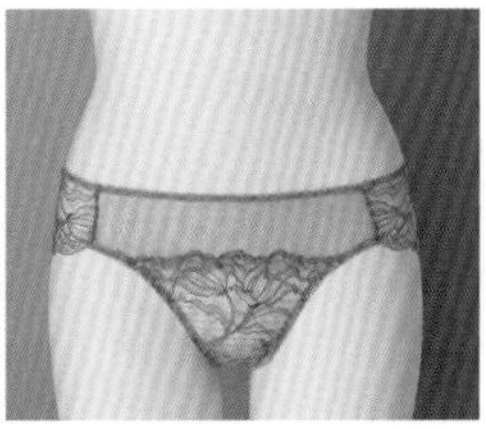

セミビキニ：最もスタンダードな丈

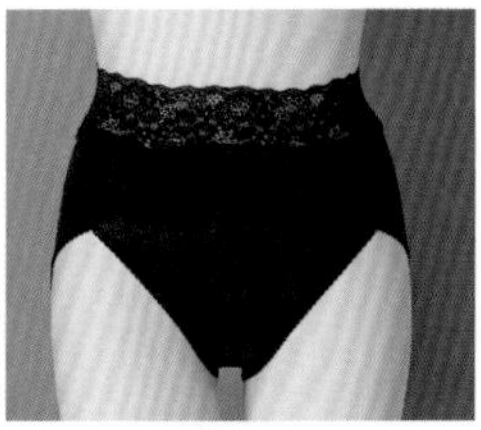

ジャストウエスト：高めな丈

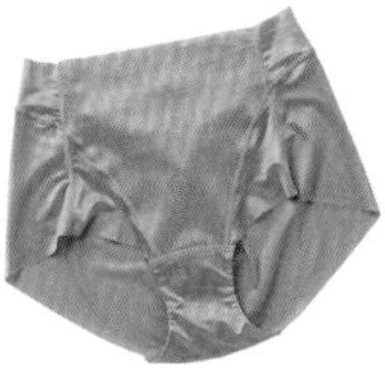

ショートパンツやミニスカート時には裾丈にも注目
ロングガードルはNG！
補整も叶うコントロールショーツは重宝する逸品。

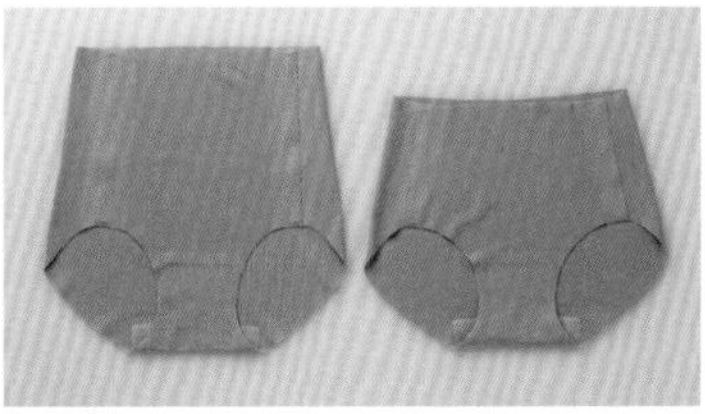

同じブランド、同じサイズのショーツでも丈違いで販売している。

白に透けない下着の色とは？

下着の線が見える。これはエレガントとは程遠い装いです。下着の色が見える。これは論外です。下着は秘事だからロマンがあるのです。

ファッションは個性や冒険も必要ですが、マナー（社会との協調性）も大切です。白い服の時は特に下着がアウターにひびかないように注意したいものです。

ベージュが一番透けないと思いがちですが、実は白寄りのベージュは透けます。トーンダウンのベージュ、もしくはグレーやグレージュの相性が良いです。

ボトムはショーツのラインが見えるのは残念。シームレスショーツ、ガードルを活用することをおすすめします。また、濃い色のストッキングをその上に重ねると、ガードルの透け防止にもなりますし、プレス効果で美脚も望めます。

結論！　白アウターには、ダークベージュ or グレージュ

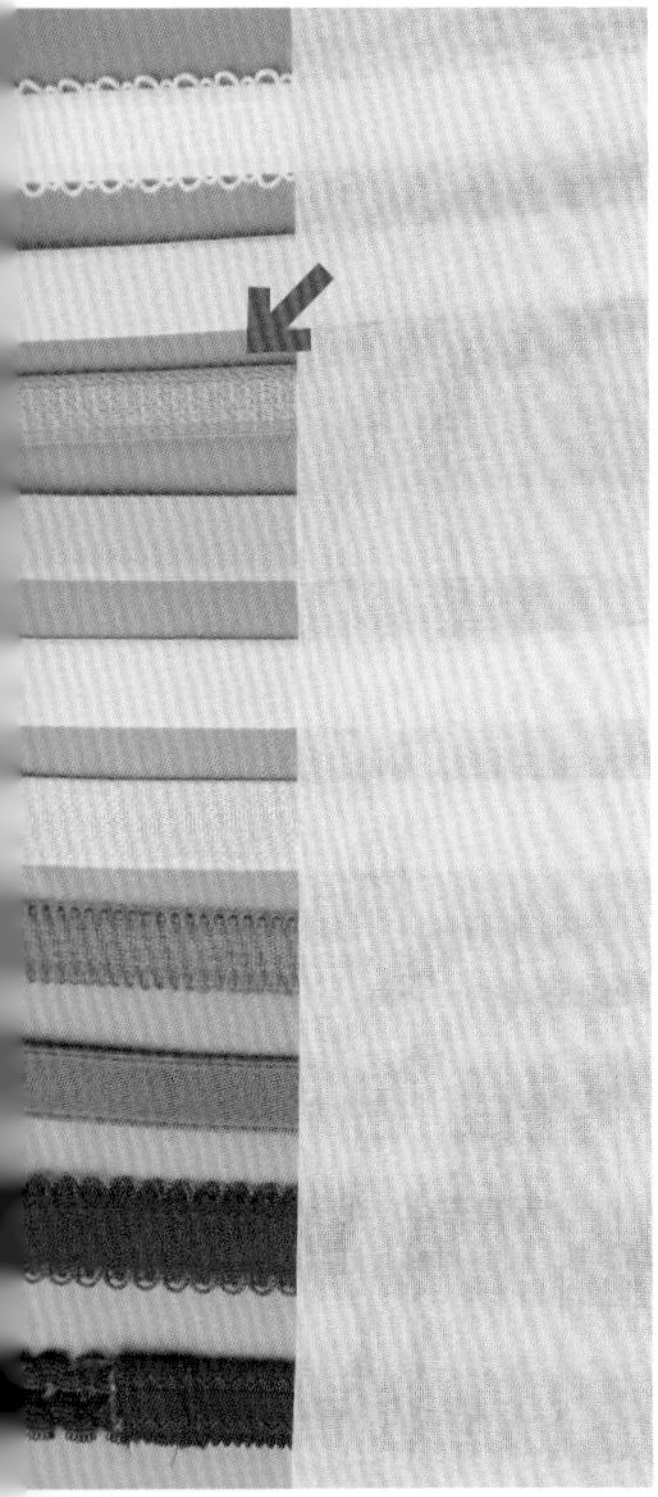

濃いベージュが
一番透けにくい

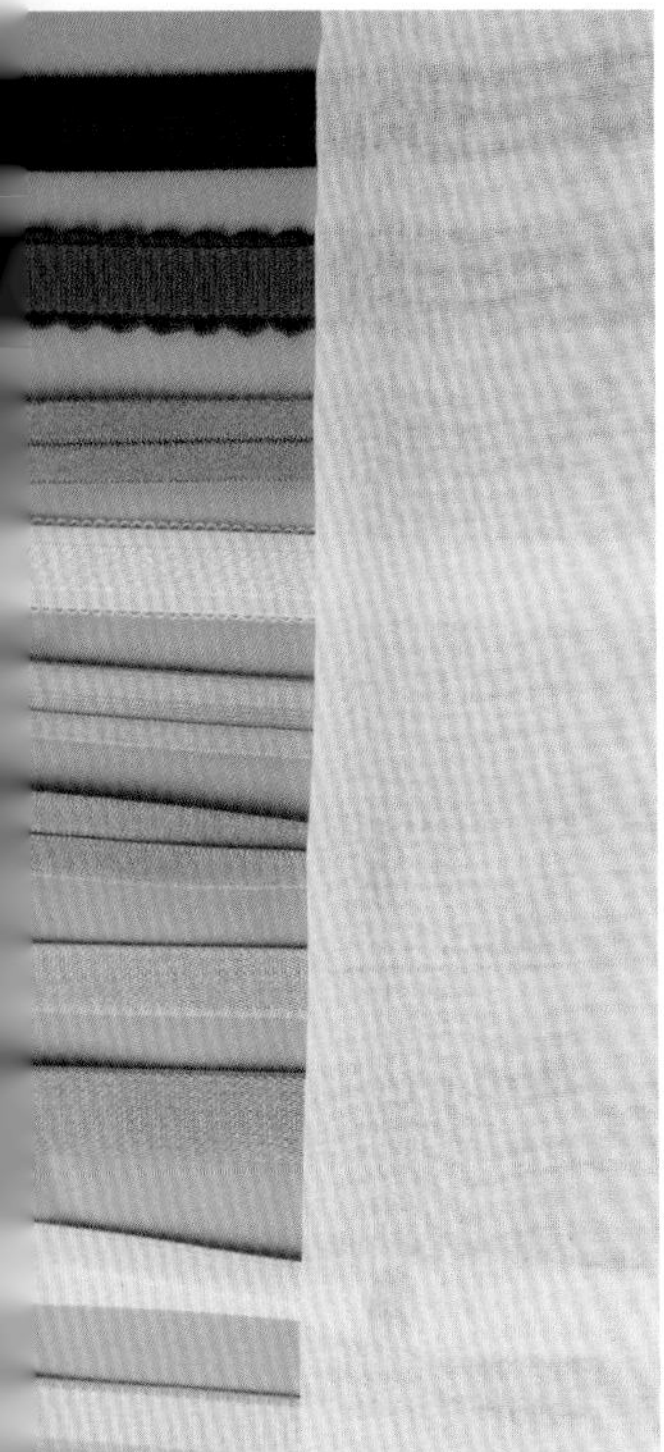

グレー、グレージュは
意外と透けにくい

重ね着してもブラ上辺が
浮いていない。

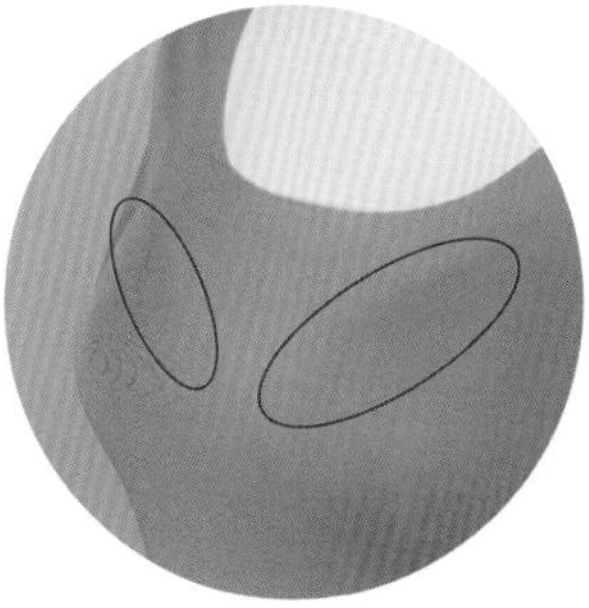

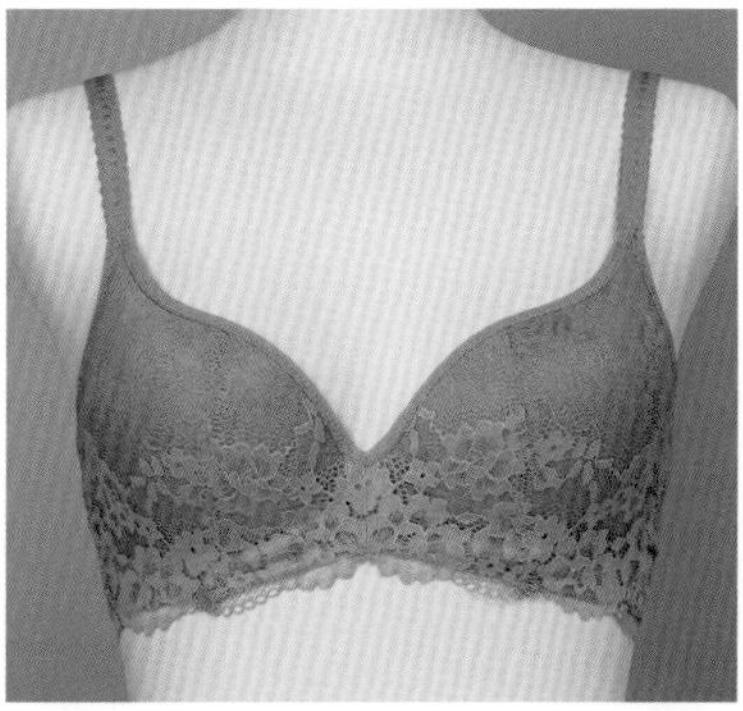

優秀カラー
総レース貼り付けは意外と透けない

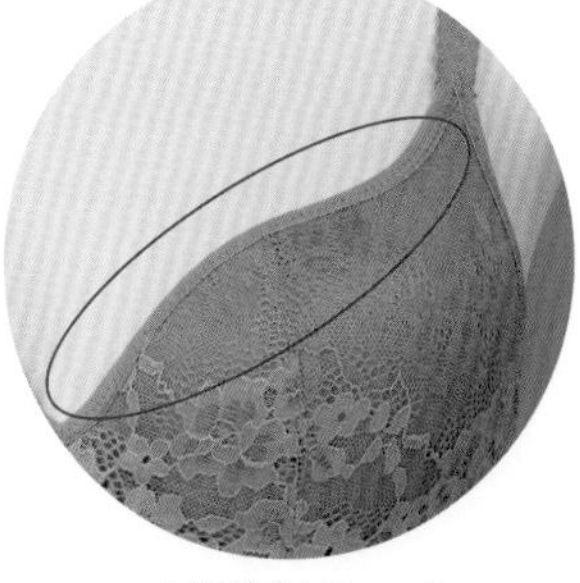

上辺浮きもチェック。

+何を合わせる?

ブラック

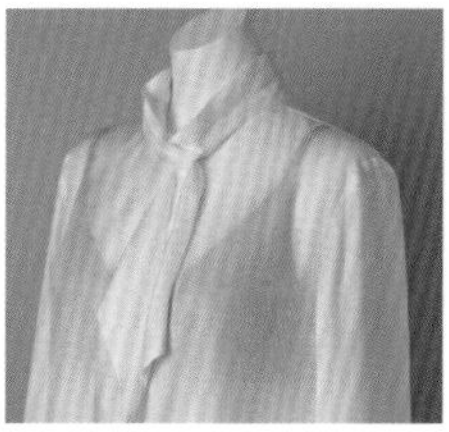

エレガントではありません。

ホワイト

必ず透けるので、
あえて透けても良い形を選ぶ。

ブラ紐は透けさせて
はならない。アウター
を着た時に要確認。

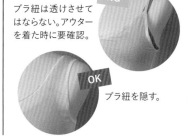

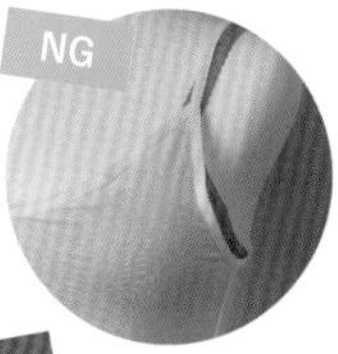

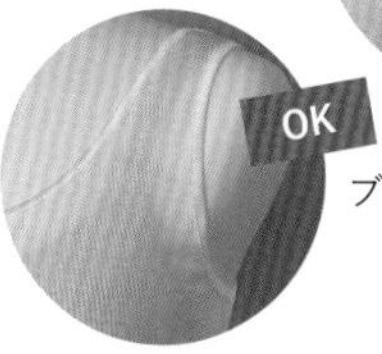

ブラ紐を隠す。

グレージュ

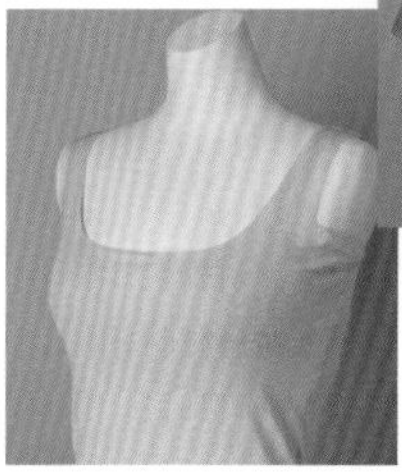

ベージュ

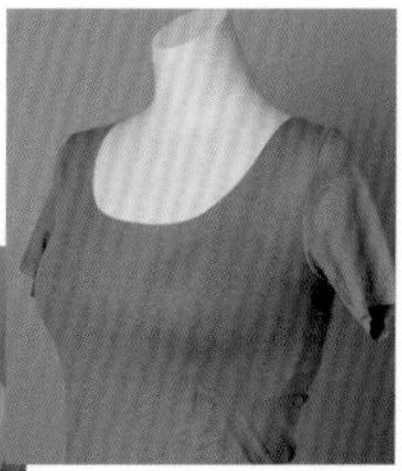

ブラストラップが隠
れるタイプのイン
ナーを選ぶと尚良
し!

悟られない女を目指す

使ったのは、これ

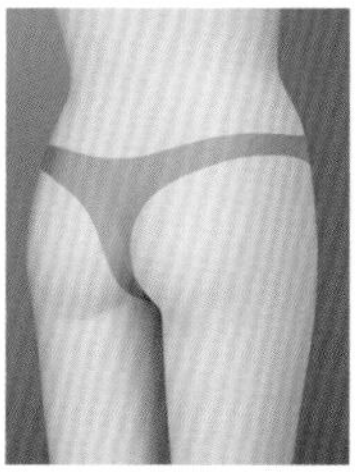

シームレスTバック

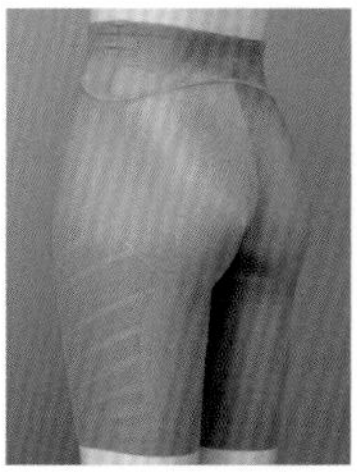

シームレスガードル

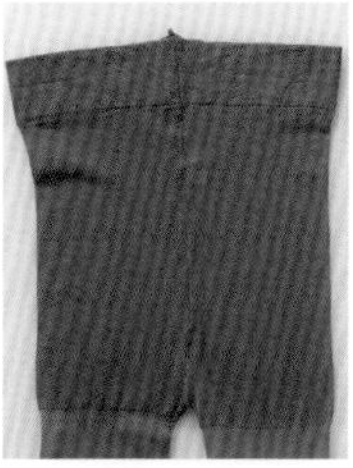

**ブラウンベージュの
ストッキング**

ショーツライン
見えません

ぴったり白パンで
ショーツライン浮き
はタブー。

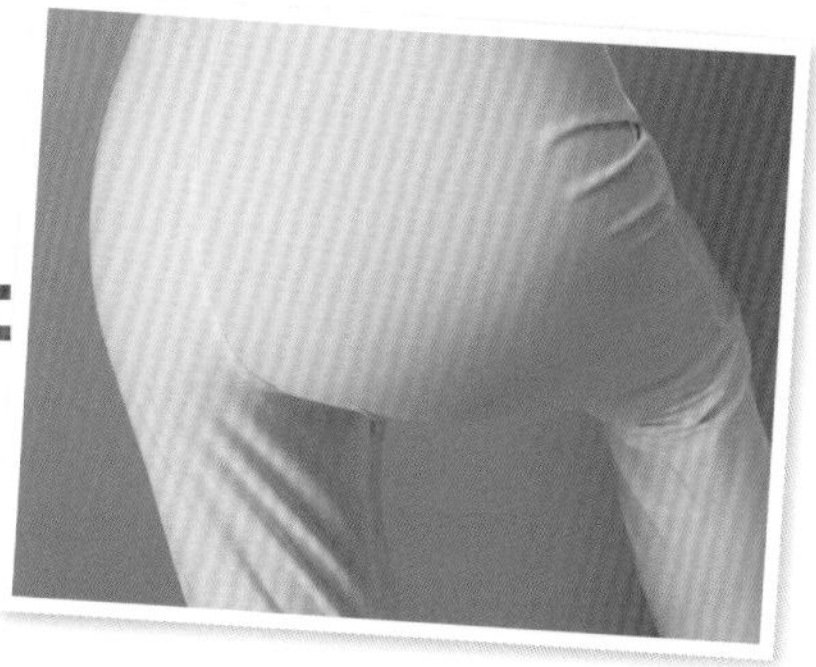

”下に着るからではなく、上へ向かって、下から着るから下着なのです“

下着はなぜ下着と呼ぶのでしょう？　「下に着る」から下着？　いいえ、「下から着る」から下着なのですと、私はいつも申しております（持論です）。つまり下着とは、着用するたびに自分を上げてくれる幸運アイテムなのです。

ショーツやガードルはもちろんですが、**ブラジャーも、下から上へバストを持ち上げるようにセットします。**ご存知ない人が多いのですが、ナイト用のブラもスポーツブラも、キャミソールだって、ショーツのように足を入れて、下から上へ向かって着用するものです。だから私は、着用するたび、「今、私はボディも気分もアップさせている！」と思うようにしています。結果、下着を着る瞬間、毎日がセレモニーのようで、ポジティブな気持ちで満たされます。

”毎日が、勝負下着です“

シーンに応じての下着選びは、マナーを重んじる必要もあるとお伝えしましたが、そこを踏まえたうえで私は、予定に合わせてモチベーションの上がる下着を選びます。新品、好きな色、好きなブランド……。もちろん、外で自分の下着姿を見ることはなくても、心の目には見えています。着けた喜びが心を晴れやかにしてくれるのです。

大きな予定がない日でも「今日」に最も合った下着を選びます。大切な出来事を想定して、そのための下着を買うこともよくあります。そうすると、その日が来るのが待ち遠しくてワクワクします。そう、毎日がウィナーランジェリーの連続なのです。

本命！ 肌映えを意識した勝負下着

ここまで、「毎日が勝負下着です」とか、「心のための勝負下着を」などと書いてまいりましたが、ズバリ、パートナーに見せる勝負下着についても、知りたいですよね？ はい、書かせていただきます。

それは、**お肌のパーソナルカラーを意識して選びましょう。**日本人は、ブルーベース、イエローベースのお肌に大きく分かれます。同じ肌色でもブルー寄りかイエロー寄りかということです。たとえば、同じピンクのブラジャーでもブルー寄りのピンクと、イエロー寄りのピンクがあります。お肌がブルーベースの人は、イエロー寄りのピンクを着けるよりもブルー寄りのピンクを着けた方が、肌映えが良いのです。パートナーには綺麗だって思われたいですよね。

貴女をより素敵に見せる下着選びは、勝負下着の醍醐味かもしれません。

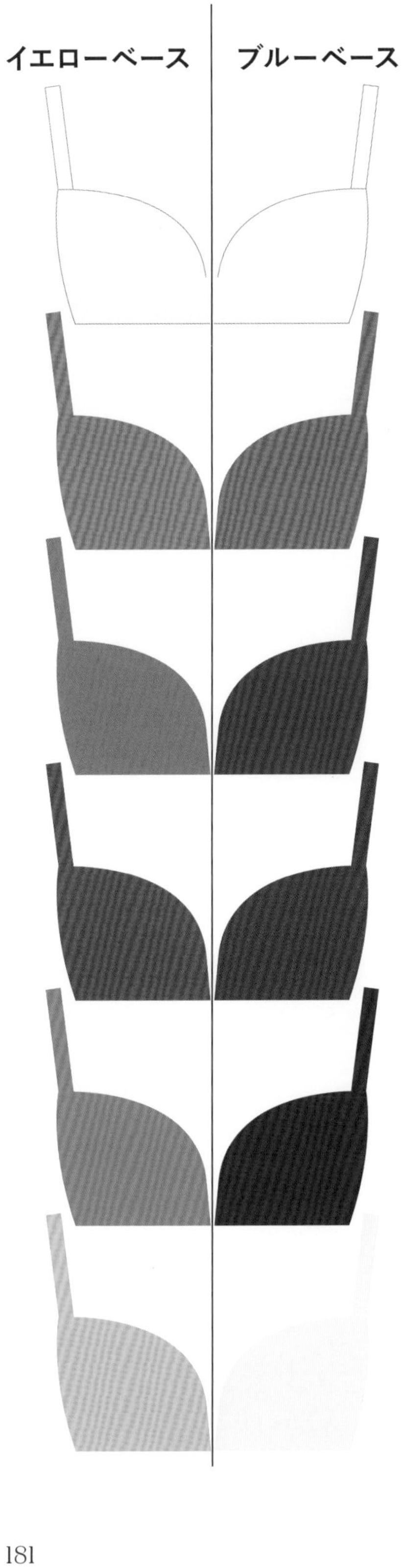

"貴女の綺麗は、まだまだ続く……"

ボディにコンプレックスがあっても、年齢を重ねて変化していく体を目の当たりにしても、減点法で自分を見るのではなく、加点法で自分と向かい合っていたい……。

下着と一体化することで、いつからでもブラッシュアップできるから、大丈夫です。

子どもの頃、母のスリップに憧れた少女は、大人になって多くの素敵な女性たちと出逢い、見習いたいことをたくさん見つけては、学びました。

この本を通して、それを貴女とも共有できることは望外の喜びです。そして、今度は貴女が、貴女の周りの大切な女性たちに受け継いでいってくださったらと願いを込めて書きました。さらに未来の貴女にも（もちろん、おばあちゃんになった未来の私自身にも）この下着美容が受け継がれているようにと希います。

伝えたいこと、それはね、貴女のボディは尊き宝物であるということ。輝くために生まれてきたということ。

「綺麗の伸びしろ」を、ずっとずっと信じて良いのです。

miwako to you

my mother to miwako

～未来の自分へのラブレター～

＊ここまで読んだ貴女の想いを、綴ってみましょう＊

巻末対談

内山理名 RINA UCHIYAMA × 湯浅美和子 MIWAKO YUASA

Special Talk

新しい自分を知るために

――今回、湯浅さんから「どうしても内山理名さんに登場いただきたい」ということで本書のアイコンとして、内山さんにオファーさせていただいたわけですが。なぜ今回、内山さんをご指名されたのでしょうか。

湯浅 とにかく、クリアなイメージをお持ちの方だから！ 私の中で、「美しさ」というのは、透明度とかクリアなイメージなんです。大人になってもその透明度を失っていない女優さん。その象徴がまさに内山理名さんでした。

内山 ありがとうございます。女性のライフスタイルの中で、下着はとても重要なアイテムだと思っていましたが、私自身は今まで下着にフォーカスしたファッションやビューティ企画の撮影の経験はなかったんですね。下着を美しく見せるモデルを自分ができるなんて考えたこともなかったので、オファーをいただいたときは本当にびっくりしました。

湯浅 そうだったんですか！

内山 でも、湯浅さんからお手紙をいただき、それを読んで心を動かされました。モデルとしてどう表現できるか、最初は不安も大きかったのですが、新しいことへの挑戦で、女性の美しさやウェルネスについて、私なりにイメージや考えを広げられるかもしれない、と思ったんです。

考えてみれば、ふだん着用する下着をどう選んで、どう着けて、どう使い分けるか、私自身あまり深く考えたことはなかった。この本を読んでくださっている多くのみなさんも、きっとそうではないでしょうか。

湯浅 そういう内山さんのスタンスも素敵だなと思います。お引き受けくださって嬉しかったです。お洒落な服を選ぶのと違って、なかなか言葉にすることができない分、下着選びに悩まれている人はすごくたくさんいるから、同じ目線で考えていてくださるんだって知って、すごく嬉しいです。

内山 そうですね。湯浅さんとの打ち合わせや、衣装合わせのときなど、とても楽しかったです。下着について知識を深めていくことで、こんなにワクワクできるんだなってちょっと驚きでした。女性ホルモンが1時間くらいで一気に上がるような感覚でした（笑）

湯浅 本書でも書きましたが、下着って「セカンドスキン」って呼ばれているんです。

内山 第二の皮膚、ということですか？

湯浅 そうです。下着と皮膚が一体化することで、メンタルに語りかける要素があるみたいなんです。……あと、私は初めて内山さんにお会いした時に、性格の良さにもびっくりしました。もちろんすごくポジティブなイメージがありましたが、10代からずっと芸能界に身を置いて

UCHIYAMA

いらして、今仰られたように、一般の女性と同じ目線でいられるというのも素晴らしいなって。ピュアな感覚を保ち続けておられるコツを教えていただきたいくらいです。

内山　演じること、作品を作ることが私自身この上なく好きですし、今後も役者として表現できるものが少しずつ広がっていけば、と思います。

　そのためには、根底にある自分の軸をしっかり意識していくことが重要だな、と思っています。一人の女性として日々を楽しみ、慈しみ、充実させることも、仕事と同じくらい私にとっては大切なことなんです。それが、表現というアウトプットにつながっていきますしね。

　40代を迎えて、さらに自分の感覚や気持ちに素直に正直に向き合いたいという気持ちが強くなりました。楽しく過ごしているときはもちろん、時につらいことがあったとしても、自分の心や体の状態をしっかり見つめて豊かに生きていけたら、と思います。一度きりしかない人生ですから！

自分の内側を見つめるボディスキャン

湯浅　その時の自分をちゃんと見つめて……スキャンというのかな。

内山　一言で説明するのは難しいのですが、鏡を見たりするような外側からのスキャンよりも、自分の心や体の内面を見つめることを私は大切にしています。

　外からは見えない、脳の疲れ、五感へのストレス、心の状態、巡りが悪くなっている感じや体のこわばり……。内側から自分の状態を見て、対話をしていきます。ヨガに出会ってから、このように自分自身を見ていくことが習慣になりました。

湯浅　ヨガをされているから、自分を見つめて、更新させていくということができていらっしゃるんですね。まさにそれは、私がこの本で伝えたかったことに通ずるテーマです。

内山　自分を変えられるのは自分しかいないし、自分のことをいちばんわかるのも自分ですよね。たまにプロの方に身体のケアをお願いすることもありますが、誰にどんなケアを依頼するか、選択するのもまた、自分自身です。

湯浅　そういうふうに自分を観察するのって年齢とともにどんどん大切になってきます。

内山　そうですね。自分を見つめ、対話していくことで、違和感にも早めに対処できますし。「未病」と言われている、大人の女性に起こりがちな心身の不調のサインにも敏感になれます。ひどい状態にならないうちに何らかのケアができるということですよね。この本の中に出てくる「自分の胸とちゃんと対話しよう」というメッセージも、女性にとってとても大切だと思います。

湯浅　そうなんですよ！

内山　毎日下着を着けるときに、胸に触れて、状態をきちんと観察することで、体形の変化を知るだけでなく、乳がんのセルフチェックにもつながりますよね。

湯浅　私も昔は触っていませんでした。でも、下着を見直してからは体の声を聞くようになりました。おっぱいが嫌がっているブラジャーを無理してつけるのはどうなのかな？　とか考えるようになったんです。

内山　私もこれまでは、胸との対話は足りていなかったかもしれません。

湯浅　年齢が進むのは止められないけど、体との対話を楽しめたら、エイジング速度は緩やかになるはずです。エイジングはもちろん悪ではないです。だけど、女性ですから、やはり欲張りなもので。

内山　年齢が進むことは変えられないけど、せめて「好きな自分でいたいよね」って私も思います。

洋服とは違うパワーを下着から！

湯浅　でも、内山さんはものすごく前向きですよ。下着の着け方も、一度お伝えしただけでしっかり自分のものにされています。本当に上手で、素晴らしいと思いました。

内山　正しい方法で下着を身に着けることは、とても楽しいことなんですね。体のラインが本来あるべき姿に整うことで、自分の中にときめきやワクワクが起こるんです。読者のみなさんにも、洋服とはひと味違う、内側から湧き出てくるよう

YUASA

なときめきを体感していただきたいと思います。
湯浅　え、本当に？　そう思ってくれたなら嬉しい！　下着によって、体の変化が顕著に見られると、より楽しくなりません？
内山　そうですね。それこそ自己満足かもしれませんが、自分の中での自分の成長を楽しむって大事。胸を触ることで、女性ホルモンにもいい影響がありそうです。
湯浅　自分の中の「女の人」が上がります。下着ってすぐに「セクシー」みたいなイメージで語られますけど、そうではないんです。
内山　いちばん大切なのは、自分自身が心地よくて、かつ自分らしくいられることですよね。この本を通じて、自分に合った下着を見つけて、自分の体を慈しみ、それぞれの女性が自分らしさを楽しむことができれば素晴らしいと思います。
湯浅　そうなんですよ。女性の数だけ、下着美容に関しては正解があるんです。

誰かに伝えていくことの幸福感

内山　自分のボディと同時に心も整っていく感じですね。顔立ちに個性があるように、体つきにもそれぞれ豊かな個性があります。

ヨガと同時に学んだアーユルヴェーダで、セルフアビアンガというケア法を知りました。オイルを使って、頭のてっぺんからつま先まで全身を自分でマッサージしていくケアです。撫でるような優しいマッサージで、自分を慈しみ、自分と対話していくんです。この本にも出てくる、ブラジャーを着けるときに胸を触ることが自分を大切にすることにつながるという考えになんとなく似ていますね。
湯浅　下着美容に向き合うと、自分のことをどんどん好きになりますよね。いいことを知ったら、他の人に教えてあげたくなるじゃないですか。化粧品ひとつとっても。いいお店とかも。そういうふうに年齢に関係なく女性が受け継いでいくっていうのって素敵だなって思います。その「受け継ぐ」というのが、この本のもう一つのテーマにもなっています。
内山　その受け継ぐお手伝いができたなら嬉しいです、私自身も、ただひたすら心からヨガが好きで、それを誰かに伝えたい気持ちが溢れて、ヨガインストラクターの資格を取ろうと思ったんです。
湯浅　いいことを伝えて、聞いて下さった人が開眼するというか、キラッとときめいた時って、至福の時じゃないですか？
内山　自分が伝えたメッセージが、その人の人生の中で、何かのきっかけになれたらいいですよね。心が体にいい変化を起こす、その人にとってのちょっとした気づきや発見になれば、こんなに嬉しいことはないです。

MIWAKO

誰とも「比べない」生き方を

――そんな内山さんに憧れる20代や30代の方もこの本を手にとってくださると思うのですが、妹世代の女性たちに、体への向き合い方、自分の愛し方などアドバイスがあったら教えてください。

内山　他人に流されず、自分に自信を持って生きることが自分を好きになる基本かもしれません。

　ヨガでは「比べる」ということをしません。レッスンの多くは、鏡のないところで行うんです。鏡があるとどうしても、他人と比較してしまったり、映っている自分を評価してしまいがちだからです。

湯浅　人と比べて暗い気持ちになってしまうこともありますものね……。

内山　そうなんです。人と比べないってとっても幸せなことなんですよ。ヨガをやっていると、呼吸をしているだけで幸せだなって思ったりします。そして今回は可愛い下着や素敵な下着を着けるだけで、ああ幸せ！って思いました。自信も沸いてきますしね。

湯浅　やはり、内山さんに御願いして正解でした！本当にありがとうございました。私も幸せです。

Postscript

このページまで貴女に読んで頂いたことに、感無量です。実は、怖くてたまらないという緊張感の中でこの本を書き上げました。それは下着というものが、いかに健康に直結しているのかを知っているからです。偽りなきものを残さねばならないと、毎日いっぱい一杯でした。

２０２０年10月15日、ブックマン社さんとの初顔合わせでした。即答で出版しましょうと仰った小宮亜里編集長の決断力、そして私では到底思いつきもしない切り口の企画が届き、プロって凄いと感動しました。世の中になかったものが形になるプロセスは尊く、美しいものです。しかし、達成の日を迎えるまでは産みの苦しみも多々あり、振り返ると本当に濃い日々だったと思います。

女子会のようにプリンを食べながらミーティングする日もあれば、眉間にシワができるのでは、という日もありました。読者の皆様の下着人生に影響するのだから、妥協できないこと、こだわって表現したいこと、ムチャ振りもたくさんしました。幾度も挫けそうになる中、「お疲れ様です～」と迎えてくれた編集長の明るい声に何度も励まされ、救われました。超一流のチームスタッフの皆様に導いて頂き、感謝が尽きません。慣れない執筆に追われる私をねぎらい、応援してくれたアナウンスの現場スタッフの方々、睡眠不足の体を心配し、支えてくれた友人や家族にも心より感謝致します。

私のＳＮＳを振り返ると、２０２０年10月15日、その日のために新しい下着を買った、そして「下着美容のおかげで幸運が舞い降りてきた」と書かれていました。色は白！　新しいことを迎えたいときにおすすめの下着カラーです。まさに、勝負下着が私に素晴らしい御縁を引き寄せてくれたのです。出版社との架け橋になってくれた角谷公英さんにも心より感謝申し上げます。

下着からの恩恵を綺麗になりたい多くの女性と共有できること、嬉しいです。かけがえのない一冊となりました。誠にありがとうございました。

湯浅　美和子

湯浅美和子 Miwako Yuasa

下着美容研究家：日本ボディファッション協会認定インティメイトアドバイザー
アナウンサー・ナレーター／声屋 五感動 主宰

アナウンサーとして活動する傍ら、インナー業界の人でも難関といわれる下着とボディコンサルのプロ資格「インティメイトアドバイザー」をインナー業界に従事しない立場で初めて取得。ユーザー目線、メーカーフリーの健全な下着選びは定評があり「1000人以上のボディメイクをしたフリーアナ」の異名を持つ。

美容と健康に配慮した下着選びは、プチプラからハイブランドに至るまで網羅し、相談者それぞれのボディチャームを引き出すスタイリングは魔法の手と呼ばれ、「触れられるとポジティブになり、自分に自信が持てる」と評判を呼んでいる。美に敏感な著名人はじめ、多くの女性が湯浅メソッドを実践し「下着のことなら湯浅美和子」とボディメイクのオファーは殺到。『あさイチ』(NHK)など、多くの番組や女性誌で正しい下着情報の解説も行う。インナー業界からの信頼も厚く、大手下着メーカーの商品開発アドバイザーや監修も担う。

20歳で地元北海道にてお天気キャスターとして「初鳴き」。上京後、報道情報番組取材キャスター、ラジオパーソナリティー、ナレーター等で活躍。吉永小百合さん主演映画のトークショーのMCは、『時雨の記』（1998年）から現在に至るまで全作品を務めている。

五感のストレッチをコンセプトに心の声を共鳴させたいという願いを込めて〈声屋 五感動〉を主宰。しょうけい館 戦傷病者史料館の戦争の語り部としても活動している。

STAFF

○巻頭（P1 ～ 40）／巻末対談部

撮影	柴田フミコ
スタイリスト	湯浅美和子
スタイリスト	野田晶 （巻末対談 内山理名）
ヘアメイク	菊地美香子
キャスティング	山口理香
	金森友梨（デルフィー）
制作協力	スウィートパワー

○P42 ～ P184

撮影	出川敏一（STUDIO MUY）
パーツモデル	白石みずほ
スタイリスト	湯浅美和子
イラスト	黒澤麻子

ブックデザイン	釜内由紀江
	五十嵐奈央子（GRiD）

SNS企画プロデュース　金森友梨（デルフィー）

Beauty Body Protocol
大人のための下着の教科書

2023年2月14日　初版第一刷発行

著者	湯浅美和子
モデル	内山理名（愛犬ティンク）
編集	小宮亜里　内田佑季
営業	石川達也
発行者	原雅久
発行所	株式会社ブックマン社
	〒101-0065　千代田区西神田3-3-5
	TEL 03-3237-7777
	FAX 03-5226-9599
ISBN	978-4-89308-958-8
印刷・製本	図書印刷株式会社